Mechanism Design

メカニズムデザイン

資源配分制度の設計とインセンティブ

坂井豊貴・藤中裕二・若山琢磨　著

ミネルヴァ書房

はしがき

　本書はメカニズムデザイン理論の解説書である．内容には，著者らによるささやかな貢献を含む，執筆時点における最先端の研究成果も多く扱われているが，スタイルとしては基礎から応用までを広くカヴァーする教科書として書かれている．読者としては，経済学部や理工系学部など，数理モデルを用いる学部の上級生以上を想定している．

　メカニズムデザイン理論の存在理由は，社会における情報の点在に求める事ができる．点在する情報の最たる例は財への選好に関するものであり，個々人が何を欲しているかは，本質的にそれぞれの心の内のみにある．いま仮に，資源配分の割当を決定する，絶対権力を持つ中央集権政府があるとしよう．この政府の目標は，何らかの意味で効率的かつ公平な資源配分を選び取る事である．しかし，どの資源配分が効率的か，公平かを判断するためには人々の財への選好を知る必要があるが，当事者でない為政者はこの情報を持っていない．それでは，直接人々に選好を尋ねれば良いかというと，話はそう単純ではない．人々は正直に選好を申告する事が得策になっているとは限らず，それゆえ戦略的な虚偽表明がなされる可能性があるからである．この指摘は，社会に点在する情報を，何らかの意味で上手く用いる分権的制度の必要性を示すものであり，メカニズムデザイン理論が分析の対象とするのはまさしくこの問題である．

　メカニズムデザイン理論は，その初期においては，民主分権的体制と中央集権的体制などの諸体制の性能を比較検討する事を主要目標としていた．しかし近年では急速な理論の発展により，そうした「大きな」問題のみならず，周波数オークションや学校マッチング等に代表される，「小さな」問題までをも扱う事が可能になっている．周波数オークションにおいて点在する情報とは，周波数への買い手の評価額であり，学校マッチングにおいては各学生がどの学校に進学を希望するかという順序づけがそれにあたる．なお，小さな問題が大きな問題より扱いにおいて簡単であるとは限らない．大きな問題を考察する際には

理論が現実に投影するインプリケーションが重視され，それゆえモデルの大胆な捨象がしばしば許容される一方，小さな問題を扱う際には理論の直接的な実用を期待されるゆえ，固有の状況を丁寧に捉えたモデルを構築せねばならないからである．

　本書を執筆中の2007年10月に，メカニズムデザインに関する基礎的貢献を理由として，レオニド・ハーヴィッツ，エリック・マスキン，ロジャー・マイヤーソンの三氏に対しノーベル経済学賞が授与されたが，この背景にも理論の様々な方面での実用化が挙げられる．本書ではこうした流れを踏まえ，第I部で理論の基礎的事項を解説した後，第II部で個別の環境における制度設計の可能性について検討する．従来，メカニズムデザイン理論を学ぶ際には，専門性の高い英文のサーヴェイ論文から読み進める事が常であり，分野への参入は必ずしも容易でなかった．また，方法論をも含む基礎的事項，そして投票からオークション，マッチングに至る応用分野までを広く扱った文献は，著者らの知る限り，邦語・英語を問わず存在しない．本書がメカニズムデザイン理論の更なる発展およびその利用に，広く貢献できる事を願っている．

　本書は三人の著者による完全な意味での共作であり，分担執筆は行っていない．また，著者名の並びも五十音順である．本書の執筆過程においては，宇井貴志，各務和彦，坂井万利代，高木翔平，高宮浩司，田代一聡，水上英貴，渡辺隆裕の各氏からいくつかの章に対し，田村彌氏から全章に対し詳細かつ非常に有益なコメントをいただいた．林貴志氏は本企画が立ち上がるきっかけを作ってくれた．ミネルヴァ書房の堀川健太郎氏は，本企画に情熱的に取り組んで下さり，また大きな励ましを与えてくれた．これらの方々に，著者一同は深く感謝申し上げる．著者らは研究者として自立するまでに，多くの方々の様々な助けを受けてきた．全ての方々の名前を挙げる事はできないが，とりわけ坂井は入谷純，佐々木宏夫，長久領壱，鷲田豊明，William Thomsonの各氏に，藤中は石黒馨，入谷純，芹澤成弘の各氏に，若山は青柳真樹，阿部文雄，梶井厚志，西條辰義，芹澤成弘，三原麗珠の各氏に，この場を借りて格別の感謝を申し上げたい．また，本書に関連した研究に受けた競争的資金として，坂井は科研費

はしがき

基盤 B (No. 19310031, H19–20)・若手 B (No. 18730132, H18–19) と横浜国立大学教育研究高度化経費『経済制度とインセンティブに関するゲーム理論的分析 (H20)』に，藤中は科研費特別研究員奨励費 (No. 19-9759, H19–21) に，若山は科研費若手 B (No. 20730135, H20–21) に対し謝意を表する．本書は，それぞれの著者の家族と，執筆を支えてくれたパートナーに捧げられる．

2008 年 6 月

坂井豊貴　藤中裕二　若山琢磨

目　次

はしがき……i
本書について……ix
数学的記法……xiv

第 I 部　基　礎

第 1 章　社会的選択とその遂行 …………………………………… 3

1.1　はじめに……3
1.2　基礎概念……7
　1.2.1　社会的選択対応と遂行メカニズム……7
　1.2.2　メカニズムデザインという発想……13
1.3　ナッシュ遂行とマスキンの定理……15
　1.3.1　定　義……15
　1.3.2　マスキンの定理……17
　1.3.3　マスキンメカニズムとナッシュ遂行への批判……23
　1.3.4　一般的な遂行可能性条件と個別のメカニズム設計……27
1.4　耐戦略性……28
　1.4.1　支配戦略遂行と耐戦略性……28
　1.4.2　無支配戦略遂行と耐戦略性……32
　1.4.3　ナッシュ遂行と連立耐戦略性……34

第 2 章　公共的意思決定 …………………………………………… 37

2.1　はじめに……37
2.2　投票環境……39
　2.2.1　ギバート＝サタスウェイト定理……39
　2.2.2　ドメインの拡大……47

2.2.3　ドメインの縮小……49
　2.3　確率的環境……52
　　　2.3.1　実質的遂行……52
　　　2.3.2　無作為独裁制……54
　2.4　準線形環境……55
　　　2.4.1　設　定……55
　　　2.4.2　グローヴス関数……59
　　　2.4.3　期待外部性関数……66

第Ⅱ部　応　用

第3章　交換経済 …………………………………………………… 75

　3.1　はじめに……75
　3.2　基本設定……76
　3.3　ワルラス配分の操作とハーヴィッツ定理……79
　　　3.3.1　交換経済における戦略的操作……79
　　　3.3.2　ハーヴィッツ定理の一般化……85
　　　3.3.3　関連事項……87
　3.4　ナッシュ遂行……88
　　　3.4.1　ワルラス配分と制約ワルラス配分……88
　　　3.4.2　制約ワルラス対応の遂行メカニズム……91

第4章　オークション ………………………………………………… 98

　4.1　はじめに……98
　4.2　基本設定……100
　4.3　オークションルール，戦略，それらの合成……101
　　　4.3.1　オークションルール……101
　　　4.3.2　戦　略……102
　　　4.3.3　オークションルールと戦略の合成……104

4.4 オークションの目標……105
4.5 効率的オークション……106
　4.5.1 第二価格オークション……106
　4.5.2 第一価格オークション……107
4.6 収入同値定理と最適オークション……110
　4.6.1 セットアップ……110
　4.6.2 収入同値定理……113
　4.6.3 最適オークション……115

第5章　公平分担 …………………………………………………… 120

5.1 はじめに……120
5.2 基本設定……121
　5.2.1 モデル……121
　5.2.2 資源配分の性質と公理……123
5.3 耐戦略性……125
　5.3.1 不可能性定理……125
　5.3.2 可能性定理……127
5.4 ナッシュ遂行可能性……130

第6章　非分割財交換 ……………………………………………… 137

6.1 はじめに……137
6.2 基本設定……138
6.3 トップトレーディングサイクルアルゴリズム……139
6.4 強コアの遂行可能性……145
6.5 腎移植マッチングへの応用……151

第7章　マッチング ………………………………………………… 159

7.1 はじめに……159
7.2 基本設定……161

7.3　ゲール＝シャプレーアルゴリズム……163
7.4　片側支配戦略……171
7.5　両側支配戦略……177
7.6　マスキン単調対応……180
7.7　多対一マッチングの基本設定……183
7.8　多対一マッチングにおける$\succsim_b$の扱いと基本結果……186
　　7.8.1　拡張選好から導かれる順序としての$\succsim_b$……186
　　7.8.2　優先順位としての$\succsim_b$……187
7.9　ボストン方式……188

引用文献……193
索　引……222

本書について

1. 内容と構成

　メカニズムデザイン理論は1990年代以降急速に進展しており，扱われている全てのトピックに一冊の書籍で触れる事は不可能である．そこで本書では議論の拡散を防ぐため，当理論において常に中心的な役割を果たしてきた二大遂行概念である，ナッシュ遂行可能性と耐戦略性を軸として議論を行う．これらはメカニズムデザイン理論全体を牽引してきた概念であり，他の遂行概念について学ぶ際にも理解が欠かせないものである[1]．

　本書は第I部『基礎』と第II部『応用』からなる．第I部は，第1章と第2章から構成され，そこではメカニズムデザイン理論の目的と基礎的結果について扱う．第1章ではメカニズムデザイン理論全体についての解説と，一般環境で成り立つ重要結果について，マスキンの定理を軸として議論を行う．第2章はメカニズムデザインにおける代表的不可能性定理であるギバート＝サタスウェイトの定理について考察し，それがどのような設定下で成り立たなくなるかを分析する．

　第II部は第3章から第7章により構成され，各章で個別の経済問題において上手く働くメカニズムの設計問題について論じる．これらの章は，この順番に従い読む方がスムーズだという配慮により並べられてはいるものの，それぞれの章で独立している．扱うトピックは，第3章で交換経済，第4章でオークション，第5章で公平分担，第6章で非分割財交換，第7章でマッチングとなっている．これらトピックはメカニズムデザイン理論がカヴァーする領域の一部で

---

[1] メカニズムデザインに関する優れたサーヴェイとしては，Jackson (2001, 2003), Maskin and Sjöström (2002), Serrano (2004), 西條＝大和 (2005) などがある．Maskin (1985), Corchon (1996) はメカニズムデザイン理論初期の代表的サーヴェイである．本書ではオークションやマッチングもメカニズムデザインの枠組みで統一的に扱うが，こうした個別トピックについてのサーヴェイや代表的文献は各章で挙げる．

あるが，一定の研究蓄積がある事や実用可能性の高さ，また他の邦語文献での扱いの少なさなどを総合的に勘案して選択した．例えば公共財供給問題は十分な研究蓄積があり，かつ社会制度の根幹に関わるテーマだが，既に多くの教科書や研究書で解説されているため，本書では第 2 章で部分的に扱うに留めている[2]．

多くの重要概念は第 I 部で定義を与えられ議論されるが，第 II 部はこうした知識を前提として書かれている．よって，初学者には，最初に第 I 部にあたり，その後，第 II 部の好きな章へ向かわれる事を推奨する．ただし，第 II 部においても，定義については「ほぼ」自己充足的な記述を与えた．「ほぼ」というのは，あまり詳細に一から定義を与えるのは冗長であり，かといって与えないのも読みにくいという，著者なりの匙加減によるものである．ゆえに，目的の章の内容について事前に一定の知識がある者は，その章だけを読む事は可能である．十分な時間が取れる者には，本書を第 1 章から第 7 章まで，前から順に読み進める事を勧める．

2. 前提知識

本書を読み進める上で必要なのは，(i) 論理記号や集合の演算を主とする初歩的な解析学の知識，(ii) ミクロ経済学における選好やパレート効率性などの基礎知識，(iii) ゲーム理論についての基礎知識である．(i) については

- 入谷純 (2006)『基礎からの経済数学』有斐閣
- 永谷裕昭 (1998)『経済数学』有斐閣

などが自習に適している．ただし，線形代数については初歩的な知識しか必要としていない．(ii) については

- 林貴志 (2007)『ミクロ経済学』ミネルヴァ書房

---

[2]公共財供給をめぐる制度設計問題に関する優れた文献として，鈴村 (1982, 第 5 章)，石井＝西條＝塩澤 (1995, 第 7 章)，岸本 (1998)，西條＝大和 (2000) を挙げておく．

を挙げておく．第3章は学部上級のミクロ経済学に関する知識を前提としているが，これについては

- 奥野正寛，鈴村興太郎 (1985)『ミクロ経済学 I』岩波書店
- 奥野正寛，鈴村興太郎 (1988)『ミクロ経済学 II』岩波書店

が定評がある．(iii) については，支配戦略やナッシュ均衡に関する基礎的な知識だけで，本書の7〜8割程度は読み進める事ができる．よって，ゲーム理論の初学者でも，例えば

- 武藤滋夫 (2001)『ゲーム理論入門』日本経済新聞社
- 渡辺隆裕 (2008)『ゼミナール ゲーム理論入門』 日本経済新聞出版社
- 佐々木宏夫 (2003)『入門 ゲーム理論—戦略的思考の科学』日本評論社
- Gibbons, R. (1992) *Game Theory for Applied Economists*, Princeton University Press （福岡正夫，須田伸一（訳）『経済学のためのゲーム理論入門』創文社）

などの入門書を片手に本書を読み進める事はできるだろう．経済学部以外の学生でも，(i) の素養さえあれば，(ii) と (iii) を必要に応じて学びつつ，本書を読み進める事は可能と思われる．

　ただし，前提知識さえあれば本書の内容が容易に理解できるわけではない．何より必要なのは，根気強く論理を積み上げ一つ一つのステップに時間をかけて理解する姿勢である．実際，メカニズムデザイン理論の難しさは，技術的な面よりも，多様な概念を積み重ねて構築する独自の様式にこそある．これはとりわけ「社会的選択の遂行」というプリンシプルが持つ概念的な深さと，それを複数の関数と集合を組み合わせて構築する定式化に典型的に表れるものである．

3. その他

和訳と英語表記 本書では，和訳がこれまで存在しない言葉を多く扱っている．和訳のもとの英語については，索引で「耐戦略性 (strategy-proofness)」のように記してある．

理論の名称 本書では「遂行理論」ではなく，より広く使われている「メカニズムデザイン理論」という言葉を一貫して用いる[3]．これらの用語に厳密な定義があるわけではないが，傾向としては，メカニズムデザイン理論と言うときには，耐戦略性やベイジアン誘因両立性を満たす直接メカニズムについて議論し，正直申告以外の均衡については考慮しない事が多い．一方，遂行理論というときには，ナッシュ遂行を始めとする多くの遂行概念を射程に入れてメカニズムの設計を行い，また全ての均衡が望ましい性質を有する事を多くの場合求める．しかし，いずれにせよ目的はより良いメカニズムを設計し望ましい社会的選択を遂行する事であり，これらを区別する重大な理由は見受けられない．実際，耐戦略性とナッシュ遂行可能性などの遂行概念の間には密接な論理的関係があり，それについて論じる事は本書の重要な役割の一つである．

経済実験 本書で扱う議論の範囲を超えるが，設計したメカニズムがどの程度実用に耐えるか，あるいは得られた理論的予測が妥当かどうかを検証する手法として，経済実験がある．メカニズムデザインに限らず，経済学における実験の重要性は，近年急速に強く認識されるようになっており，それに伴い実験的手法を用いた研究の蓄積も飛躍的に増えている．ここではメ

---

[3]文献によっては，制度設計一般を対象とする分野をメカニズムデザイン理論と呼び，その内インセンティブ的側面を扱う部門を遂行理論，それ以外の側面を扱う部門を実現理論と言うものもある．その区分に従うならば，本書は遂行理論に関するものである．例えば，Hurwicz (1972b) や Mount and Reiter (1974) で議論された，どれだけの情報量のやり取りで資源配分を決定できるかという問題は，実現理論における興味深いテーマだが，本書ではこれについて扱っていない．ただし，昨今の研究でメカニズムデザインと言うときには，インセンティブの問題を扱う事が非常に多い．制度設計における情報量の議論については Hurwicz and Reiter (2006) が詳しい．

カニズムデザインに関心のある読者にとって，特に興味深いと思われる文献をいくつか挙げておく．
実験経済学の方法論からメソッドまでを包括的に扱った書籍には

- 川越敏司 (2007)『実験経済学』東京大学出版会

が，オークションや公共財供給を含む様々な実験成果を扱った書籍としては

- 河野勝，西條辰義（編）(2007)『社会科学の実験アプローチ』勁草書房
- 西條辰義（編）(2007)『実験経済学への招待』NTT 出版

がある．メカニズムデザインに関係した実験成果のサーヴェイとしては

- Chen, Y. and J.O. Ledyard (2008) "Mechanism design experiments," in *The New Palgrave Dictionary of Economics*, 2nd edition (eds. by S.N. Durlauf and L.E. Blume), London: Macmillan

が詳しい．

数学的記法

初学者向けに,数学的記法に関するいくつかの注意を与えておく.ただし,これらはいずれも大学院レベルのテキストや専門論文などでは標準的なものである.

- "$\equiv$" により,左のものを右で定義する.例えば $a \equiv (b,c)$ であれば,a を (b,c) として定義する.

- 集合 A が含む元の個数を $|A|$ で表す.例えば,$A = \{a,b,c\}$ なら $|A| = 3$ である.

- $I = \{1, 2, \ldots, n\}$ とする.n 個の集合 $A_1, A_2, \ldots, A_n$ に対し,その組と直積をそれぞれ

$$A = (A_1, A_2, \ldots, A_n)$$
$$A_I = A_1 \times A_2 \times \cdots \times A_n$$

で表す.$[a_i \in A_i \ \forall i \in I]$ であるとき,その直積の要素を

$$a = (a_1, a_2, \ldots, a_n) \in A_I$$

で表す.任意の $S \subseteq I$ について,S と $I \setminus S$ に関する A_i の直積とその要素を

$$A_S = \times_{i \in S} A_i$$
$$a_S = (a_i)_{i \in S} \in A_S$$
$$A_{-S} = \times_{i \in I \setminus S} A_i$$
$$a_{-S} = (a_i)_{i \in I \setminus S} \in A_{-S}$$

で表す．特に，$S = I \setminus \{i\}$ である場合には

$$A_{-i} = A_{I\setminus\{i\}} = A_1 \times A_2 \times \cdots \times A_{i-1} \times A_{i+1} \times \cdots \times A_n$$
$$a_{-i} = (a_1, a_2, \ldots, a_{i-1}, a_{i+1}, \ldots, a_n) \in A_{-i}$$

と表す．

また $[A_i = A_j = B \ \forall i, j \in I]$ である場合，任意の $S \subseteq I$ について，その直積を

$$B^S = A_S$$

で表す．

- $|A| = L < \infty$ のとき，A 上の確率分布 p の集合を

$$\triangle A \equiv \left\{ p = (p_1, p_2, \ldots, p_L) \in [0,1]^L : \sum_{\ell=1}^{L} p_\ell = 1 \right\}$$

で表す．ケースによっては，p は A の各要素に重み付けを与えるベクトルと解釈される．

- X 上の**選好** $\succsim_i$ とは，以下の条件を満たす X 上の二項関係の事である[4]．

  反射性 $\quad \forall x \in X, \ x \succsim_i x$

  推移性 $\quad \forall x, y, z \in X, \ [x \succsim_i y \ \text{かつ} \ y \succsim_i z] \Longrightarrow x \succsim_i z$

  完備性 $\quad \forall x, y \in X, \ x \succsim_i y \ \text{または} \ y \succsim_i x$

  $x \succsim_i y$ は「x を y より好む，あるいは x を y と同程度に好む」と解釈される．X 上の選好全てからなる集合を $\mathscr{R}$ で表す．また，$\succsim_i \in \mathscr{R}$ の対称部分 $\sim_i$ と非対称部分 $\succ_i$ はそれぞれ

---

[4] X 上の二項関係 $\succsim_i$ とは，部分集合 $\succsim_i \subseteq X \times X$ の事である．$(x, y) \in \succsim_i$ のとき，$x \succsim_i y$ と書き，「x を y 以上に好む」と解釈するのが経済学での用法である．

対称部分 　$\forall x, y \in X, \; x \sim_i y \iff [x \succsim_i y \text{ かつ } y \succsim_i x]$

非対称部分 　$\forall x, y \in X, \; x \succ_i y \iff [x \succsim_i y \text{ かつ not } y \succsim_i x]$

により定められる．$x \succ_i y$ は「x を y より好む」，$x \sim_i y$ は「x を y と同程度に好む」と解釈される．選好 $\succsim_i \in \mathscr{R}$ が

非対称性 　$\forall x, y \in X, \; x \sim_i y \iff x = y$

を満たすとき $\succsim_i$ を**強選好**という．X 上の強選好全てからなる集合を $\mathscr{P}$ で表す[5]．以上の定義と解釈はいずれも経済学で標準的に用いられているものである．

選好 $\succsim_i$ が

$$x \succ_i y \succ_i \cdots \succ_i z$$

と選択肢をランク付けしているとき

$$\succsim_i : \; x \; y \cdots\cdots z$$

としばしば表記し，誤解のおそれがないときは

$$i : \; x \; y \cdots\cdots z$$

と記述する事もある．

- 実数，非負の実数，正の実数全てからなる集合をそれぞれ $\mathbb{R}$, $\mathbb{R}_+$, $\mathbb{R}_{++}$ で表す．また直積については，次元が n である場合，それぞれを $\mathbb{R}^n$, $\mathbb{R}^n_+$, $\mathbb{R}^n_{++}$ で表す．自然数全てからなる集合を $\mathbb{N}$ で表す．また，与えられた集合 A について，$\mathbb{R}^{|A|}$ でなく，$\mathbb{R}^A$ としばしば書く．これは何をもって $\mathbb{R}$ の要素がインデックス付けされているかを明確に示すためである．

---

[5] 強選好でなく線形選好という訳を取る文献は多いが，本書では線形選好という言葉を，線形関数により表現される選好を示すために用いる．

- $\mathbf{0} \equiv (0, 0, \ldots, 0) \in \mathbb{R}^n$ のように，太字のゼロにより，各次元の値がゼロからなるベクトルを表す．

- n 次元ベクトルの大小関係　$x, y \in \mathbb{R}^n$ について，$x \geq y$ は全ての i について $x_i \geq y_i$, $x \geqq y$ は $x \geq y$ かつ $x \neq y$, $x > y$ は全ての i について $x_i > y_i$ である事を意味する．

- $\arg\max$ について　$I = \{1, 2, \ldots, n\}$, $A = \{a_1, a_2, \ldots, a_n\} \subseteq \mathbb{R}$ とする．このとき

$$\arg\max_{i \in I} a_i = \{i \in I : a_i \geq a_j \ \forall j \in I\}$$

である．つまり $\arg\max_{i \in I} a_i$ は「最も大きな a_i を持つ i たちの集合」であり，$\max_{i \in I} a_i$ により表される「最も大きな a_i の値」ではない．例えば I が個人の集合で，a_i を $i \in I$ の身長とすると，$\arg\max_{i \in I} a_i$ は「一番の長身者たち」，$\max_{i \in I} a_i$ は「一番の長身者の身長」である．

- 関数と対応についての表記　f が集合 X から Y への関数のとき $f : X \to Y$ のように表す．また，F が集合 X から Y への対応のとき $F : X \twoheadrightarrow Y$ のように表す．

  対応 $F : X \twoheadrightarrow Y$ と対応 $F' : X \twoheadrightarrow Y$ について，$[F(x) \subseteq F'(x) \ \forall x \in X]$ のとき $F \subseteq F'$ と書き，F を F' の**部分対応**と呼ぶ．また，関数 $f : X \to Y$ と対応 $F : X \twoheadrightarrow Y$ について，$[f(x) \in F(x) \ \forall x \in X]$ のとき $f \in F$ と書き，f を F の**セレクション**と呼ぶ．

- 集合の要素 $x \in X$ について，差集合 $X \setminus \{x\}$ を，$X \setminus x$ のように記す事がある．これに限らず，誤解のおそれがないときには，記法を軽くするため，一つの要素のみを持つ集合 $Y = \{y\}$ とその要素 y を同一視して扱う．

- 数学的に得られた結果のうち，最重要なものを**定理**，重要なものを**命題**と呼ぶ．定理や命題から直接得られた結果は**系**と呼ばれる．定理と命題と系は明瞭な経済学的含意を持つ．一方，これらを示す過程で必要な，解釈が

明らかでない中間的結果は**補題**と呼ばれる．また，証明の終わりを示す記号として □ を用いる．

第Ⅰ部

基　礎

第1章

緒 è

第1章

社会的選択とその遂行

1.1 はじめに

　旧約聖書には，紀元前10世紀頃のイスラエル王で，類まれな知恵を持っていたとされるソロモンについての逸話がいくつか収められている．その中で，映画「ソロモン王とシバの女王」でも取り上げられた，ソロモン王のジレンマと呼ばれる次のエピソードは，とりわけメカニズムデザインの観点から興味深いものである．

　　ソロモン王の前で，二人の女がある赤ん坊について「私がこの子の母だ」と主張していた．どちらか一方は本当にその子の母親だが，もう一方は嘘をついている．二人の訴えを聞いたソロモン王は，剣を持ってきて，その子を二つに切って半分ずつ分け与えるよう家臣に命じた．すると真の母親は咄嗟に，この子が殺されてはいけないと，嘘をついている女に子どもを渡そうとした．これによりソロモン王は，子どもを渡そうとする女が真の母親だと見抜き，子どもを切らないで，彼女を母親だと認める判決を下した．[旧約聖書「列王記3」より細部を省略して抜粋[1]]

---

[1] 日本聖書刊行会による旧約聖書「新改訳3版」を参考にした．

目的と手段の観点からこの話を整理すると次のようになる．まず，ソロモン王の目的は，子どもを真の母親のもとへ帰す事であった．しかし，どちらが真の母親であるかは当事者のみが知る情報であり，ソロモン王の能力とは無関係に，彼女らの訴えを聞くだけでは判断できない．それゆえ真実をあぶり出すための手段として，ソロモン王は剣でその子を切るよう命じてみた．メカニズムデザイン理論は，目的と手段のうち手段の設計に関するものであり，ソロモン王のジレンマで言えば，どのような方法を用いれば真の母親を探り出す事ができるかという問題を考察の対象としている．

　いま，資源配分に関する何らかの問題を考えてみよう．ここで達成すべき目的となるのは，効率性や公平性をはじめとする，何らかの社会的な価値基準である．しかし，ある資源配分がそうした基準を満たすか否かは，人々の財への選好に基づき判断される．例えば，パレート効率性は経済学で最も中心的な効率性基準であるが，この概念は人々の選好を用い定義されるものである．これは，人々の選好が何であるかを知らない為政者は，仮にどのような計算処理能力に恵まれていたとしても，実現すべき真の配分がどれかを識別できない事を意味する．そして単純に選好を聞いていては，人々は戦略的に虚偽の申告を行うインセンティブを持つため，本来達成すべき資源配分を実現させる事ができない．ここに，ソロモン王が行ったように，何らかの間接的な手段を通じて目的を達成する必要性が生じる．

　もう少し一般的に言うと次のようになる．ある社会状態の規範的な望ましさを評価する際に，その社会を構成する人々の個人的状態を情報基礎とする．人々の財への選好に基づく概念である効率性や公平性はその典型例であり，こうした立場を個人主義的であるという．客観的精神としての国家や，神などの超越的な存在を基盤としないで社会を構築しようとする，経済学を含む近代的な社会理論は，総じて個人主義的である．個人主義的な社会の目標を実現するためには，個人の意思や選好に関する情報を何らかの方法で集めるか，あるいは集めなくともその目標が自動的に達成される何らかの制度を設計する必要がある．メカニズムデザイン理論は，こうした問題意識に立ち，社会的目標を遂行する

制度（メカニズム）の設計（デザイン）を分析の対象とする学問分野である．

本書で展開する議論についてのより具体的なイメージを与えるため，ソロモン王のジレンマを解決する二つのメカニズムを簡単に紹介する．以後，二人の女をAとBと呼ぶ．メカニズムの設計には，ソロモン王と異なり剣ではなく金銭の支払いを用いるが，AとBの金銭的な豊かさは同等であり，真の母親は全財産を投げうってでも子どもを取り戻したい一方，偽の母親はそこまでは思っていないものとする[2]．なお，ソロモン王の方法では，王の意図が偽の母に見抜かれていた場合には，真の母も偽の母も，ともに「この子を私ではない方の女に」と言うため，問題を解決する事はできなかった．以下に述べる二つのメカニズムでは，ルールは最初から明確にAとBに示しており，そのもとでの彼女らの最適な行動を通じて，真の母親に子どもが行くようになっている．

1. グレーザー＝マーメカニズム (Glazer and Ma, 1989)　このメカニズムはソロモン王のジレンマに対し設計された最初のものであり，非常に明快な構造を持っている．

ステップ1　ソロモン王は，まずAにどちらが真の母親であるかを聞いてみる．Aが「Bが母です」と答えれば，Bを母親と認定してプロセスは終了する．Aが「私が母です」と答えたら二人はステップ2に進む．

ステップ2　Bに，Aが言った「私が母です」が本当かを聞いてみる．BがAの言う事を認め「そうです」と答えたら，Aを母親と認定する．Bが「違います」と答えたら，Bは「真の母親でなければ払いたいと思わないような高い金額」をソロモン王に支払い，母親と認定される．また，このときAはソロモン王に罰金を支払わされる．

解説　Aが真の母親であるケースを考える．Aがステップ1で「私が母です」と言えば，ステップ2でBは「違います」とは言わない．というのは，ソロモン王への支払いは非常に高く設定されており，真の母でないBはそ

---

[2]旧約聖書では二人の女は同じ家に住む遊女とされており，この想定は自然なものである．

のような額を払ってまで母親として認定されたくないからだ．よってこのとき A が一円も支払う事なく，母親と認定される．次に，B が真の母親であるケースを考える．仮にステップ1で A が「私が母です」と言えば，ステップ2において，B は非常に高い金額を払ってでも子どもを取り戻そうとするので，このとき A は罰金を支払わされてしまう．よって，A はステップ1において正直に「B が母です」という方が得である．結果，B が一円も支払う事なく子どもの母親となれる．つまり，A と B のどちらが真の母親でも，彼女は一円も払う事なく子どもを取り戻す事ができる．

2. 三原＝チン＝ヤンメカニズム (Mihara, 2006; Qin and Yang, 2007) 第二価格オークションという，「一番高い入札を行った者がそのオークションに勝ち，さらに二番目に高い入札額を払う」オークション方式のもとでは，オークションの参加者は，自身の財への評価額を，正直に入札する事が利益にかなうという事が知られている[3]．よって，乱暴な方法ではあるが，子どもを第二価格オークションにかけてしまえば，全財産を投げうってでも子どもを取り戻したい真の母親が，子どもを競り落としてくれる．しかしこれでは真の母親はかなりの金額を払わねば子どもを取り戻せない．これに対する三原＝チン＝ヤンの解決法は，オークションへの（少額でよい）参加料をメカニズムに組み入れるという非常にシンプルなものである．

ステップ1 A と B はそれぞれ，参加料を払って第二価格オークションに参加するか否かを決める．

ステップ2 A と B が参加すれば第二価格オークションを行い，その勝者が母親となる．参加者が一人だけの場合は不戦勝となり，何も払わないで子どもの母親と認定される．

解説 真の母親は，偽の母親が参加するしないにかかわらず，参加料を払って必ずオークションに参加する．よって，偽の母親は，ステップ1で参加料

---

[3]第二価格オークションについては第4章で詳しく扱う．ここでは第二価格オークションを気にしないで「オークションを行えば真の母親が勝つのだろう」程度に考え，読み進めてよい．

を払いステップ2に行っても，勝つ見込みはなく参加料が損になるので，ステップ1では不参加を選択する．それゆえステップ2のオークションでは，真の母親が不戦勝となり，子どもの母親と認定される．このとき，真の母親はステップ1では参加料を払っているが，ステップ2では何も払っていない．また，参加料は少額でもこのロジックは常に成立する．

ソロモン王の目標は，こうしたメカニズムによって遂行する事ができるが，全ての目標に対して上手くメカニズムが設計できるとは限らない．何が遂行可能で何がそうでないのか，その境界を明らかにする事もまたメカニズムデザイン理論の役割である．次節から厳密なモデルを用いて議論を展開するが，そこでは目標が「社会的選択対応」により，手段が「メカニズム」により，人々の戦略的状況は「解概念」により表現され，これらのインタラクションを通じてメカニズムデザイン理論は構築されていく．

1.2 基礎概念

1.2.1 社会的選択対応と遂行メカニズム

個人の集合を $I = \{1, 2, \ldots, n\}$ で表し，この社会における**帰結**の集合を X で記す．多くの応用において X は実行可能な資源配分の集合である．各 $i \in I$ は X 上に選好 $\succsim_i$ を持っており，$\mathscr{R}$ を X 上の選好全てからなる集合とする．個人 i が取り得る選好の集合を $\mathscr{D}_i \subseteq \mathscr{R}$ で表し，これを**選好集合**と呼ぶ．$\mathscr{D} \equiv (\mathscr{D}_i)_{i \in I}$ により選好集合の組を表す．個人の選好集合の直積

$$\mathscr{D}_I \equiv \mathscr{D}_1 \times \mathscr{D}_2 \times \cdots \times \mathscr{D}_n$$

を**ドメイン**と呼び，個人の**選好組**を

$$\succsim \equiv (\succsim_1, \succsim_2, \ldots, \succsim_n) \in \mathscr{D}_I$$

で表す[4]．$(\mathscr{D}, X)$ を**環境**と呼ぶ．環境は扱う問題の状況を描写するもので，今後，必要に応じて特定化していく．**社会的選択対応**とは，非空対応

$$F : \mathscr{D}_I \twoheadrightarrow X$$

の事である．社会的選択対応はこの社会における集合的な目標を表現しており，人々が諸帰結に対して $\succsim \in \mathscr{D}_I$ により表される価値判断を有しているときに，社会的に達成すべきと考えられる帰結の集合 $F(\succsim) \subseteq X$ を与える．F のグラフを

$$G(F) \equiv \{(\succsim, x) \in \mathscr{D}_I \times X : x \in F(\succsim)\}$$

で表す．F が常に一つの帰結を与える場合，つまり，全ての $\succsim \in \mathscr{D}_I$ について $|F(\succsim)| = 1$ が成り立つとき，F を**社会的選択関数**と言い，小文字の f で表す[5]．なお，表記を簡単にするため，本書では社会的選択関数が選ぶ「帰結を一つだけ含む集合」と「その帰結」を同一視する．つまり，$f(\succsim) = \{x\}$ のとき，$f(\succsim) = x$ として扱う．言わば

$$f : \mathscr{D}_I \to X$$

なる関数である．

　以上のような，各人の選好を判断の基礎として，あるべき社会的帰結を導く議論の厳密な定式化は，Arrow (1951) による歴史的著作 *Social Choice and Individual Values* によりその礎を与えられた．彼が主たる考察の対象としたのは，個人的意思から社会的選択を導く手続きであり，個人的意思がどのように制度の運営者に与えられるかについては扱っていない．実際，必ずしもよく知られていない事だが，アローは議論を開始するにあたり，そこで取り組む分析の範囲を明確にするため次のように述べている．

---

[4]本書では議論や記号の表記を簡潔に行うため，このような直積集合のドメインのみを扱う．多くの応用では直積ドメインが仮定される．

[5]社会的選択対応は，社会に推薦する帰結を与えるものであるため，小さくなるほど指示的である．実際，$F(\succsim) = X$ であれば，F は何も指示していないと同じである．こうした観点からは，社会的選択関数は常に一つの帰結を選び取るので優れている．

第 1 章 社会的選択とその遂行

> これまで述べてきたように，本研究は集合的な社会的意思決定の原則的な側面について議論を行う．議論されないものは，簡潔に言ってゲーム的側面であると言える……[中略] 広い意味でこれは，個人の意思をもとに社会的意思決定を行う機構がいったん設定されてしまうと，人々は合理的な観点から，自らの真の意思と異なる意思表示をしてしまう事である．[Arrow, 1951, Ch. 1.2 (著者 訳)]

ここでアローが議論を行わないながらもその重要性を意識し言及しているのは，F を用い社会的意思決定を行おうとする側が，真の選好組 $\succsim$ が何かを知らない場合には，直接人々に尋ねたとしても，彼らは自己利益を考え虚偽表明を行うので，本来実現すべき帰結を導く事が困難になるという事である．メカニズムデザイン理論はまさしくこの問題に分析の光を当てるものである．

アローが憂慮した戦略的操作の問題は，全ての社会的選択対応に対し当てはまるわけではない．例えばいまある社会的選択関数 f が次の性質を満たしているとしよう．

耐戦略性[6]　f が耐戦略性を満たすとは，全ての $i \in I$, $\succsim \in \mathscr{D}_I$, $\succsim_i' \in \mathscr{D}_i$ について

$$f(\succsim) \succsim_i f(\succsim_i', \succsim_{-i})$$

を満たす事である．

耐戦略性を満たす f のもとでは，他人がどのような申告をしていようとも，自分にとっては正直に真の選好を申告する事が決して損にならない．それゆえこうした f が用いられている限りにおいては，皆が正直申告をしてくれると想定するのは自然な事だろう．ではどのような f が耐戦略性を満たしているのだろうか．その結論は環境をどのように特定するかに依存するが，一般的に耐戦略性は非常に強力な性質である．実際これから様々な環境で観察していくように，耐戦略的な社会的選択関数は，しばしば著しい非効率性や不公平性を示す．また，

---
[6] この条件を「戦略的操作不可能性」と呼ぶ文献もある．

効率性や公平性と耐戦略性が両立可能な環境においてさえも，それらを満たす社会的選択関数の数は非常に少ない．なお，耐戦略性の定義は Huwricz (1972a), Gibbard (1973), Satterthwaite (1975) らの研究により定着したが，もともとは Shubik (1959) や Dummett and Farquhason (1961) を嚆矢とする 1960 年前後の投票の安定性の議論にアイデアの源流があり，実際 Murakami (1968) はアロー不可能性定理との関連において集団用の耐戦略性の定義を与えている．ところで，社会的選択対応についても耐戦略性を定義する事は可能ではある．しかしその際には帰結の集合への選好を定義せねばならず，その定義の仕方は多数存在し，これが最も自然だというものはない．それゆえ耐戦略性を議論する際には社会的選択関数に話を限るのが通例であり，実際，対応について議論した文献は少数である[7]．そこで本書でも耐戦略性を議論する際には関数に焦点を絞る．

耐戦略性において考えられているゲーム理論的状況は以下のようなものである．まず，各個人 $i \in I$ はメッセージの集合 $\mathscr{D}_i$ を持っており，ここから戦略的にメッセージ $\succsim_i \in \mathscr{D}_i$ を選び取る．そして帰結を与える f によりゲームの帰結 $f(\succsim) \in X$ が実現する．耐戦略性は，このゲームにおいて真の選好組自身が支配戦略均衡になる事を求めている．各個人の選好，選好空間，そして社会的選択関数の組

$$(\succsim, \mathscr{D}, f)$$

を $\succsim$ の下での**直接ゲーム**，選好が特定されていない

$$(\mathscr{D}, f)$$

を**直接メカニズム**という．なお，制度の運営者は人々の選好を知らないので，彼が用いるのは常に直接メカニズムであり，それを与えたときに人々がどの直接ゲームをプレイしているかは判別できない．直接メカニズムとは言わば，どのような選好組に対しても，そのもとでの直接ゲームを作り出す生成装置である．

---

[7] Bochet and Sakai (2007) の第 1 節で簡単なサーヴェイがなされている．耐戦略性を満たす社会的選択関数が存在しない環境では，対応用に耐戦略性の定義を拡張しても，それを満たす社会的選択対応は存在しない事が多い．

これまでの議論においては，実現目標（社会的選択関数）と，それを導くための方法（直接メカニズム）が区別されていなかった．言うなれば，理想とその実現手段が一致している．この方法で上手く行くなら，それは非常に望ましい事なのだが，残念ながら，直接メカニズムにより社会的選択が正しく導かれる事は必ずしも多くない．そこでこれから，一つの概念的跳躍として，理想とその実現手段とを明瞭に区別し，広範なクラスの一般的メカニズムを分析の射程に入れる事を試みたい．さらにその際，ゲームにおける解概念として，支配戦略均衡以外の様々な均衡を取り扱えるように理論を組み立てたい．というのは，支配戦略均衡は解概念としては優れているのだが，それゆえにその存在を求める事は非常に強い要求だからである．

各個人 $i \in I$ から制度運営者へ申告する**メッセージ** m_i の集合を M_i で表し，これを**メッセージ集合**と呼ぶ．各メッセージの組

$$m \equiv (m_1, m_2, \ldots, m_n) \in M_I \equiv M_1 \times M_2 \times \cdots \times M_n$$

に対し，制度運営者が何らかの帰結を選び取る関数

$$g: M_I \to X$$

を**帰結関数**という．$M \equiv (M_i)_{i \in I}$ と書く．(間接) **メカニズム**はこれと帰結関数のペア

$$(M, g)$$

として定義される．直接メカニズムは $M_i = \mathscr{D}_i$, $g = f$ を満たす特殊なメカニズムとして理解される．真の選好組 $\succsim \in \mathscr{D}_I$ に対し，**ゲーム**は

$$(\succsim, M, g)$$

で与えられる．メカニズムはそれぞれの真の選好に対しゲームを与える生成装置である．

いまメカニズム (M,g) のもとで，ゲームの解概念として，ある S（例：支配戦略均衡，ナッシュ均衡）を考えてみよう．厳密には S は対応

$$S(\,\cdot\,,M,g):\mathscr{D}_I \twoheadrightarrow M_I$$

として理解され，それぞれの真の選好組 $\succsim\, \in \mathscr{D}_I$ のもとで行われるゲーム

$$(\succsim, M, g)$$

での人々の戦略的状況を描写している．S のもとで実現する帰結の集合は

$$g(S(\succsim, M, g)) \equiv \{x \in X : \exists m \in S(\succsim, M, g),\ x = g(m)\}$$

であり，これが言わば「メカニズム (M,g) のもとで，戦略的行動 S を通じて実現する帰結の集合」である．我々の目的は望ましい社会的選択を行う事であり，それを，こうしたメカニズムを用いて遂行する事を考えたい．メカニズム (M,g) が**解概念 S のもとで社会的選択対応 F を遂行する**とは，全ての $\succsim\, \in \mathscr{D}_I$ に対し

$$\underbrace{F(\succsim)}_{\text{実現すべき帰結}} = \underbrace{g(S(\succsim, M, g))}_{\text{実現する帰結}}$$

が成立する事である．ある社会的選択対応 F に対し，少なくともひとつのメカニズム (M,g) が存在し，それが解概念 S のもとで F を遂行するとき，F は **S 遂行可能**であるいう．図 1.1 はここで述べた，社会的選択対応と，それを遂行するメカニズムとの関係を描写している[8]．

---

[8]この可換図はマウント=ライター三角形と呼ばれる事もあるが (Shuhe, 1995; Palfrey, 2002; Serrano, 2004; 西條=大和, 2005; Klement and Neeman, 2008)，Mount and Reiter (1974, 1977) では，この図は載せられていない．Groves (1979, p. 39) は，「自身の知る限りでは」と断った上で，こうした可換図を最初に活字化した研究として Reiter (1974, p. 201) と Sonnensheine (1974, p. 428) を挙げ，この図は分野では伝統的に伝えられていたと述べている．Reiter (1977) も初期にこの図を掲載した論文の一つである．著者らは，マウント=ライター三角形という名称の根拠について，強く説得的な記述を見つける事ができなかったので，ここでは単に可換図と呼んでいる．なお，Hurwicz and Reiter (2006) も，この図については特定の論文にクレジットを与えず，単に可換図と呼んでいる．

第 1 章 社会的選択とその遂行

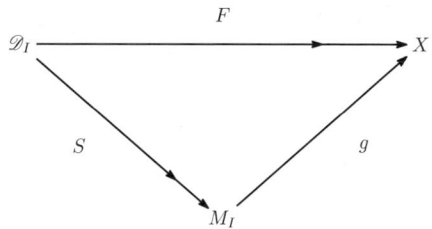

図 1.1 社会的選択とメカニズムとの関係

1.2.2 メカニズムデザインという発想

メカニズムデザイン理論は，20 世紀前半においてランゲ (Oscar Lange) やミーゼス (Ludwig von Mises)，ハイエク (Friedrich von Hayek) らにより繰り広げられた，ワルラス配分は社会主義計画により達成可能かという，社会主義計画経済論争の主要な一部[9]に関する議論を背景としており，前節でわれわれが行った定式化は，Hurwicz (1960) によりその原型を与えられた．実際，そこでハーヴィッツが行った事は，当時 Arrow and Debreu (1954) や McKenzie (1954) などによりその存在が遂に明らかになったワルラス均衡へ，いかにして社会は辿り着くかという調整プロセスを「各個人のメッセージ，それへの反応関数，帰結関数」を用いて描く事であった．そこでの彼の研究は「どのようにして均衡に辿り着くか」という事実解明的考察についてのものではあったが，「どのような制度を用いて均衡へ導くか」という規範的考察を十分に示唆していた[10]．

こうしたアプローチは，Groves and Ledyard (1977), Hurwicz and Schmeidler (1978), Hurwicz (1979a), Schmeidler (1980) に代表される，パレート効率的

---
[9] メカニズムデザイン理論と経済計画論争との関係は Hurwicz (1973) に詳しい．しかし後に理論が進展するにつれ，経済計画論争は意識される事が少なくなってきており，とりわけ 1990 年代以降の研究ではそれを念頭に置くものは極めて稀である．経済計画論争についての包括的な議論を提供しているものとして西部 (1996) を，よりコンパクトな解説として古賀 (1981, 第 5 章) と鈴村 (1982, 第 1 章) を挙げておく．

[10] 後に Hurwicz (1978, p. 298) は自身のこの研究に対し "with an ultimate normative objective in mind" と表現している．

な各種社会的選択対応をナッシュ遂行するメカニズムの設計において理論初期の結実を見せる．また，Hurwicz (1979b) と Thomson (1979) は「ある種のメカニズムにより遂行される社会的選択対応はどのようなものか」という問いを考察し，そうした対応とワルラス配分との関係を明らかにした[11]．

最初に一般の社会的選択対応に対してナッシュ遂行を定義し統一的な分析を行ったのは Maskin (1977,1999) である．マスキンの定式化には，その一般性を大きく超えた重要性がある．というのは，全ての社会的選択対応を扱う枠組みを得たという事で，何が遂行可能で何がそうでないか，遂行概念の本質とも言うべき可能性の分岐点を問う事が可能になったからである．事実，マスキンが取り組んだのはまさしくその最重要問題であった．マスキン以降，強ナッシュ均衡，サブゲーム完全均衡など他のナッシュ的解概念についても広く考察されるようになった．

ところで，メカニズムデザイン理論の多くの文献では，メカニズムを用いて望ましい社会的選択を遂行する者を**計画者**と呼ぶ．これは，単に制度を運営する側を指し示すための言葉であり，多くの場合，その語感からしばしば想像されるような，計画経済を担当する中央集権的な政府当局という意味ではない．本書ではそうした誤解を避けるため，「運営者」という，より柔らかい言葉を用いている．メカニズムデザイン理論はむしろ，そうした中央集権体制が個人の情報を正しく把握できないという不可能性から出発し，私的情報を人々が持ったままでどのように望ましい社会的帰結を導く事ができるかという，**情報分権的**な制度の構築に貢献しようとする色彩の強い学問である．そしてその「望ましさ」は通常，社会において何らかのコンセンサスを取れている規範的概念であり，運営者が独善的に目指しているものではない．例えば，オークションにおいては，運営者とはオークションの主催者，望ましさの基準は効率性や収益最大性，学生の学校へのマッチングなら運営者は地域自治体，望ましさの基準

---

[11]この研究は，ワルラス配分対応の公理的性質を明らかにする**ワルラス流社会的選択**という一つの分野を生み出す端緒となった．この分野の到達点としては，ある種のナッシュ遂行可能性と限界代替率を情報基礎とした選択方法との関係を明らかにし，ワルラス配分対応の公理化を行った Nagahisa and Suh (1995) が挙げられる．

はある種の安定性や公平性などである．さらに一点述べておくと，「構築主義」や「市場主義」などの抽象的な言葉を用い，メカニズムデザイン理論全体を論評する事の有益性に，著者らは懐疑的である．メカニズムデザイン理論が行う事は様々な環境において性能の良いメカニズムを設計する事であり，理論全体のパフォーマンスを測る必要が仮にあったとして，それは個々のメカニズムの実際的な性能を基になされる方が実り多いだろう．

1.3 ナッシュ遂行とマスキンの定理

1.3.1 定 義

メカニズム (M, g) と選好組 $\succsim \in \mathscr{D}_I$ について，ゲーム $(\succsim, M, g)$ の下でメッセージの組 $m \in M_I$ が**ナッシュ均衡**であるとは，全ての $i \in I$ と $m'_i \in M_i$ について

$$g(m) \succsim_i g(m'_i, m_{-i})$$

が成り立つ事である．$\mathbf{NE}(\succsim, M, g) \subseteq M_I$ をゲーム $(\succsim, M, g)$ におけるナッシュ均衡の集合とすると，ナッシュ均衡によって得られる帰結の集合は

$$g(\mathbf{NE}(\succsim, M, g)) \equiv \{x \in X : \exists m \in \mathbf{NE}(\succsim, M, g),\ x = g(m)\}$$

となる．前節に従い定めると，メカニズム (M, g) が社会的選択対応 F を**ナッシュ遂行**するとは，全ての $\succsim \in \mathscr{D}_I$ に対し

$$F(\succsim) = g(\mathbf{NE}(\succsim, M, g)) \tag{1.1}$$

が成立する事であり，そのようなメカニズムがひとつでも存在する F を**ナッシュ遂行可能**であるという．

ナッシュ遂行の定義である (1.1) を

$$F(\succsim) \subseteq g(\mathbf{NE}(\succsim, M, g)) \tag{1.2}$$

に弱めた場合を考えてみる．このように弱めると，$n \geq 3$でありさえすれば，あらゆる社会的選択対応は遂行可能となる事が容易に確かめられる[12]．実際，Fを任意の社会的選択対応として，次のメカニズムを考えてみよう．

- 全ての$i \in I$について，$M_i \equiv G(F)$．各iのメッセージを$m_i \equiv (\succsim^i, x^i)$と書く．

- $n-1$人以上の個人のメッセージが一致しているケース，つまりある$(\succsim, x)$と$k \in I$が存在して，全ての$i \neq k$について$(\succsim^i, x^i) = (\succsim, x)$が成り立つときは，$g(m) \equiv x$．

- $x^0 \in X$を一つ固定し，上記以外全てのケースでは$g(m) \equiv x^0$とする．

このメカニズムの下では，真の選好が$\succsim \in \mathscr{D}_I$のとき，$x \in F(\succsim)$について，

$$m_i^* \equiv (\succsim, x) \quad \forall i \in I$$

と定めるとm^*はナッシュ均衡になっている．というのも，「自分以外の$n-1$人全員が正直に真の選好組$\succsim$とそのもとで選ばれる$x \in F(\succsim)$を申告している時には，自分がメッセージを変えても帰結は変わらない」からである．しかしこのロジックは他のあらゆる$(\succsim', x') \in G(F)$についても成り立つため，全員が同じ申告を行うメッセージの組はいずれもナッシュ均衡になってしまう．つまり余計なナッシュ均衡が多すぎるのである．実際，多くの環境においてメカニズム設計者が腐心するのは，こうした不要な均衡を排除する事であり，これには一定の技術を要する．

なお，ナッシュ遂行可能性の別の弱め方としては

$$g(\mathbf{NE}(\succsim, M, g)) \subseteq F(\succsim)$$

も考えられる．このときは (1.2) のケースと異なり，悪い均衡が存在せず，常にFにより選ばれる帰結が遂行されるという意味で規範的な問題はない．しかし

---

[12]ここでの議論は Matsushima (1988) に基づく．

このようなメカニズムは，社会的選択対応

$$F'(\succsim) \equiv g(\mathbf{NE}(\succsim, M, g)) \subseteq F(\succsim)$$

を，等式による定義 (1.1) でナッシュ遂行する事と同値である (Thomson, 1996)．つまり，(M, g) は望ましい社会的選択対応 F' をナッシュ遂行するメカニズムとして，(1.1) の観点から理解できる．

1.3.2 マスキンの定理

ナッシュ遂行可能性については既に定義を与えたが，では一体，どのような社会的選択対応がナッシュ遂行可能なのだろうか？ Maskin (1977, 1999) は，社会的選択対応がナッシュ遂行可能であるための，事実上の分岐点となる重要条件を発見した[13]．これが今日**マスキン単調性**と呼ばれている条件である．マスキン単調性を厳密に定義するために，ここで必要な概念を導入する．任意の $i \in I$, $\succsim_i \in \mathscr{D}_i$, $x \in X$ について

$$L(\succsim_i, x) \equiv \{y \in X : x \succsim_i y\}$$

を，$\succsim_i$ の x における**劣位集合**とする．$\succsim_i' \in \mathscr{D}_i$ が $\succsim_i \in \mathscr{D}_i$ の $x \in X$ における**マスキン単調変換**であるとは

$$L(\succsim_i, x) \subseteq L(\succsim_i', x)$$

を満たす事であり，$\succsim_i$ の x におけるマスキン単調変換の集合を

$$MT_i(\succsim_i, x) \subseteq \mathscr{D}_i$$

---

[13] マスキンの論文は 1977 年にワーキングペーパーとなったが，公刊は 1999 年であった．その原因としては，当初彼が提案したメカニズムが不完全で上手く機能しなかった事があるとされる．Groves (1979, Footnote 6) によると，修正のアイデアはカール・ヴィント (Karl Vind) により提供された．マスキンの定理は Williams (1986, 2002) により洗練され，Saijo (1988) により現在の一般性を得て完成された．その最もスタンダードな証明は，本稿でも扱っている Repullo (1987) によるものである．

で表す[14]．マスキン単調変換とは言わば，x の相対的ポジションを下げないよう行われる選好の変形である．同じく，選好組 $\succsim' \in \mathscr{D}_I$ が，$\succsim \in \mathscr{D}_I$ の $x \in X$ におけるマスキン単調変換であるとは，全ての $i \in I$ について $\succsim'_i \in MT_i(\succsim_i, x)$ が成り立つ事を意味し，それらの集合を

$$MT(\succsim, x) \equiv MT_1(\succsim_1, x) \times MT_2(\succsim_2, x) \times \cdots \times MT_n(\succsim_n, x) \subseteq \mathscr{D}_I$$

で表す．**マスキン単調性**とは，ある選好組のもとである帰結が選ばれているとき，その選好組がその帰結の相対的ポジションを下げないよう変化しても，相変わらずその帰結が選ばれ続ける事を意味している．

マスキン単調性 F がマスキン単調性を満たすとは，全ての $\succsim \in \mathscr{D}_I$，$x \in F(\succsim)$，$\succsim' \in MT(\succsim, x)$ について

$$x \in F(\succsim')$$

が成り立つ事である．

マスキンはこの性質がナッシュ遂行可能性の必要条件である事を示した[15]．

定理 1.1．社会的選択対応 F がナッシュ遂行可能であれば，F はマスキン単調性を満たす．

証明．$F\colon \mathscr{D}_I \twoheadrightarrow X$ をナッシュ遂行可能な社会的選択対応とし，その遂行メカニズムを (M, g) とする．任意の $\succsim \in \mathscr{D}_I$，$x \in F(\succsim)$，$\succsim' \in MT(\succsim, x)$ について考える．F はナッシュ遂行可能なので

$$g(\mathbf{NE}(\succsim, M, g)) = F(\succsim).$$

---

[14] $MT_i(\succsim_i, x)$ で，下付きの添え字 i を MT_i のように付けるのは，仮に $\succsim_i = \succsim_j$ であっても，$\mathscr{D}_i \neq \mathscr{D}_j$ ならば，$MT_i(\succsim_i, x)$ と $MT_j(\succsim_j, x)$ は異なる集合であり得るからである．

[15] Hurwicz (1979b) は，Maskin (1977, 1999) と並ぶナッシュ遂行可能性に関する先駆的研究であるが，彼の定理の証明には，当時は定式化されていなかったマスキン単調性が非明示的に用いられ，決定的な役割を果たしている．

よって，ある $m \in \mathbf{NE}(\succsim, M, g)$ が存在して

$$g(m) = x$$

である．また，$m \in \mathbf{NE}(\succsim, M, g)$ より

$$g(m) \succsim_i g(m'_i, m_{-i}) \quad \forall i \in I, \ \forall m'_i \in M_i$$

である．すると，$\succsim' \in MT(\succsim, x)$ より

$$g(m) \succsim'_i g(m'_i, m_{-i}) \quad \forall i \in I, \ \forall m'_i \in M_i$$

が得られる．よって $m \in \mathbf{NE}(\succsim', M, g)$ であり

$$x = g(m) \in g(\mathbf{NE}(\succsim', M, g)) \tag{1.3}$$

が従う．F はナッシュ遂行可能であるため

$$g(\mathbf{NE}(\succsim', M, g)) = F(\succsim') \tag{1.4}$$

が成り立つ．よって (1.3) と (1.4) から

$$x \in F(\succsim')$$

を得るので，F はマスキン単調性を満たす． □

マスキン単調性はナッシュ遂行の必要条件であるが，一般には十分条件ではない．しかしマスキンは，以下に導入する**非拒否権性**のもとでは，$n \geq 3$ のときマスキン単調性が十分足り得る事を示した．

非拒否権性 全ての $\succsim \in \mathscr{D}_I$ と $x \in X$ について，$|\{i \in I : x \succsim_i y \ \forall y \in X\}| \geq n - 1$ ならば，$x \in F(\succsim)$.

非拒否権性は，一人を除く全員が，最善の帰結について意見の一致を見せていれば，その帰結は必ず選ばれる事を意味する．非拒否権性は，多くの社会的

選択対応が満たす性質であり，必ずしも強い条件ではない．しかし，非拒否権性が規範的な観点から望ましい条件かどうかは状況による．例えば，帰結の集合を $X = \{x, y\}$ とし，x が「個人 1 の全財産を没収し他の個人たちで分ける」，y が「x を行わない」をそれぞれ表すものとする．いま個人 1 以外の全ての人々は x を y よりも好んでいるとする．x は個人 1 に対して不公平極まりない帰結であるが，非拒否権性は，個人 1 の私的所有権を無視して，x が選ばれる事を要求している．

とはいえ，非拒否権性は，多くの経済環境においては無条件で満たされる．例えば，ある額のお金を人々の間で分ける問題を考えてみると，各人にとって最善の配分は自分が全額を受け取るものであり，よって $n-1$ 人にとって「これが最善だ」と同意できる配分は存在しない．このとき非拒否権性は，その前提部分が常に成り立たない事になり，自動的に満たされる事になる．

定理 1.2. $n \geq 3$ とする．社会的選択対応 F がマスキン単調性と非拒否権性を満たすならば，F はナッシュ遂行可能である．

証明． この証明は Repullo (1987) に従う．$n \geq 3$ とし，F をマスキン単調性と非拒否権性を満たす社会的選択対応とする．

証明方針は構成的であり，実際にメカニズムを設計してそれが F をナッシュ遂行する事を示す．まず各 $i \in I$ について

$$M_i \equiv G(F) \times \mathbb{N}$$

とする．典型的な個人 i のメッセージを $m_i = (\succsim^i, x^i, a^i) \in M_i$ と書く．任意の $m \in M_I$ と $(\succsim, x, a) \in G(F) \times \mathbb{N}$ について，集合 $I^m(\succsim, x, a) \subseteq I$ により，$(\succsim, x, a)$ を申告している個人の集合を表す．つまり

$$I^m(\succsim, x, a) \equiv \{i \in I : m_i = (\succsim, x, a)\}$$

である．g は以下の 3 つのルールから構成される．

ルール 1 ある $(\succsim, x, a) \in G(F) \times \mathbb{N}$ が存在し，$I^m(\succsim, x, a) = I$ ならば

$$g(m) \equiv x$$

とする.

ルール 2 ある $(\succsim, x, a) \in G(F) \times \mathbb{N}$ と $j \notin I^m(\succsim, x, a)$ が存在し,$I^m(\succsim, x, a) = I \setminus \{j\}$ ならば,j のメッセージを $m_j = (\succsim^j, x^j, a^j)$ と書くと

$$g(m) \equiv \begin{cases} x^j & \text{if } x \succsim_j x^j \\ x & \text{if } x^j \succ_j x \end{cases}$$

とする.

ルール 3 m がルール 1 にも 2 にもカヴァーされないケースを考える.このとき,任意の $(\succsim, x, a) \in G(F) \times \mathbb{N}$ について $|I^m(\succsim, x, a)| < n-1$ が成り立っている.いま m のもとでの帰結を

$$g(m) \equiv x^{i^*}$$

により定める.ここで,i^* は「最も大きな数を申告している個人の中で,名前のインデックスが大きい者」,つまり $i^* \equiv \max\{i \in I : i \in \arg\max_{i \in I} a^i\}$ である.

ルール 1 は,全員が同じメッセージを申告している場合,その全員が共通で申告している $\succsim$ とそのもとで F が選ぶ x を,メカニズムの結果として選ぶ事を意味している.

ルール 2 は,一人の j だけが他の個人と異なるメッセージを申告した状況に対応している.j の申告した帰結 x^j と他の個人が申告した帰結 x を,他の個人が申告した j の選好 $\succsim_j$ に照らして,悪い方を選ぶ.

ルール 3 は,ルール 1 にもルール 2 にも該当しない状況に対応する.この場合,一番大きな整数を申告した個人の意見のみを尊重し,そのメッセージ内容をそのまま採択する.もし,一番大きな整数を申告した個人が 2 人以上存在する場合は,インデックスの大きな方のメッセージを優先する.例えば,$I = \{1, 2, 3\}$ として,$a^1 = a^2 = 10 > 9 = a^3$ の場合,$i^* = 2$ より $g(m) = x^2$ となる.

以下，二つのステップにより，メカニズム (M, g) が F をナッシュ遂行する事を示す．

ステップ1 $g(\mathbf{NE}(\succsim, M, g)) \supseteq F(\succsim)$　　任意の $x \in F(\succsim)$ について考える．これから $x \in g(\mathbf{NE}(\succsim, M, g))$ を示したい．各 $i \in I$ について，$m_i = (\succsim, x, 1)$ とする．このときルール1が適用されるため，$g(m) = x$ となる．この m が $(\succsim, M, g)$ においてナッシュ均衡となる事を確認したい．いま個人 j が $m'_j \neq m_j$ なるメッセージを申告したとすると，ルール2が適用される．$x^j \succ_j x$ であれば $g(m'_j, m_{-j}) = x = g(m)$ となり，$x \succsim_j x^j$ であれば $g(m) = x \succsim_j x^j = g(m'_j, m_{-j})$ となる．いずれにせよ

$$g(m) \succsim_j g(m'_j, m_{-j})$$

が成り立つので，$m \in \mathbf{NE}(\succsim, M, g)$ が従う．よって

$$x = g(m) \in g(\mathbf{NE}(\succsim, M, g)).$$

ステップ2 $g(\mathbf{NE}(\succsim, M, g)) \subseteq F(\succsim)$　　任意の $x \in g(\mathbf{NE}(\succsim, M, g))$ について考える．これから $x \in F(\succsim)$ を示したい．あるメッセージの組 $m \in \mathbf{NE}(\succsim, M, g)$ が存在し，$g(m) = x$ である．この x はメカニズムの定義にある3つのルールのいずれかから得られたものであり，以下，場合分けにより $x \in F(\succsim)$ が常に成り立つ事を検証していく．

ルール3により x が得られていた場合　　この状況では，全ての $i \in I$ について，大きな整数 $\bar{a}^i > \max_{j \in I} a^j$ を伴う $\bar{m}_i$ に変更する事で，現在の x をどのような帰結にも変更する事ができる．しかし m がナッシュ均衡という事は，誰もそれを行うインセンティブが無いという事である．これが成り立つのは唯一，x が全ての $i \in I$ にとって真の選好 $\succsim_i$ のもとでベストな帰結であるときのみである．よって非拒否権性より $x \in F(\succsim)$．

ルール2により x が得られていた場合　　このとき，ある $j \in I$ だけが他の $n-1$ 人の個人 $i \neq j$ と異なるメッセージを申告している．ここではどの $i \neq j$

も m から逸脱し，大きな整数を申告する事で，ルール3の状況を作り出し，自分にとって最も望ましい帰結を実現できる．しかし m がナッシュ均衡という事は，どの $i \neq j$ もそれを行うインセンティブが無いという事である．これが成り立つのは唯一，x が全ての $i \neq j$ にとって真の選好 $\succsim_i$ のもとでベストな帰結であるときのみである．よって非拒否権性より $x \in F(\succsim)$．

ルール1により x が得られていた場合 いま全ての $i \in I$ がある共通の $m_i = (\succsim', x, a)$ を申告している．これから $\succsim \in MT(\succsim', x)$ が成り立つ事を示したい．任意の $i \in I$ と $y \in L(\succsim'_i, x)$ について考える．いま i が戦略を $m'_i = (\succsim^i, y, a^i) \neq m_i$ に変えるとルール2が適用される事になる．$x \succsim'_i y$ なので

$$g(m'_i, m_{-i}) = y.$$

が言える．また，$m \in \mathbf{NE}(\succsim, M, g)$ より

$$g(m) \succsim_i g(m'_i, m_{-i})$$

である．$g(m) = x$ かつ $g(m'_i, m_{-i}) = y$ より，$x \succsim_i y$．よって $y \in L(\succsim_i, x)$．

以上の議論より $\succsim \in MT(\succsim', x)$ が成り立ち，$\succsim'$ の定義より $x \in F(\succsim')$ なので，マスキン単調性より $x \in F(\succsim)$． □

この定理の証明においてマスキンは，マスキン単調性と非拒否権性を満たすあらゆる社会的選択対応に対して，それを遂行するメカニズムを構成するための一種のアルゴリズムを提供している．メカニズムはゲームの生成装置であるが，このアルゴリズムはメカニズムの生成装置である．この意味で，マスキンの定理は，定理自体の重要性もさる事ながら，その証明にも多大な画期性がある．

1.3.3 マスキンメカニズムとナッシュ遂行への批判

マスキンの提案したメカニズムおよびナッシュ遂行については，いくつもの問題点が指摘され，それがメカニズムデザイン理論を発展させる原動力となっ

た．以下ではそれらについて主なものを簡単に列挙しておく．

整数ゲーム　マスキンの設計したメカニズムは，ルール3において「大きな数を叫んだ人が勝ち」である整数ゲームを用いている．この工夫は，(1.2) により定義したナッシュ遂行可能性の議論で観察した，望ましくない均衡を排除するための工夫である．しかし，ルール3において，ナッシュ均衡が（ベストの帰結に対し満場一致の場合を除く）一切存在しないのは，整数ゲームにおいて申告できる数に上限がなく，他人の言った数より多い数が常に言えるという構造に依拠している．つまりここでナッシュ均衡が存在しないのは単に最適反応対応が上手く定義できないからであり，ナッシュ均衡という解概念をここで用いる事自体の適切性が疑われる (Jackson, 1991a; Abreu and Matsushima, 1992)．また，数を申告する事は，当該の社会的選択問題とは直接何の関係もなく，メッセージ自体に意味が付与できない．経済環境で言うと，価格や配分など，より自然なメッセージを申告するメカニズムを設計しようとするアプローチは Saijo, Tatamitani, and Yamato (1996a,b, 1999) や Dutta, Sen, and Vohra (1995) らにより積極的に主唱された．このアプローチは**自然遂行**と呼ばれる．

申告内容　マスキンのメカニズムでは各個人に当事者全員の選好組を表明させている．しかし同じ結果を出すのであれば表明する情報量は少ない方が効率的であるし (Hurwicz, 1960)，また，他人に，自分に関する情報を表明される事に抵抗を覚える人もいるだろう．Saijo (1988) はこの点からマスキンのメカニズムを改善し，自らと両隣の個人の選好を表明するようなメカニズムを設計した．また，Tatamitani (2001, 2002) は，更なる改善として，他人の選好を申告しないメカニズムによって遂行できる社会的選択対応のクラスを特徴付けている．この性質は**自己関連性**と呼ばれる．

混合戦略と複数均衡　マスキンの定理は純粋戦略に特化しており，混合戦略を無視しているという批判がある．しかし，これについてはメカニズムを適切に修正する事で，混合戦略も含めてナッシュ遂行できるよう設計できる

事をマスキンが示している (Maskin, 1977, 1999, Appendix). なお, ナッシュ均衡に限らず, 社会的選択対応の遂行を考える場合には, 均衡が複数存在するので, ゲームのプレイにおいて皆が同じ均衡を意識するかという均衡調整の問題が発生する. Abreu and Matsushima (1992) はこれらの点について, 混合戦略も含めナッシュ均衡が一意になる確率的メカニズムの設計方法を考案している[16]. なお, 均衡は実現しさえすれば, 遂行の定義より, それは常に望ましい帰結を導くものなので, どの均衡が選ばれるかは, ここでは大きな問題でない.

不完備情報 ナッシュ均衡は完備情報下での均衡概念であるから, これを均衡概念として用いるためには互いの選好が全ての個人にとって共有知識であるという仮定を置かねばならない. なお, 制度の運営者は真の選好を知らないわけだが, こうした状況は, **観察可能**であるが**立証可能**でないという. 共有知識の仮定は, 互いをよく知っている小さなグループなどではそれなりの妥当性を持つが, もちろん望ましい仮定ではない. 不完備情報下における遂行理論は Palfrey and Srivastava (1987, 1989), Jackson (1991b) により分析され, ベイジアンナッシュ遂行可能な社会的選択対応のクラスが特徴付けられた. ただし, そこでは選好についての共有知識を仮定する代わりに, 選好の分布に関する共有事前予想を仮定する必要がある. これすら仮定しないアプローチとしては, Bergemann and Morris (2005, 2007) らによる, 情報頑健的なメカニズムデザインがある. ベイジアンナッシュ遂行については Palfrey and Srivastava (1993) によるサーヴェイが詳しい.

必要十分条件 非拒否権性を用いない, ナッシュ遂行のための完全な必要十分条件は Moore and Repullo (1990) により与えられた. ただし, その条件は

---

[16]アブリュー=松島によるメカニズムはマスキンメカニズムの問題点をことごとく解消した, 一つの最終回答である. ただしそこでは, 直接の選択肢ではなく, 選択肢上の確率分布を選択するメカニズムが考察されている. これへの解説としては松島 (1996) が詳しい. 確率的メカニズムについては第 2 章で扱う.

マスキン単調性にいくつかの技術的要件を加えたもので，社会的選択対応がそれらを満たす事を示すのは容易でない．Sjöström (1991) はその条件の充足を確認する方法について論じている．環境に制限を加える事でより平明な必要十分条件を与えたものとして Danilov (1992), Yamato (1992) がある．なお，以上の議論はいずれも $n \geq 3$ を仮定している．$n = 2$ のケースには，Moore and Repullo (1990) と Dutta and Sen (1991) が必要十分条件を与えているが，その条件は $n \geq 3$ での必要十分条件より強い．

均衡概念の精緻化と二重遂行 マスキンのメカニズムではナッシュ均衡が解概念として用いられており，強ナッシュ均衡 (Aumann, 1959) の定義で考えられるような，グループによる戦略的逸脱が考慮されていない．この観点から，ナッシュ均衡と強ナッシュ均衡で同時に遂行するメカニズムを設計する事は Maskin (1979, 1985) により考案された．このように，二つの解概念で同時に遂行する事を**二重遂行**という．社会的選択対応がナッシュ均衡と強ナッシュ均衡で二重遂行可能であるための必要条件および十分条件は Suh (1997) により，強ナッシュ均衡のみで遂行するための必要十分条件は Dutta and Sen (1991) により与えられている．Yamato (1999) は $n \geq 3$ のとき，ナッシュ遂行可能な社会的選択対応は必ずナッシュ均衡と無支配ナッシュ均衡で二重遂行可能である事を示した[17]．有界なメカニズムを用いた無支配ナッシュ遂行についての必要条件と十分条件は Jackson, Palfrey, and Srivastave (1994) が与えている．Saijo, Sjöström, and Yamato (2007) はナッシュ均衡と支配戦略均衡で二重遂行できる社会的選択関数を**セキュア遂行可能**と呼び，その充足に関する必要十分条件を求めている[18]．彼らの問題意識は，耐戦略的な社会的選択関数であっても，支配戦略均衡以外のナッシュ均衡をプレイする事があるという，公共財供給問題における実験結果 (Cason, Saijo, Sjöström, and Yamato, 2006) に

---

[17]無支配戦略は第 1.4.2 節で定義されており，無支配ナッシュ均衡とは無支配戦略により構成されるナッシュ均衡の事を意味する．

[18]Mizukami and Wakayama (2008b) は，ある種の単調性条件に基づいた，Saijo, Sjöström, and Yamato (2007) とは異なる必要十分条件を見つけている．

基づいている.

展開型ゲームを用いた遂行　これまで遂行を標準型ゲームに絞って考察していたが，展開型ゲームについて定義し分析する事も可能である．このアイデアは投票環境における Farquharson (1969) や Moulin (1979) らの研究に遡り，一般的な環境でのサブゲーム完全遂行の必要条件・十分条件は Moore and Repullo (1988) および Abreu and Sen (1990) らにより得られている．展開型ゲームは標準型ゲームよりメカニズムの設計に際して自由度が高いという利点があるが，これを用いると相当複雑なメカニズムを構成できるので，その場合は複雑なゲームをプレイする合理性を個人に求めるという点が問題である．非常に簡単な展開型ゲームを用い設計されたメカニズムの好例は，第 1 節で扱った，Glazer and Ma (1989)，Mihara (2006)，Qin and Yang (2007) による，ソロモン王のジレンマを解消するためのメカニズムである．また，Miyagawa (2002b) と Samejima (2004) はナッシュ交渉解などの様々な交渉解を遂行するシンプルなメカニズムをデザインしている．

1.3.4　一般的遂行可能性条件と個別のメカニズム設計

マスキンの定理に代表される，一般的な遂行可能性条件を得る事の意義について述べておく．ナッシュ均衡に限らず，ある解概念 S について，それで遂行できる社会的選択対応 F の一般的な必要十分条件やそれに近い条件が得られたとしよう．ナッシュ遂行でいうと，マスキン単調性がそれにあたる．そうした定理の証明には，マスキンが構成したような，整数ゲームを始めとする不自然な工夫が通常行われる．しかし，そうやって不自然なメカニズムにより得た一般条件が無意味というわけでは決してない．というのは，どのような社会的選択対応が S について遂行可能か不可能かの分岐点を得る事で，目的の F を S について遂行する自然なメカニズムを設計する際に，そもそもそれが可能かどうかを判断する事ができるようになるからである．例えば，F がそもそもマス

キン単調でなければ，それをナッシュ遂行するメカニズムの設計を試みる事は無意味であるし，逆に F がマスキン単調ならば，より自然なメカニズムの設計を試みれば良いという事になる．実際，遂行可能性についての一般的条件を満たす社会的選択対応のうち，経済学的に重要なものについては，個別に自然な遂行メカニズムを構成できる事が多い，というのがこの分野における経験的蓄積である．第3章で扱う（境界制約のもとでの）ワルラス対応や，第5章で扱う非羨望対応はその好例である．特に第5章で扱う「旗付きメカニズム」と呼ばれるものは，非常にシンプルな設計がなされている．こうした学問の流れを理解しておく事は，一般的遂行可能性条件の意義を正しく理解する上で重要である．

1.4 耐戦略性

1.4.1 支配戦略遂行と耐戦略性

ゲーム $(\succsim, M, g)$ において，個人 $i \in I$ について，メッセージ $m_i \in M_i$ が $\succsim_i$ における**支配戦略**であるとは，全ての $m' \in M_I$ に対し

$$g(m_i, m'_{-i}) \succsim_i g(m')$$

が成り立つ事である．メッセージの組 $m \in M_I$ がゲーム $(\succsim, M, g)$ における**支配戦略均衡**であるとは，全ての $i \in I$ について m_i が $\succsim_i$ における支配戦略である事をいう．

次の結果は Dasgupta, Hammond, and Maskin (1979) による**顕示原理**と呼ばれるもので，耐戦略性と支配戦略遂行可能性との緊密な関係を明らかにしている[19]．

定理 1.3. 社会的選択関数 f が支配戦略遂行可能ならば，f は耐戦略性を満たす．

[19]ここでは，支配戦略均衡を解概念とした場合の顕示原理について述べている．Myerson (1981) によるベイジアンナッシュ均衡を解概念とした場合の顕示原理については第 4.3.3 節において触れる．

証明. (M,g) は f を支配戦略遂行するメカニズムとする．任意の $\succsim \in \mathscr{D}_I$, $i \in I$, $\succsim_i' \in \mathscr{D}_i$ について考える．$m_i \in M_i$ を $\succsim_i$ における支配戦略，$m_i' \in M_i$ を $\succsim_i'$ における支配戦略とする．また，任意の $j \neq i$ について，$m_j \in M_j$ を $\succsim_j$ における支配戦略とする．(M,g) は f を支配戦略遂行するので，$f(\succsim) = g(m)$, $f(\succsim_i', \succsim_{-i}) = g(m_i', m_{-i})$ が成立する．いま，m_i は $\succsim_i$ における支配戦略であるので

$$f(\succsim) = g(m_i, m_{-i}) \succsim_i g(m_i', m_{-i}) = f(\succsim_i', \succsim_{-i})$$

が成り立つ．よって f は耐戦略性を満たす． □

顕示原理は，支配戦略遂行可能な社会的選択関数のクラスを探す際には，耐戦略性を満たすものに絞ればよい事を意味している．これは耐戦略性を満たす社会的選択関数を探す事の意義を強める一方，そもそもそうした社会的選択関数は決して多くないので否定的な結果とも言える．

次に，支配戦略を用いた遂行概念について関係を整理しておこう．

- **A** 直接メカニズム $(\mathscr{D}, f)$ が f を支配戦略遂行する．

- **B** 何らかのメカニズム (M, g) が f を支配戦略遂行する (支配戦略遂行可能性)．

- **C** f は耐戦略性を満たす．

まず，直接メカニズムはメカニズムの一種であるため，$\mathbf{A} \Longrightarrow \mathbf{B}$ は直ちに成り立つ．顕示原理が示しているのは，$\mathbf{B} \Longrightarrow \mathbf{C}$ である．よって $\mathbf{C} \Longrightarrow \mathbf{A}$ であれば，これら三条件は同値となるが，この関係は常には成り立たない．というのは，f が耐戦略性を満たすというのは，f の直接ゲームにおいて，正直申告の組が支配戦略均衡の「一つ」になっている事だけだからである．実際，直接メカニズムが f を支配戦略遂行するというのは，直接ゲームにおいて，「全ての」支配戦略均衡が，正直申告により得られる帰結と同じものを導くという事である．次の命題は，$\mathbf{C} \Longrightarrow \mathbf{A}$ ばかりか，$\mathbf{C} \Longrightarrow \mathbf{B}$ すら，一般には成り立たない事を示している．

命題 1.1. 耐戦略性を満たす社会的選択関数が，支配戦略遂行可能であるとは限らない．

証明. $I = \{1, 2\}$, $X = \{a, b, c, d\}$ とする．また $\mathscr{D}_I = \{\succsim_1, \succsim_1'\} \times \{\succsim_2, \succsim_2'\}$ とし

$$\succsim_1: c\ d\ a\ b$$
$$\succsim_1': d\ c\ a\ b$$
$$\succsim_2: c\ d\ [a\ b]$$
$$\succsim_2': d\ c\ [a\ b]$$

とする．ここで，$[a\ b]$ は a と b が無差別である事を意味している．いま，社会的選択関数 f を

$$f(\succsim_1, \succsim_2) = f(\succsim_1', \succsim_2) \equiv a$$
$$f(\succsim_1, \succsim_2') = f(\succsim_1', \succsim_2') \equiv b$$

により定める．この社会的選択関数 f が耐戦略性を満たす事は容易に確認できる．いま，f を支配戦略遂行するメカニズム (M, g) が存在するとし，矛盾を導く．$m_i \in M_i$ を個人 i の $\succsim_i$ における支配戦略，$m_i' \in M_i$ を個人 i の $\succsim_i'$ における支配戦略とする．すると，f はメカニズム (M, g) によって支配戦略遂行されるので

$$g(m_1, m_2) = f(\succsim_1, \succsim_2) = a = g(m_1', m_2) = f(\succsim_1', \succsim_2)$$
$$g(m_1, m_2') = f(\succsim_1, \succsim_2') = b = g(m_1', m_2') = f(\succsim_1', \succsim_2')$$

が成り立つ．また，f が支配戦略遂行可能であるためには，ある $\bar{m}_1 \in M_1$ が存在し

$$g(\bar{m}_1, m_2) \succ_2 g(\bar{m}_1, m_2')$$

となっている必要がある[20]．これが成り立つためには

$$g(\bar{m}_1, m_2) = c \text{ または } g(\bar{m}_1, m_2) = d$$

---

[20]なぜなら，このような $\bar{m}_1$ が存在しなければ，m_2' も個人 2 の $\succsim_2$ における支配戦略となってしまい，(M, g) が f を支配戦略遂行する仮定に矛盾してしまうからである．

でなければならない．しかし，いずれの場合であっても

$$g(\bar{m}_1, m_2) \succ_1 a = g(m_1, m_2)$$

となっており，これは m_1 が $\succsim_1$ における個人 1 の支配戦略である事に矛盾する． □

命題 1.1 は $\mathbf{C} \Longrightarrow \mathbf{B}$ が成り立たない環境を与えているが，環境によってはこの関係は成り立つ．Mizukami and Wakayama (2007) はそうした環境を多く探し出しているが，強選好ドメインのケースはその内の一つである．

命題 1.2. 任意の $i \in I$ について，$\mathscr{D}_i = \mathscr{P}$ とする．このとき社会的選択関数 $f : \mathscr{D}_I \to X$ が耐戦略性を満たせば，f は支配戦略遂行可能である[21]．

証明． 社会的選択関数 f が耐戦略性を満たすとする．ここで，$(\mathscr{D}, f)$ という直接メカニズムを考える．f は耐戦略性を満たすので，全ての個人について真の選好表明は支配戦略となっている．いま，ある個人 i が存在し，ある $\succsim_i$ において，$\succsim_i' \neq \succsim_i$ も支配戦略になっているとしよう．このとき，任意の $\succsim_{-i} \in \mathscr{P}^{I \setminus \{i\}}$ について

$$f(\succsim_i, \succsim_{-i}) \sim_i f(\succsim_i', \succsim_{-i})$$

となっているが，強選好を考えているので

$$f(\succsim_i, \succsim_{-i}) = f(\succsim_i', \succsim_{-i})$$

が成り立っている．つまり，複数の支配戦略均衡があったとしても，その均衡によって得られる帰結は同一である．これは，直接メカニズム $(\mathscr{D}, f)$ が f を支配戦略遂行する事に他ならない． □

命題 1.2 は論理関係 $\mathbf{C} \Longrightarrow \mathbf{B}$ についてのものだが，Mizukami and Wakayama (2007) はより強い論理関係 $\mathbf{C} \Longrightarrow \mathbf{A}$ について，$\mathbf{A}$ と $\mathbf{C}$ の差異をある種の独立

---

[21]このとき顕示原理より，耐戦略性と支配戦略遂行可能性は同値である事が直ちに従う．

性条件により特徴付け，[**C** +その独立性条件] $\iff$ **A**，という同値関係が成り立つ事を示している[22]．こうした関係について，ここではこれ以上の詳細には触れないが，条件 **A**, **B**, **C** はしばしば無条件で同値だという誤解を受けるものであり，あらためて注意を喚起しておきたい．

1.4.2 無支配戦略遂行と耐戦略性

支配戦略と同様に，共有知識の仮定を必要としない解概念として**無支配戦略**がある[23]．ゲーム $(\succsim, M, g)$ において，個人 $i \in I$ の選好 $\succsim_i$ について，メッセージ $m'_i \in M_i$ が $m_i \in M_i$ を支配するとは

$$g(m'_i, m_{-i}) \succsim_i g(m_i, m_{-i}) \quad \forall m_{-i} \in \mathscr{D}_{-i}$$
$$g(m'_i, m_{-i}) \succ_i g(m_i, m_{-i}) \quad \exists m_{-i} \in \mathscr{D}_{-i}$$

が成立する事である．そのような m'_i が存在しない m_i を，i の $(\succsim, M, g)$ における無支配戦略という．全ての $i \in I$ について，m_i がゲーム $(\succsim, M, g)$ において無支配戦略である m を，無支配戦略均衡と呼ぶ．

Jackson (1991a) は，非常に広範の環境で，全ての社会的選択対応は無支配戦略遂行可能である事を示した．しかし，そこでジャクソンが設計したメカニズムは，整数ゲームよりさらに奇妙な無限構造に依拠しており，彼自身その観点から，**有界メカニズム**に考察の対象を絞るべきであると論じた．メカニズム (M, g) が有界であるとは，任意の $\succsim \in \mathscr{D}_I$ と $i \in I$ について，$m_i \in M_i$ が他の $m'_i \in M_i$ により支配されるときは，ある無支配戦略 $\bar{m}_i \in M_i$ が存在して，$\bar{m}_i$ が m_i を支配する，という事である．言わば，支配される戦略 m_i には，それを支配する上限 $\bar{m}_i$ が必ず存在する．

---

[22] 彼らの条件 "quasi strong non bossiness" がそれにあたる．
[23] 「無支配」という言葉は "undominated" の訳語であり，「支配されない」事を意味する．「支配されない戦略遂行」では語感が良くないし，直訳して「非被支配」では何を意味するか判りにくいので，この訳語を採用した．なお，「非支配」では「支配しない」になってしまうので，訳として正しくない．

社会的選択対応 F が**有界メカニズムにより無支配戦略遂行可能**であるとは，ある有界メカニズムが存在し，それが F を無支配戦略遂行する事である．以下の条件は耐戦略性を対応用に拡張したものの一例であり，**拡張耐戦略性**と呼ばれる[24]．

拡張耐戦略性 F が拡張耐戦略性を満たすとは，任意の $\succsim \in \mathscr{D}_I$, $i \in I$, $\succsim'_i \in \mathscr{D}_i$ について，以下のような $y \in F(\succsim'_i, \succsim_{-i})$ は存在しない事である．

$$y \succ_i x \quad \forall x \in F(\succsim).$$

明らかに，社会的選択関数 f に対しては，拡張耐戦略性と耐戦略性は同値である．ジャクソンは，この条件が有界メカニズムによる無支配戦略遂行可能性の必要条件である事を示した．

定理 1.4. 社会的選択対応 F が有界メカニズムにより無支配戦略遂行可能ならば，F は拡張耐戦略性を満たす．

証明． (M,g) は F を無支配戦略遂行する有界メカニズムであるとする．任意の $\succsim \in \mathscr{D}_I$, $i \in I$, $\succsim'_i \in \mathscr{D}_i$ について考える．任意の $y \in F(\succsim'_i, \succsim_{-i})$ に対し，ある $x \in F(\succsim)$ が存在して $x \succsim_i y$ を満たす事を示せば十分である．

$y \in F(\succsim'_i, \succsim_{-i})$ とする．$m \in M_I$ を，$g(m) = y$ を満たす，$(\succsim'_i, \succsim_{-i})$ のもとでの無支配戦略均衡とする．もし $y \in F(\succsim)$ であれば，$x = y$ として証了である．よって $y \notin F(\succsim)$ とする．これは m が $\succsim$ のもとで無支配戦略均衡でない事を意味するが，各 $j \neq i$ について m_j は $\succsim_j$ のもとで無支配戦略なので，m_i が $\succsim_i$ のもとで無支配戦略でないという事になる．よってメカニズムの有界性より，$\succsim_i$ のもとで，ある無支配戦略 $\bar{m}_i \in M_i$ が存在して m_i を支配する．よって

$$g(\bar{m}_i, m_{-i}) \succsim_i g(m) = y \tag{1.5}$$

が成り立つ．いま $(\bar{m}_i, m_{-i})$ は $\succsim$ のもとで無支配戦略均衡になっている事に注意すると，メカニズムの定義より $g(\bar{m}_i, m_{-i}) \in F(\succsim)$ である．よって (1.5) より $x = g(\bar{m}_i, m_{-i})$ とおくと証了である． □

[24] ジャクソンはこの条件を "strategy-resistance" と呼んでいる．

ジャクソンによる無支配戦略遂行に関する議論は，どのようなメカニズムで遂行できるかにより，遂行可能な社会的選択対応のクラスは大きく変わってくる事を示している．以下の系は，有界メカニズムによる無支配戦略遂行に関する一種の顕示原理であり，定理 1.4 から直ちに従う．

系 1.1. 社会的選択関数 f が有界メカニズムにより無支配戦略遂行可能ならば，f は耐戦略性を満たす．

1.4.3　ナッシュ遂行と連立耐戦略性

次の条件は耐戦略性の定義をグループにも適用されるよう強めたものであり，どのようなグループによる戦略的行動も，そのグループ内の誰かに損を与えずに誰かを利する事はできないという事を意味している．

連立耐戦略性　任意の $\succsim \in \mathscr{D}_I$ について，次のような $T \subseteq I$ と $\succsim'_T = (\succsim'_i)_{i \in T} \in \mathscr{D}_T$ は存在しない．

$$f(\succsim'_T, \succsim_{I \setminus T}) \succsim_i f(\succsim) \quad \forall i \in T$$
$$f(\succsim'_T, \succsim_{I \setminus T}) \succ_j f(\succsim) \quad \exists j \in T.$$

ドメインが十分に広い場合には，マスキン単調な社会的選択関数は連立耐戦略性を満たす事が知られている[25]．そうした関係を成り立たせる一般的なドメインの広さに関する条件は，最初に Dasgupta, Hammond, and Maskin (1979) により考察された[26]．新古典派的経済環境ではこの条件はしばしば満たされる事を彼らは指摘している．本書では Takamiya (2007) による，より使い易い条件を用い議論を行う[27]．

---

[25] Murakami (1968), Muller and Satterthwaite (1977) がその先駆的貢献である．
[26] ダスグプタ＝ハモンド＝マスキンが当初提示した条件では，彼らの議論は上手く機能せず，Maskin and Sjöström (2002) による微修正がなされた定義が必要である事が，Bochet and Klaus (2007) により解説されている．
[27] 高宮はこの条件が投票環境や広範なマッチング環境で適用できる事を示した．また，新古典派経済環境でもこの条件はしばしば満たされる事が，ダスグプタ＝ハモンド＝マスキンの条件と

豊富性 $\mathscr{D}_I$ が豊富性を満たすとは以下の条件が成り立つ事である．任意の $T \subseteq I$, $\succsim_T \in \mathscr{D}_T$, $x, y \in X$ について，もし

$$y \succsim_i x \ \forall i \in T$$
$$y \succ_j x \ \exists j \in T$$

であれば，そのとき任意の $\succsim'_T \in \mathscr{D}_T$ について，ある $\succsim''_T \in \mathscr{D}_T$ が存在して

$$L(\succsim_i, x) \subseteq L(\succsim''_i, x) \ \text{かつ} \ L(\succsim'_i, y) \subseteq L(\succsim''_i, y) \ \forall i \in T$$

が成り立つ．

定理 1.5. $\mathscr{D}_I$ が豊富性を満たすとする．社会的選択関数 $f: \mathscr{D}_I \to X$ がマスキン単調性を満たすなら，f は連立耐戦略性を満たす．

証明． いまマスキン単調な f が連立耐戦略性を満たさないとしよう．このとき，ある $\succsim \in \mathscr{D}_I$, $T \subseteq I$, $\succsim'_T \in \mathscr{D}_T$ が存在して

$$f(\succsim'_T, \succsim_{I \setminus T}) \succsim_i f(\succsim) \ \forall i \in T$$
$$f(\succsim'_T, \succsim_{I \setminus T}) \succ_j f(\succsim) \ \exists j \in T$$

である．$x \equiv f(\succsim)$, $y \equiv f(\succsim'_T, \succsim_{I \setminus T})$ とする．豊富性より，ある $\succsim''_T \in \mathscr{D}_T$ が存在して

$$L(\succsim_i, x) \subseteq L(\succsim''_i, x) \ \text{かつ} \ L(\succsim'_i, y) \subseteq L(\succsim''_i, y) \ \forall i \in T$$

を満たす．よってマスキン単調性より

$$x = f(\succsim) = f(\succsim''_T, \succsim_{I \setminus T}) = f(\succsim'_T, \succsim_{I \setminus T}) = y$$

が成り立ち矛盾である． □

同様にして確認できる．豊富性条件が満たされない典型例は選好を準線形に絞ったケースであり，Mizukami and Wakayama (2008a) は準線形選好を含むように豊富性条件を弱めた条件を提示している．

系 1.2. $\mathscr{D}_I$ が豊富性を満たすとする．社会的選択関数 $f : \mathscr{D}_I \to X$ がマスキン単調性を満たすなら，f は耐戦略性を満たす．

定理 1.5 の証明は，社会的選択関数がただ一つの帰結しか選べないという性質に決定的に依拠している．実際，マスキン単調性は，特定の条件を満たす帰結を選ぶ事を要求するので，社会的選択関数がその要求を満たすのは容易でない．一方，対応になるとマスキン単調性の充足は必ずしも困難ではなくなるが，これについては後章で見ていく．

第2章 公共的意思決定

2.1 はじめに

　多数決を用いる選挙においては，死票化を避けるため有権者はしばしば最善でなく次善と思う候補者に票を投じる．これは典型的な選好の戦略的虚偽表明であるが，ここでの問題は，真の情報に基づいた社会的意思決定が行えない事より，むしろ虚偽表明をわざわざ行わねば自らの真の意思を社会に反映させられないという集計方法の不備にこそある．正直に申告する事がそのまま自身にとっての最適行動になっているならば，それは余計な戦略コストを有権者にかけないという意味で優れていると言える．

　戦略的虚偽表明に対して頑健な意思集計方法が存在するかという問いは，アローによりその厳密な分析的枠組が与えられて以降，社会的選択理論における最大の関心事項の一つであった．しかし投票の安定性に関する先駆的貢献である Dummett and Farquhason (1961, p. 34) が「誰にとっても戦略的に振舞う事が利益にならないような投票ルールは存在しないように見受けられる」と述べたように，これについては当初から悲観的な予想が支配的であった．この予想について最も的確な根拠を述べたのは Vickrey (1960, pp. 517–519) であり，彼はアロー定理において中心的な役割を果たす二項独立性と耐戦略性との間の強い論理関係を示唆する議論を行い，「ただしこれに厳密な証明を与えるのは決して容易ではないだろう」と述べた．

不可能性への予想は後に，Gibbard (1973) と Satterthwaite (1975) により独立に，完全に正しい事が明らかにされた．即ち，耐戦略性を満たす社会的選択関数は全て独裁的である事が，非常に弱い条件下で成り立つ．ギバートの証明はアロー定理に基づくものであり，サタスウェイトの証明は耐戦略性とアローが用いた公理を結びつけアロー定理を逆に系として導くものであった[1]．また，ギバート=サタスウェイト定理における耐戦略性はマスキン単調性に置き換えても成り立つ事が Muller and Satterthwaite (1977) らの貢献により判っており，本書では公理間の論理関係を整理し，これらの結果をひとまとめに定理として記述する．

　ギバート=サタスウェイト定理が成り立たない環境として，本章では主に確率的環境と準線形環境を扱う．確率的環境においては，社会的選択肢そのものでなく，社会的選択肢上の確率分布を選び取る社会的選択関数や対応が考察される．このときにはギバート=サタスウェイト定理ほど悲観的な結果は現れず，くじにより独裁者が定まる，事前的平等かつ耐戦略性を満たす確率的社会的選択関数が存在する事が Gibbard (1977) により判っている．また，遂行可能性の概念を微小に弱める事で，全ての確率的社会的選択対応はナッシュ遂行可能であるという議論が Matsushima (1988) と Abreu and Sen (1991) らにより展開されている．

　準線形環境においては，社会的意思決定に際して，人々の間での費用負担や補償の支払いも考慮される．準線形環境と呼ぶのは金銭への選好を準線形に取るからである[2]．この環境においては Groves (1973) により提案された，耐戦略性と効率性を満たす社会的選択関数のクラスが非常に高名である．このクラスに属する社会的選択関数はグローヴス関数と呼ばれ，オークション環境において Vickrey (1961) が提案した第二価格オークションや，Clarke (1971) により提案された公共財供給方法を，いずれも特殊ケースとして含むものである．グ

---

[1] Reny (2001) はアロー定理とギバート=サタスウェイト定理を完全に平行した方法で証明している．
[2] このとき金銭移転を伴う事については社会的コンセンサスが取れているという事が想定される．このような想定は，例えば利害調整が必要な政策の決定に際しては自然であろうが，逆に議員選挙においてはそうでない．

ローヴス関数は予算均衡性を満たさないという欠点があるが，不完備情報下では予算均衡性を満たすよう上手く拡張できる事が Arrow (1979) や d'Aspremont and Gérard-Varet (1979) らにより示されている．

本章では一貫して A を社会的選択肢の有限集合とする[3]．投票環境においては A そのものが帰結集合となり，確率的環境においては A 上の確率分布からなる集合が帰結集合となり，準線形環境においては A と金銭移転ベクトルの集合の直積が帰結集合とされる．本章では設定に関する基本定義や，耐戦略性，マスキン単調性などの遂行概念に関する定義を第 1 章からそのまま引き継ぐので，特に必要が無い場合は改めて定義しない．

2.2 投票環境

2.2.1 ギバート=サタスウェイト定理

選好組 $\succsim \in \mathscr{D}_I$ のもとで $x \in X$ が**効率的**であるとは

$$y \succsim_i x \quad \forall i \in I$$
$$y \succ_j x \quad \exists j \in I$$

を満たす $y \in X$ が存在しない事である．そして，社会的選択関数 $f : \mathscr{D}_I \to X$ に関して，全ての $\succsim \in \mathscr{D}_I$ について $f(\succsim)$ が $\succsim$ のもとで効率的であるならば，f は効率的であるという．また，ある個人 $i \in I$ が存在し，全ての $\succsim \in \mathscr{D}_I$ について

$$f(\succsim) \succsim_i x \quad \forall x \in X$$

が成立するとき，i は f における**独裁者**と呼ばれる．f における独裁者が存在するとき，f を**独裁制**と呼ぶ．次の補題は，強選好ドメイン上で，効率性とマスキン単調性を満たす社会的選択関数は例外なく独裁的である事を意味する．

---
[3]集合 A に有限性を仮定するのは多くの議論において必ずしも本質的ではない．各人にとって最善である選択肢の存在を最も容易に保証するなど，議論を単純化するためである．

補題 2.1. $X = A$ かつ $|A| \geq 3$ とする．社会的選択関数 $f : \mathscr{P}^I \to X$ が効率性とマスキン単調性を満たすならば，f は独裁的である．

証明. この証明は Reny (2001) に基づいている．

ステップ1 任意の異なる $x, y \in X$ について考える．いま $\succsim^0 \in \mathscr{P}^I$ を「満場一致で x を最善，y を最悪としている選好組」とする．

$$\succsim^0 \ (x \text{ を選択})$$
$$1 : x \cdots\cdots y$$
$$\vdots$$
$$i : x \cdots\cdots y$$
$$\vdots$$
$$n : x \cdots\cdots y$$

このとき効率性より $f(\succsim^0) = x$ である．

次に $\succsim^n \in \mathscr{P}^I$ を「$\succsim^0$ における y を x の真上に持ってきた選好組」とする．

$$\succsim^n \ (y \text{ を選択})$$
$$1 : y \ x \cdots\cdots$$
$$\vdots$$
$$i : y \ x \cdots\cdots$$
$$\vdots$$
$$n : y \ x \cdots\cdots$$

このとき効率性より $f(\succsim^n) = y$ である．

そして $\succsim^k \in \mathscr{P}^I$（ただし $1 \leq k \leq n$）を「$i \leq k$ は $\succsim_i^n$，$i > k$ は $\succsim_i^0$ である選好組」とする．

$\succsim^k$ (最初に y が選ばれる k が存在する)

$$1 : y\ x \cdots\cdots$$
$$\vdots$$
$$k-1 : y\ x \cdots\cdots$$
$$k : y\ x \cdots\cdots$$
$$k+1 : x \cdots\cdots y$$
$$\vdots$$
$$n : x \cdots\cdots y$$

効率性より $f(\succsim^k) \in \{x,y\}$ である．いま $\succsim^0$ からスタートして，一人ずつ $\succsim_i^0$ から $\succsim_i^n$ に選好を変えていく作業を考えると，$f(\succsim^0) = x$ かつ $f(\succsim^n) = y$ なので，$f(\succsim^{k-1}) = x$ から $f(\succsim^k) = y$ へと帰結を変化させる最初の $k \in I$ が存在する．この k が独裁者である事をこれから示していく．

また，修正 $\succsim^{k-1}$ 選好組を「$\succsim^{k-1}$ において，k の y 順位を二番に上げた選好組」とする．

修正 $\succsim^{k-1}$ 選好組 (x を選択)

$$1 : y\ x \cdots\cdots$$
$$\vdots$$
$$k-1 : y\ x \cdots\cdots$$
$$k : x\ y \cdots\cdots$$
$$k+1 : x \cdots\cdots y$$
$$\vdots$$
$$n : x \cdots\cdots y$$

このとき修正 $\succsim^{k-1}$ 選好組は $\succsim^{k-1}$ 選好組の x におけるマスキン単調変換なので，マスキン単調性より x が選択される．

ステップ2 ステップ2選好組を「$\succsim^k$ における x の順位を k 以外について下げた選好組」とする．

ステップ2選好組 (y を選択)

$1 : y \cdots\cdots x$

$\vdots$

$k-1 : y \cdots\cdots x$

$k : y\ x \cdots\cdots$

$k+1 : \cdots\cdots x\ y$

$\vdots$

$n : \cdots\cdots x\ y$

このときステップ2選好組は $\succsim^k$ の y におけるマスキン単調変換なので，マスキン単調性より y が選択される．

次に，修正ステップ2選好組を「ステップ2選好組における k の x と y を入れ替えた選好組」とする．

修正ステップ2選好組 (x を選択)

$1 : y \cdots\cdots x$

$\vdots$

$k-1 : y \cdots\cdots x$

$k : x\ y \cdots\cdots$

$k+1 : \cdots\cdots x\ y$

$$\vdots$$
$$n: \cdots\cdots x\ y$$

修正ステップ 2 選好組のもとで仮に $z \neq x, y$ が選ばれていると，ステップ 2 選好組は修正ステップ 2 選好組の z におけるマスキン単調変換なので，ステップ 2 選好組が y を選択している事に矛盾．よって修正ステップ 2 選好組のもとでは x か y が選ばれていなければならない．しかし，仮に y を選んでいると，修正 $\succsim^{k-1}$ 選好組が修正ステップ 2 選好組の y におけるマスキン単調変換になっているため，修正 $\succsim^{k-1}$ 選好組が x を選択している事に矛盾．よって修正ステップ 2 選好組のもとでは x が選ばれている．

ステップ 3 $z \neq x, y$ であるような $z \in X$ について考える．ステップ 3 選好組を以下により定義する．

ステップ 3 選好組 (x を選択)

$$1: \cdots\cdots z\ y\ x$$
$$\vdots$$
$$k-1: \cdots\cdots z\ y\ x$$
$$k: x\ z\ y \cdots\cdots$$
$$k+1: \cdots\cdots z\ x\ y$$
$$\vdots$$
$$n: \cdots\cdots z\ x\ y$$

するとステップ 3 選好組は，修正ステップ 2 選好組の x におけるマスキン単調変換になっているので，このもとで x が選択される．

ステップ 4 ステップ 4 選好組を以下により定義する．

ステップ 4 選好組 (x を選択)

$$1: \cdots\cdots z\ y\ x$$
$$\vdots$$
$$k-1: \cdots\cdots z\ y\ x$$
$$k: x\ z\ y\ \cdots\cdots$$
$$k+1: \cdots\cdots z\ y\ x$$
$$\vdots$$
$$n: \cdots\cdots z\ y\ x$$

いまステップ 4 選好組のもとで $w \neq x, y$ が選ばれるとしたら，ステップ 3 選好組はステップ 4 選好組の w におけるマスキン単調変換になっているので，ステップ 3 選好組で x が選ばれている事に矛盾．よってステップ 4 選好組のもとでは x, y のいずれかが選ばれる事になるが，効率性より x が選ばれる．

ステップ 5 k が x を一番に据えた任意の選好組 $\succsim\, \in \mathscr{P}^I$ について考える．すると $\succsim$ は，ステップ 4 選好組の x におけるマスキン単調変換になっている．よって $f(\succsim) = x$．いわば k は x に関する独裁者になっている．同じく他のどのような $x' \neq x$ についても，x' に関する独裁者が存在する．しかし，x に関する独裁者と x' に関する独裁者が別人ならば，x に関する独裁者が x を一番にランクし，x' に関する独裁者が x' を一番にランクしている選好組で，x, x' の両方が選ばれるという矛盾が起きる．よって x に関する独裁者である k は他のあらゆる $x' \neq x$ に関する独裁者でもあり，これは即ち k が独裁者である事を意味する． □

投票環境においてはマスキン単調性，耐戦略性，連立耐戦略性の 3 つの公理は同値である事が以下二つの補題から判る．

補題 2.2. $X = A$ とする.社会的選択関数 $f : \mathscr{P}^I \to X$ が耐戦略性を満たすならば,f はマスキン単調性を満たす.

証明. 任意の $\succsim, \succsim' \in \mathscr{P}^I$ について考える.ここで $x \equiv f(\succsim)$ と置き,$\succsim' \in MT(\succsim, x)$ とする.$\succsim^1 = (\succsim'_1, \succsim_2, \ldots, \succsim_n)$ とすると,耐戦略性より $x \succsim_1 f(\succsim^1)$ が成り立つ.さらにマスキン単調変換の定義より $x \succsim'_1 f(\succsim^1)$ となる.しかし耐戦略性より $f(\succsim^1) \succsim'_1 x$ であるので,強選好である事より $x = f(\succsim^1)$.同じ作業を $\succsim^2 = (\succsim'_1, \succsim'_2, \succsim_3, \ldots, \succsim_n)$ に対し行うと $x = f(\succsim^2)$ が得られる.この作業を n まで行うと $f(\succsim) = f(\succsim')$ が示せる. □

補題 2.3. $X = A$ とする.社会的選択関数 $f : \mathscr{P}^I \to X$ がマスキン単調性を満たすならば,f は連立耐戦略性を満たす.

証明. 第 1 章の定理 1.5 より,$\mathscr{P}^I$ が豊富性を満たす事を示せば十分である.任意の $T \subseteq I$, $\succsim_T, \succsim'_T \in \mathscr{P}^T$, $x, y \in X$ について

$$y \succsim_i x \ \forall i \in T$$
$$y \succ_j x \ \exists j \in T$$

とする.強選好を考えているので,これは

$$y \succ_i x \ \forall i \in T$$

である事を意味する.ここで任意の $i \in T$ について考える.$\succsim''_i \in \mathscr{P}$ を

$$\succsim''_i : y \ x \ \cdots\cdots$$

により定義する.いま

$$L(\succsim''_i, x) = X \setminus \{y\}, \quad L(\succsim''_i, y) = X$$

である事に注意せよ.$y \succ_i x$ より,$y \notin L(\succsim_i, x)$.よって

$$L(\succsim_i, x) \subseteq L(\succsim''_i, x) \text{ かつ } L(\succsim'_i, y) \subseteq L(\succsim''_i, y)$$

が成立する.つまり $\mathscr{P}^I$ は豊富性を満たす. □

定理 2.1. $X = A$, $|A| \geq 3$ とする．効率性を満たす社会的選択関数 $f : \mathscr{P}^I \to X$ について以下の五条件は同値である．
(i) f は耐戦略性を満たす．
(ii) f は連立耐戦略性を満たす．
(iii) f はマスキン単調性を満たす．
(iv) f はナッシュ遂行可能である．
(v) f は独裁的である．

証明． (i) $\iff$ (ii) $\iff$ (iii) は補題 2.2 と 2.3 から言える．(v) $\implies$ (iv) は，f が独裁的であるならば，f の直接メカニズムが f をナッシュ遂行する事から成り立つ．(iv) $\implies$ (iii) はマスキンの定理から，(iii) $\implies$ (v) は補題 2.1 から成り立つ． □

耐戦略性とマスキン単調性との同値性は最初に Muller and Satterthwaite (1977) により明らかにされた．Takamiya (2007) はマスキン単調性と連立耐戦略性が同値となる環境の十分条件を求めており，ここで扱っている投票環境はその例である．(i) $\iff$ (v) は Gibbard (1973) と Satterthwaite (1975) により独立に示された定理で，ギバート=サタスウェイト定理と呼ばれる，メカニズムデザイン理論を代表する不可能性定理である．実際は，彼らは効率性より弱い以下の条件を用いて定理を示している．

全射性 任意の $x \in X$ について，ある $\succsim \in \mathscr{D}_I$ が存在して $f(\succsim) = x$.

全射性は効率性より著しく弱い要求であるが，マスキン単調性のもとではこれらは同値となる．

補題 2.4. $X = A$ とする．社会的選択関数 $f : \mathscr{P}^I \to X$ が全射性とマスキン単調性を満たすならば，f は効率性を満たす．

証明． 任意の $\succsim \in \mathscr{P}^I$ について考える．$x \equiv f(\succsim)$ とする．x が $\succsim$ のもとで効率的でないとして，矛盾を導く．ある $y \in X$ が存在して

$$y \succsim_i x \ \forall i \in I$$

$$y \succ_j x \quad \exists j \in I$$

であるとする．強選好を考えているので，これは

$$y \succ_i x \quad \forall i \in I$$

を意味している．全射性より，$f(\succsim') = y$ を満たす $\succsim' \in \mathscr{P}^I$ が存在する．ここで $\succsim'' \in \mathscr{P}^I$ を「全ての $i \in I$ について，$\succsim_i$ における y の順位を一番に上げ，他の順位は全く変えないで得た選好組」とする．$\succsim'' \in MT(\succsim, x)$，$\succsim'' \in MT(\succsim', y)$ であるので，マスキン単調性より，$f(\succsim'') = x$，$f(\succsim'') = y$ が成立し，これは矛盾である． □

補題 2.4 より，定理 2.1 は効率性を全射性に置き換えても成り立つ事が直ちに言える．

2.2.2 ドメインの拡大

Satterthwaite (1975) は定理 2.1 における (i) $\Longrightarrow$ (v) を一般化し，各 $i \in I$ について $\mathscr{P} \subseteq \mathscr{D}_i \subseteq \mathscr{R}$ を満たす広いドメインにおいても，やはり効率性と耐戦略性を満たす社会的選択関数は必ず独裁的である事を示している．ただし，無差別選好があるときには，その逆 (i) $\Longleftarrow$ (v) は必ずしも成り立たない．つまり独裁制の中にも耐戦略性を満たすものと満たさないものがある．耐戦略性を満たす独裁制としては，$X = A = \{a_1, a_2, \ldots, a_\ell\}$ のとき，$b(\succsim_i) \equiv \{x \in X : x \succsim_i y \ \forall y \in X\}$ とすると，独裁者 i のベスト集合 $b(\succsim_i)$ の中で最もインデックスの小さな選択肢

$$f(\succsim) = \arg\min_{a_k \in b(\succsim_i)} k$$

を選び取るものがある．一方，次の例は耐戦略性を満たさない独裁制である．

例 2.1. $I = \{1, 2, 3\}$，$X = \{x, y, z\}$，$\mathscr{D}_1 = \mathscr{P} \cup \{\succsim'_1\}$，$\mathscr{D}_2 = \mathscr{D}_3 = \mathscr{P}$ とする．$\succsim'_1$ は

$$x \sim'_1 y \sim'_1 z$$

を満たす非強選好である．社会的選択関数 f を以下により定義する．任意の $\succsim \in \mathscr{D}_I$ について

$$f(\succsim) \equiv \begin{cases} b(\succsim_1) & \text{if } \succsim_1 \in \mathscr{P} \\ b(\succsim_2) & \text{if } \succsim_1 = \succsim_1' \text{ かつ } w(\succsim_2) \neq w(\succsim_3) \\ b(\succsim_3) & \text{if } \succsim_1 = \succsim_1' \text{ かつ } w(\succsim_2) = w(\succsim_3) \end{cases}$$

とし，ここで $w(\succsim_i)$ は i の $\succsim_i$ における最悪の選択肢を表している．この社会的選択関数は，独裁者である個人 1 が無差別と判断するときには，個人 2 と 3 が最悪の選択肢について同意しているなら決定権を個人 3 に，そうでないなら個人 2 に委ねるものである．定義より f は明らかに効率的であり，また個人 1 は独裁者となっている．$\succsim_2, \succsim_2', \succsim_3 \in \mathscr{P}$ を

$$\succsim_2 : y \ x \ z$$
$$\succsim_2' : y \ z \ x$$
$$\succsim_3 : x \ y \ z$$

なる選好とすると，$f(\succsim_1', \succsim_2, \succsim_3) = x$ かつ $f(\succsim_1', \succsim_2', \succsim_3) = y$ であるので

$$f(\succsim_1', \succsim_2', \succsim_3) = y \succ_2 x = f(\succsim_1', \succsim_2, \succsim_3)$$

である．よって f は耐戦略性を満たさない．

無差別選好を許容した投票環境においては，マスキン単調性は全射性とすら共存不可能である事が Saijo (1987) 以来知られている[4]．$\mathscr{D}_I$ が**弱無差別性**を満たすとは，任意の $i \in I$ と $\{x, y\} \subseteq X$ に対し，ある $\succsim_i \in \mathscr{D}_i$ が存在して

$$\{x, y\} \subseteq b(\succsim_i)$$

を満たす事である．弱無差別性を満たす最も単純なドメインは $\mathscr{R}^I$ であるが，他にも多く存在する事は明らかである．

---
[4]本書では理解を容易にするため，西條が一般的環境で用いた条件 "dual dominance" ではなく，投票環境における証明でそれと同じ機能を果たす，弱無差別性という条件を導入し議論を行う．

定理 2.2. $X = A$ であり，$\mathscr{D}_I$ が弱無差別性を満たすとする．社会的選択関数 $f : \mathscr{D}_I \to X$ について以下の二条件は同値である．
(i) f はマスキン単調である．
(ii) f は定値である $(\exists x \in X, \forall \succsim \in \mathscr{D}_I, f(\succsim) = x)$．

証明. (ii) $\Longrightarrow$ (i) は自明であるため，(i) $\Longrightarrow$ (ii) を示せば十分である．任意の $\succsim, \succsim' \in \mathscr{D}_I$ について考える．ここで，$x \equiv f(\succsim)$, $y \equiv f(\succsim')$ とし，$x = y$ を示す．このとき，弱無差別性より，ある $\succsim'' \in \mathscr{D}_I$ が存在して，$\{x, y\} \subseteq b(\succsim''_i)$ を満たす．よって任意の $i \in I$ について $L(\succsim_i, x) \subseteq L(\succsim''_i, x)$ かつ $L(\succsim'_i, y) \subseteq L(\succsim''_i, y)$ が成り立っている．マスキン単調性より，$x = f(\succsim'')$ かつ $y = f(\succsim'')$ となる．これより $x = y$ が成立する． $\square$

2.2.3 ドメインの縮小

選択肢の集合を $A = \{a_1, a_2, \ldots, a_\ell\}$ により記し，また各選択肢は区間 $[0, 1]$ 内の数値により与えられ

$$0 \leq a_1 < a_2 < \cdots < a_\ell \leq 1$$

を満たすものとする．A 上の選好 $\succsim_i \in \mathscr{R}$ が**単峰的**であるとは，ベストの選択肢 $b(\succsim_i) \in A$ がただ一つ存在して，任意の $k, k' \in \{1, 2, \ldots, \ell\}$ について

$$[a_k < a_{k'} < b(\succsim_i) \text{ または } b(\succsim_i) < a_{k'} < a_k] \Longrightarrow b(\succsim_i) \succ_i a_{k'} \succ_i a_k$$

を満たす事である．$\mathscr{S}$ を A 上の単峰的選好全てからなる集合とし，本小節では各個人の選好空間は $\mathscr{D}_i \subseteq \mathscr{S}$ により与えられるものとする．単峰的選好は Black (1948a,b) 以来，政治経済学において中心的な役割を果たしてきた選好であり[5]，選択肢が税率や外交政策を表す場合（例：0 は親和的外交，1 は強硬的外交，他はその間）には，この仮定は自然であると考えられる．単峰的選好ド

---
[5] 政治経済学の標準的なテキストとして，Austen-Smith and Banks (1999, 2005) と Persson and Tabellini (2002) を挙げておく．

メインにおいては，ベストな選択肢の中位を選び取る次の社会的選択関数が優れた性質を有している．

中位選択関数, f^m 任意の $\succsim \in \mathscr{D}_I$ に対し，$b^m(\succsim)$ を $b(\succsim_1), b(\succsim_2), \ldots, b(\succsim_n)$ における中位の選択肢として定める．つまり，$b^m(\succsim) \in \{b(\succsim_i) : i \in I\}$ かつ

$$|\{i \in I : b(\succsim_i) \leq b^m(\succsim)\}| \geq \frac{n}{2}$$
$$|\{i \in I : b(\succsim_i) \geq b^m(\succsim)\}| \geq \frac{n}{2}$$

である．n が偶数のときには中位が二つ存在する可能性があるが，その場合は常に「左側の中位」，つまり小さい値を取る方を $b^m(\succsim)$ として定める[6]．なお，n が奇数のときには，中位は一意に定まる．中位選択関数 $f^m : \mathscr{D}_I \to X$ は，$f^m(\succsim) \equiv b^m(\succsim)$ により定められる．

　中位選択関数は，明らかに効率的な社会的選択関数であり，また独裁制とは程遠いものである．実際，中位の決定に際しては誰かの選好が他者の選好より特に強い役割を果たす事がなく，その意味で各個人は平等に処遇されている．さらに，この関数は耐戦略性をも満たす事が，Black (1948a,b) や Dummett and Farquhason (1961) らによる先駆的貢献以来広く知られている．

定理 2.3. $X = A$ かつ全ての $i \in I$ について $\mathscr{D}_i \subseteq \mathscr{S}$ とする．中位選択関数 $f^m : \mathscr{D}_I \to X$ は耐戦略性を満たす．

証明. 任意の $\succsim \in \mathscr{D}_I$ と $i \in I$ について考える．もし $b(\succsim_i) = b^m(\succsim)$ であれば，明らかに i は虚偽表明を行うインセンティブを持たない．もし $b(\succsim_i) < b^m(\succsim)$ であれば，i は帰結 $f^m(\succsim) = b^m(\succsim)$ を左側に動かすよう操作したいが，中位の定義からそれは不可能である．同じく，もし $b^m(\succsim) < b(\succsim_i)$ であれば，i は帰結 $f^m(\succsim) = b^m(\succsim)$ を右側に動かすよう操作したいが，中位の定義からそれは不可能である．よって f^m は耐戦略性を満たす． □

---

[6]右側により $b^m(\succsim)$ を定めても以下の議論には影響を与えないが，「常に左側」か「常に右側」である必要がある．

耐戦略性を満たす社会的選択関数は中位選択関数以外にも存在する．いま

$$b_1, b_2, \ldots, b_{n-1} \in A$$

を，「$n-1$ 人存在する仮想的な投票者」のベストな選択肢とする．これらと，$\succsim \in \mathscr{D}_I$ のもとで「n 人存在する実際の投票者」のベストな選択肢

$$b(\succsim_1), b(\succsim_2), \ldots, b(\succsim_n)$$

を合わせた，$2n-1$ 個 の選択肢

$$b_1, b_2, \ldots, b_{n-1}, b(\succsim_1), b(\succsim_2), \ldots, b(\succsim_n)$$

の中位を選択する関数が耐戦略性を満たす事は，定理 2.3 と同様にして示せる．こうした社会的選択関数は Moulin (1980) により導入されたもので，**一般化中位選択関数**と呼ばれている．ここで $2n-1$ は奇数なので，中位は一意に定まる事に注意されたい．先に定義した中位選択関数は，n が奇数ならば

$$b_1 = \cdots = b_{\frac{n-1}{2}} = a_1, \ b_{\frac{n-1}{2}+1} = \cdots = b_{n-1} = a_\ell$$

を満たす一般化中位選択関数であり，n が偶数ならば

$$b_1 = \cdots = b_{\frac{n}{2}} = a_1, \ b_{\frac{n}{2}+1} = \cdots = b_{n-1} = a_\ell$$

を満たす一般化中位選択関数となっている．ムーランは $\mathscr{D}_I = \mathscr{S}^I$ のケースで，一般化中位選択関数を効率性，耐戦略性，各投票者を平等に扱う匿名性により特徴付け[7]，またそれらが連立耐戦略性をも満たす事を示している．

単峰性に関するここで述べた結果の多くは，同じような形で，ベストな選択肢が複数存在する一般化された単峰性選好ドメイン上に拡張する事ができる．Moulin (1984) はそうした研究の嚆矢であり，それ以降議論された様々なドメイン条件を包括的に扱った研究には Berga and Serizawa (2000) がある．

---

[7] ムーランはこれら条件に加え，最善選択肢に関する一種の独立性条件 "peak-only" を仮定していたが，これは特徴付けに必要ない事が Ching (1997, Corollary) により明らかにされている．

2.3 確率的環境

2.3.1 実質的遂行

社会的選択肢 A 上の確率分布の集合 $\triangle A$ を，帰結の集合として考える．つまり $X \equiv \triangle A$ とする．ここでは $|A| = L$ であるとする．各帰結 $x \in X$ は A 上の確率分布，つまり

$$x = (x_1, x_2, \ldots, x_L) \in [0,1]^L \text{ および } \sum_{\ell=1}^{L} x_\ell = 1$$

を満たすベクトルである．各個人 $i \in I$ は X 上に選好 $\succsim_i$ を持ち，それはある $\alpha = (\alpha_1, \alpha_2, \ldots, \alpha_L) \in \mathbb{R}^L$ が存在して

$$x \succsim_i y \iff \sum_{\ell=1}^{L} \alpha_\ell x_\ell \geq \sum_{\ell=1}^{L} \alpha_\ell y_\ell \quad \forall x, y \in X$$

$$\ell \neq \ell' \implies \alpha_\ell \neq \alpha_{\ell'} \quad \forall \ell, \ell' \in \{1, 2, \ldots, L\} \tag{2.1}$$

を満たすものとする．こうした選好を**フォンノイマン＝モルゲンシュテルン選好**と呼び，そうした選好全てからなる集合を $\mathscr{L}$ で表す[8]．(2.1) は，いずれの純選択肢についても無差別と判断しないという事である．任意の $i \in I$ について，$\mathscr{D}_i \subseteq \mathscr{L}$ とする[9]．社会的選択対応は非空対応 $F : \mathscr{D}_I \twoheadrightarrow X$ の事である．社会的選択対応 $F : \mathscr{D}_I \twoheadrightarrow X$ が**完全混合**であるとは，常に全ての選択肢に正の確率を乗せる事，つまり

$$F(\succsim) \subseteq \text{int} X \equiv \left\{ x \in (0,1)^L : \sum_{\ell=1}^{L} x_\ell = 1 \right\} \quad \forall \succsim \in \mathscr{D}_I$$

を満たす事である．

補題 2.5. $n \geq 3$, $X = \triangle A$ かつ全ての $i \in I$ について $\mathscr{D}_i \subseteq \mathscr{L}$ とする．社会的選択対応 $F : \mathscr{D}_I \twoheadrightarrow X$ が完全混合ならば，F はナッシュ遂行可能である．

---
[8] 記号として $\mathscr{L}$ を用いるのは，フォンノイマン＝モルゲンシュテルン選好は $\triangle A$ 上の線形選好だからである．
[9] Abreu and Sen (1991) はより一般的な選好ドメインで議論している．

証明. 社会的選択対応 $F': \mathscr{D}_I \twoheadrightarrow \text{int}X$ を

$$F'(\succsim) \equiv F(\succsim) \quad \forall \succsim \in \mathscr{D}_I$$

により定義する．F' は（Fもだが）マスキン単調である．というのは，任意の $\succsim \in \mathscr{D}_I$ と $x \in F'(\succsim)$ について，x の内点性から，$MT(\succsim, x) = \{\succsim\}$ だからである．また，(2.1)，$\text{int}X$ の開集合性から，どの $i \in I$ も $\text{int}X$ 内にベストなくじを持たない．よって F' は非拒否権性を無条件で満たす．それゆえ第1章の定理 1.2 から，F' をナッシュ遂行するメカニズム (M, g) が存在する．F' の定義から，(M, g) が F をナッシュ遂行するのは明らかである．よって F はナッシュ遂行可能．□

社会的選択対応 $F: \mathscr{D}_I \twoheadrightarrow X$ に対し，ある $F': \mathscr{D}_I \twoheadrightarrow X$ が F の ε-近似であるとは，任意の $\succsim \in \mathscr{D}_I$ について，ある全単射 $\rho: F(\succsim) \to F'(\succsim)$ が存在して

$$\|x - \rho(x)\| < \varepsilon \quad \forall x \in F(\succsim)$$

を満たす事である．なお，$\|x - \rho(x)\|$ は x と $\rho(x)$ 間のユークリッド距離である．ε が小さいときには，F と F' はほぼ同じ帰結を与えるものと考えられる．社会的選択対応 $F: \mathscr{D}_I \twoheadrightarrow X$ が**実質的ナッシュ遂行可能**であるとは，任意の $\varepsilon > 0$ について，F の ε-近似であるナッシュ遂行可能な社会的選択対応 $F^\varepsilon: \mathscr{D}_I \twoheadrightarrow X$ が存在する事である．ナッシュ遂行可能な社会的選択対応は明らかに実質的ナッシュ遂行可能であるが，その逆は常には成り立たない．実際，この要求はナッシュ遂行可能性と異なり全ての社会的選択対応に満たされる事が Matsushima (1988) と Abreu and Sen (1991) により示されている．

定理 2.4. $n \geq 3$，$X = \triangle A$ かつ全ての $i \in I$ について $\mathscr{D}_i \subseteq \mathscr{L}$ とする．あらゆる社会的選択対応 $F: \mathscr{D}_I \twoheadrightarrow X$ は実質的ナッシュ遂行可能である．

証明. 任意の社会的選択対応 $F: \mathscr{D}_I \twoheadrightarrow X$ と $\varepsilon > 0$ について考える．F の ε-近似である完全混合な社会的選択対応 $F^\varepsilon: \mathscr{D}_I \twoheadrightarrow X$ が存在する事は明らかである．補題 2.5 より F' はナッシュ遂行可能である．よって F は実質的ナッシュ遂行可能である．□

$X = A$ のケースでナッシュ遂行可能な社会的選択関数は独裁制や定値関数のみであった事と比べれば，定理 2.4 は著しく対照的な肯定的結果である．ただし，実質的遂行の問題は，証明に完全混合な社会的選択対応を用いるため，選ばれたくじにおいて，誰も望まないような非効率で不公平な選択肢が，微小であっても正の確率で実現されてしまう点にある．しかし，そのような選択肢を実際に社会が実施できるか否かは疑問であり，もし人々がそのような帰結は実施できないと予想して行動するならば，ここでの議論は成り立たなくなる．こうした問題意識に基づき，Bochet and Sakai (2007b) は確率的環境で通常のナッシュ遂行可能性について分析し，$n \geq 3$ のときは非拒否権性や完全混合性などの追加的条件無しで，ナッシュ遂行可能性とマスキン単調性が同値である事を示している．

2.3.2 無作為独裁制

確率的環境においては，効率性，耐戦略性を満たし，かつ各個人を等しく処遇する社会的選択関数が存在する．いま各 $i \in I$ にとって最善の選択肢を $b(\succsim_i)$ とし，$b(\succsim_i)$ をその選択肢に 1 の確率を与えるくじと同一視する．そして社会的選択関数

$$f^e(\succsim) \equiv \sum_{i \in I} \frac{1}{n} b(\succsim_i) \quad \forall \succsim \in \mathscr{D}_I$$

を定義する．この f^e を**平等確率独裁制**と呼ぶ．平等確率独裁制は，各個人がベストと思う選択肢に等しい実現確率 $1/n$ を与えるものであり，事前の意味で平等である．言わば，皆が等しい確率で事後的に独裁者になれるわけである．この社会的選択関数が事後的効率性と耐戦略性を満たす事は容易に示せる[10]．

平等確率独裁制を一般化したものが**無作為独裁制**であり，それは個人への加

---

[10] ここで事後的効率性とは，くじが実現して実際に社会的選択肢が選ばれたときに，それが効率的になっているという事である．なお，平等確率独裁制はマスキン単調でもある．

重ベクトル $q = (q_1, q_2, \ldots, q_n) \in \triangle I$ が存在して

$$f^q(\succsim) \equiv \sum_{i \in I} q_i b(\succsim_i) \ \forall \succsim \in \mathscr{D}_I$$

を満たすものとして定義される．Gibbard (1977) は事後的効率性と耐戦略性を満たす社会的選択関数は無作為独裁制だけである事を示している[11]．そしてその中で事前の意味で平等な社会的選択関数は平等確率独裁制だけである事を Barberà (1979) が議論している．

2.4 準線形環境

2.4.1 設 定

個人が社会的選択肢と金銭について準線形選好を持っている環境を**準線形環境**と呼ぶ．金銭移転ベクトルを

$$t = (t_1, t_2, \ldots, t_n) \in \mathbb{R}^I$$

で表す．$t_i \geq 0$ であれば個人 i は金銭を受け取り，$t_i < 0$ であれば支払う事を意味する．この環境における帰結 x とは，社会における選択肢と金銭移転ベクトルの組

$$x \equiv (a, t) \in A \times \mathbb{R}^I$$

の事であり，帰結の集合は $X = A \times \mathbb{R}^I$ という事になる．選択肢 $a \in A$ を実施する際に必要なコストを $c(a) \leq 0$ とし，そのベクトルを

$$c \equiv (c(a))_{a \in A} \in \mathbb{R}^A$$

で表す．

---

[11]定理の証明については，Duggan (1996) や Tanaka (2003) が比較的簡明なものを与えている．

個人 $i \in I$ は社会的選択肢と自身の金銭移転の集合 $A \times \mathbb{R}$ 上に選好を持ち[12],その選好は,あるベクトル $v_i = (v_i(a))_{a \in A} \in \mathbb{R}^A$ が存在して準線形関数

$$u(a, t_i; v_i) = v_i(a) + t_i \quad \forall (a, t_i) \in A \times \mathbb{R}$$

により表されるものとする.$v_i = (v_i(a))_{a \in A} \in \mathbb{R}^A$ を**評価ベクトル**という.準線形性の仮定から,評価ベクトルを選好自身と同一視できるので,各 $i \in I$ について $\mathscr{D}_i \subseteq \mathbb{R}^A$ とし,評価ベクトルの組を $v \equiv (v_i)_{i \in I} \in \mathscr{D}_I$ により記す.本節では社会的選択関数 $f : \mathscr{D}_I \to X$ に焦点を絞る.

この環境では,社会的選択関数 f は関数 $a : \mathscr{D}_I \to A$ と $t : \mathscr{D}_I \to \mathbb{R}^I$ のペア

$$f = (a, t)$$

として表記する事ができる.$a : \mathscr{D}_I \to A$ は f が与える選択肢を対応させる関数で**決定関数**と呼ばれ,$t : \mathscr{D}_I \to \mathbb{R}^I$ は f が与える金銭移転ベクトルを対応させる関数で**金銭移転関数**と呼ばれる.

選好組 $v \in \mathscr{D}_I$ のもとで配分 $x = (a, t) \in X$ が**効率的**であるとは

$$\sum_{i \in I} t'_i - c(a') = \sum_{i \in I} t_i - c(a)$$
$$u(a', t'_i; v_i) \geq u(a, t_i; v_i) \quad \forall i \in I$$
$$u(a', t'_j; v_j) > u(a, t_j; v_j) \quad \exists j \in I$$

を満たす $x' = (a', t') \in X$ が存在しない事である.効率的配分とはつまり,同じ額の総金銭移転額のもとで,誰の効用も下げずに,かつ誰かの効用を上げる他の配分が存在しない事を意味する.次に,$v \in \mathscr{D}_I$ のもとで配分 $x = (a, t) \in X$ が**決定効率的**であるとは

$$\sum_{i \in I} v(a) + c(a) \geq \sum_{i \in I} v(b) + c(b) \quad \forall b \in A$$

---

[12]これまで選好は X 上に定義されてきたが,$A \times \mathbb{R}$ 上の選好は X 上の選好のうち他人の金銭移転に関心を持たないものと同一視できる.

を満たす事である．決定効率性には効率性ほどの明らかな規範的望ましさは一見乏しいかもしれないが，準線形環境では両者は同値である．

命題 2.1. 任意の $v \in \mathscr{D}_I$ のもとで，以下の二条件は同値である．
(i) 配分 x は効率的である．
(ii) 配分 x は決定効率的である．

証明．ステップ1 (i) $\implies$ (ii) 任意の $v \in \mathscr{D}_I$ について考える．配分 $x = (a,t) \in X$ が効率的であるとする．もし x が決定効率的でないならば，ある $b \in A$ が存在して

$$\sum_{i \in I} v_i(b) + c(b) > \sum_{i \in I} v_i(a) + c(a)$$

となる．ここで

$$M \equiv \left(\sum_{i \in I} v_i(b) + c(b)\right) - \left(\sum_{i \in I} v_i(a) + c(a)\right) > 0 \tag{2.2}$$

とし，$t' \in \mathbb{R}^I$ を次のように定義する．

$$t'_i \equiv t_i + v_i(a) - v_i(b) + \frac{M}{n} \quad \forall i \in I. \tag{2.3}$$

すると $x' \equiv (b, t')$ について，(2.2, 2.3) より

$$\sum_{i \in I} t'_i - c(b) = \sum_{i \in I} \left(t_i + v_i(a) - v_i(b) + \frac{M}{n}\right) - c(b)$$
$$= \sum_{i \in I} t_i + \sum_{i \in I} v_i(a) - \sum_{i \in I} v_i(b) + M - c(b)$$
$$= \sum_{i \in I} t_i - c(a)$$

が成立する．さらに，(2.2, 2.3) より，全ての $i \in I$ について

$$u(b, t'_i; v_i) = v_i(b) + t'_i$$

$$= v_i(b) + t_i + v_i(a) - v_i(b) + \frac{M}{n}$$
$$= v_i(a) + t_i + \frac{M}{n}$$
$$> v_i(a) + t_i$$
$$= u(a, t_i; v_i)$$

が成り立つ．これは x が効率的である事に矛盾．

ステップ 2 (ii) $\implies$ (i) $x = (a, t) \in X$ が決定効率的であるが効率的でないとする．するとある $x' = (a', t')$ が存在して

$$\sum_{i \in I} t'_i - c(a') = \sum_{i \in I} t_i - c(a) \tag{2.4}$$

$$v_i(a') + t'_i \geq v_i(a) + t_i \quad \forall i \in I \tag{2.5}$$

$$v_j(a') + t'_j > v_j(a) + t_j \quad \exists j \in I \tag{2.6}$$

である．よって (2.4, 2.5, 2.6) より

$$c(a') = \sum_{i \in I} t'_i - \sum_{i \in I} t_i + c(a)$$

$$\sum_{i \in I} v_i(a') + \sum_{i \in I} t'_i > \sum_{i \in I} v_i(a) + \sum_{i \in I} t_i$$

であり

$$\sum_{i \in I} v_i(a') + c(a') = \sum_{i \in I} v_i(a') + \sum_{i \in I} t'_i - \sum_{i \in I} t_i + c(a)$$
$$> \sum_{i \in I} v_i(a) + \sum_{i \in I} t_i - \sum_{i \in I} t_i + c(a)$$
$$= \sum_{i \in I} v_i(a) + c(a)$$

が成り立つ．しかし，これは x が決定効率的である事に矛盾． $\square$

重要な社会的目標の一つである効率性は，より技術的な取り扱いが容易な決定効率性と代替して議論できる，というのが上の命題の意義である．今後，全ての $v \in \mathscr{D}_I$ に対し $f(v)$ が v のもとで効率的である社会的選択関数 f を効率的であるというが，これは決定効率性により定めても同値である．

2.4.2 グローヴス関数

準線形環境においては，効率性と耐戦略性を満たす社会的選択関数であるグローヴス関数が中心的な役割を果たしてきた[13]．社会的選択関数 $f : \mathscr{D}_I \to X$ がグローヴス関数であるとは，以下の二条件を満たす事である．

- 任意の $v \in \mathscr{D}_I$ について

$$a(v) \in \arg\max_{a \in A} \left\{ \sum_{i \in I} v_i(a) + c(a) \right\}. \tag{2.7}$$

- 任意の $i \in I$ について，次の条件を満たす関数 $h_i : \mathscr{D}_{-i} \to \mathbb{R}$ が存在する．任意の $v \in \mathscr{D}_I$ について

$$t_i(v) = h_i(v_{-i}) + \sum_{j \neq i} v_j(a(v)) + c(a(v)). \tag{2.8}$$

定理 2.5. 全ての $i \in I$ について $\mathscr{D}_i \subseteq \mathbb{R}^A$ とする．任意のグローヴス関数 $f : \mathscr{D}_I \to X$ は効率性と耐戦略性を満たす．

証明． 定義の (2.7) は決定効率性を意味するが，これは命題 2.1 より効率性と同値なので f は効率的である．次に耐戦略性の充足を示す．任意の $i \in I$, $v \in \mathscr{D}_I$,

---

[13]本書では社会的選択関数とそれを遂行するメカニズムを概念として明確に区別するためグローヴス関数と呼んでいるが，グローヴスメカニズムと呼ぶ文献が多い．グローヴス関数は Groves (1973) により導入され，Groves and Loeb (1975) によりその耐戦略性の充足について詳細な議論が行われた．グローヴス関数はその特殊例として第二価格オークション (Vickrey, 1961) やクラーク関数 (Clarke, 1971) を含むため，ヴィックリー＝クラーク＝グローヴスメカニズムと呼ぶ事も多い．なお，クラークとグローヴスの研究は独立になされた．

$v'_i \in \mathscr{D}_i$ について考える. (2.8) より

$$\begin{aligned}u(a(v), t_i(v); v_i) &= v_i(a(v)) + t_i(v) \\ &= v_i(a(v)) + h_i(v_{-i}) + \sum_{j \neq i} v_j(a(v)) + c(a(v)) \\ &= h_i(v_{-i}) + \sum_{j \in I} v_j(a(v)) + c(a(v))\end{aligned}$$

であり, さらに (2.8) より

$$\begin{aligned}u(a(v'_i, v_{-i}), t_i(v'_i, v_{-i}); v_i) =& v_i(a(v'_i, v_{-i})) + t_i(v'_i, v_{-i}) \\ =& v_i(a(v'_i, v_{-i})) + h_i(v_{-i}) \\ &+ \sum_{j \neq i} v_j(a(v'_i, v_{-i})) + c(a(v'_i, v_{-i})) \\ =& h_i(v_{-i}) + \sum_{j \in I} v_j(a(v'_i, v_{-i})) + c(a(v'_i, v_{-i}))\end{aligned}$$

である. いま, f は決定効率性を満たすので

$$u(a(v), t_i(v); v_i) \geq u(a(v'_i, v_{-i}), t_i(v'_i, v_{-i}); v_i)$$

が成立する. よって f は耐戦略性を満たす. □

　準線形環境においては, 選択肢を実行するコストの金銭負担・補償を各個人に上手く設定する事により, 効率性と耐戦略性は両立可能であるというのが定理 2.5 の意味するところである. さらに, $\mathscr{D}_i$ がある程度多くの評価ベクトルを含む場合には, グローヴス関数のクラスは効率性と耐戦略性を満たすのみならず, それら二条件を満たす唯一のクラスである事が Green and Laffont (1977) 以来知られている[14].

定理 2.6. 全ての $i \in I$ について $\mathscr{D}_i = \mathbb{R}^A$ とする. 社会的選択関数 $f : \mathscr{D}_I \to X$ が効率性と耐戦略性を満たすならば, f はグローヴス関数である.

---

[14] グリーン=ラフォンによる特徴付けは, その後 Walker (1978) や Holmström (1979) らにより非常に広範な環境で成り立つよう一般化された.

証明. この証明は，Green and Laffont (1977) の証明に基づいて Jackson (2003) が記述したものを，コスト $c(a)$ を扱えるよう修正したものである[15]。

命題 2.1 より，効率的な社会的選択関数 $f = (a, t)$ は決定効率性を満たすので，(2.7) を満たす事は明らかである．

次に $f = (a, t)$ が (2.8) を満たす事を示す．任意の $i \in I$ について，$h_i : \mathscr{D}_I \to \mathbb{R}$ を以下により定義する．任意の $v \in \mathscr{D}_I$ について

$$h_i(v) \equiv t_i(v) - \sum_{j \neq i} v_j(a(v)) - c(a(v)). \tag{2.9}$$

任意の $v \in \mathscr{D}_I$ と $v'_i \in \mathscr{D}_i$ について $h_i(v) = h_i(v'_i, v_{-i})$ となる事を示せばよい．背理法により示す．いま，ある $v \in \mathscr{D}_I$ と $v'_i \in \mathscr{D}_i$ について $h_i(v) \neq h_i(v'_i, v_{-i})$ とする．一般性を失う事なく

$$h_i(v) > h_i(v'_i, v_{-i}) \tag{2.10}$$

とする．

まず $a(v'_i, v_{-i}) \neq a(v)$ である事を示す．耐戦略性から

$$v'_i(a(v'_i, v_{-i})) + t_i(v'_i, v_{-i}) \geq v'_i(a(v)) + t_i(v). \tag{2.11}$$

よって (2.9) を (2.11) に代入すると

$$v'_i(a(v'_i, v_{-i})) + h_i(v'_i, v_{-i}) + \sum_{j \neq i} v_j(a(v'_i, v_{-i})) + c(a(v'_i, v_{-i}))$$
$$\geq v'_i(a(v)) + h_i(v) + \sum_{j \neq i} v_j(a(v)) + c(a(v)).$$

この不等式が成り立つためには，(2.10) より

---

[15] この証明をより狭い選好空間（例えばコンパクト凸の $\mathscr{D}_i \subseteq \mathbb{R}^A$）で定理が成り立つよう書き変える事は難しくない．証明内の $\tilde{v}_i$ の定義を，$\tilde{v}_i \in \mathscr{D}_i$ を満たすよう上手く工夫して作れば良い．

$$v_i'(a(v_i', v_{-i})) + \sum_{j \neq i} v_j(a(v_i', v_{-i})) + c(a(v_i', v_{-i}))$$
$$> v_i'(a(v)) + \sum_{j \neq i} v_j(a(v)) + c(a(v))$$

でなければならない．それゆえ $a(v_i', v_{-i}) \neq a(v)$ が成立する．

次に

$$\varepsilon \equiv \frac{1}{2}(h_i(v) - h_i(v_i', v_{-i})) > 0$$

と置き，$\tilde{v}_i$ を

$$\tilde{v}_i(a(v_i', v_{-i})) \equiv \varepsilon - \sum_{j \neq i} v_j(a(v_i', v_{-i})) - c(a(v_i', v_{-i})) \qquad (2.12)$$

$$\tilde{v}_i(a) \equiv -\sum_{j \neq i} v_j(a) - c(a) \quad \forall a \neq a(v_i', v_{-i}) \qquad (2.13)$$

により定める[16]．すると (2.12, 2.13) より

$$\tilde{v}_i(a(v_i', v_{-i})) + \sum_{j \neq i} v_j(a(v_i', v_{-i})) + c(a(v_i', v_{-i})) = \varepsilon > 0$$

$$\tilde{v}_i(a) + \sum_{j \neq i} v_j(a) + c(a) = 0 \quad \forall a \neq a(v_i', v_{-i})$$

であるので

$$\{a(v_i', v_{-i})\} = \arg\max_{a \in A} \left\{ \tilde{v}_i(a) + \sum_{j \neq i} v_j(a) + c(a) \right\}$$

となる．ゆえに f の決定効率性より

$$a(\tilde{v}_i, v_{-i}) = a(v_i', v_{-i}) \qquad (2.14)$$

---

[16] $\tilde{v}_i(a(v_i', v_{-i}))$ と $\tilde{v}_i(a)$ に共に十分大きな数を足し（引き），評価値が全て正（負）になるよう $\tilde{v}_i$ を構成しても証明は通る．重要なのは $\tilde{v}_i(a(v_i', v_{-i}))$ と $\tilde{v}_i(a)$ の差だからである．

が言える．(2.14) を耐戦略性から得られる

$$v'_i(a(v'_i, v_{-i})) + t_i(v'_i, v_{-i}) \geq v'_i(a(\tilde{v}_i, v_{-i})) + t_i(\tilde{v}_i, v_{-i})$$
$$\tilde{v}_i(a(\tilde{v}_i, v_{-i})) + t_i(\tilde{v}_i, v_{-i}) \geq \tilde{v}_i(a(v'_i, v_{-i})) + t_i(v'_i, v_{-i})$$

に代入すると

$$t_i(v'_i, v_{-i}) = t_i(\tilde{v}_i, v_{-i}) \tag{2.15}$$

である事が判る．

これから，真の選好の組が $(\tilde{v}_i, v_{-i})$ のときに，i は v_i を申告した方が得である事を示したい．これまでに得た (2.14, 2.15) を用いると，正直に $\tilde{v}_i$ を申告したときは

$$\begin{aligned}
u(a(\tilde{v}_i, v_{-i}), t_i(\tilde{v}_i, v_{-i}); \tilde{v}_i) &= \tilde{v}_i(a(v'_i, v_{-i})) + t_i(v'_i, v_{-i}) \\
&= \varepsilon - \sum_{j \neq i} v_j(a(v'_i, v_{-i})) - c(a(v'_i, v_{-i})) + t_i(v'_i, v_{-i}) \\
&= \varepsilon + h_i(v'_i, v_{-i}) \\
&= \frac{1}{2}(h_i(v) + h_i(v'_i, v_{-i})).
\end{aligned}$$

一方で，虚偽の申告 v_i をしたときは，$a(v) \neq a(v'_i, v_{-i})$ である事に注意すると，(2.13) より

$$u(a(v), t_i(v); \tilde{v}_i) = -\sum_{j \neq i} v_j(a(v)) - c(a(v)) + t_i(v) = h_i(v).$$

ゆえに (2.10) より

$$u(a(v), t_i(v); \tilde{v}_i) > u(a(\tilde{v}_i, v_{-i}), t_i(\tilde{v}_i, v_{-i}); \tilde{v}_i)$$

が成立し，これは耐戦略性と矛盾である． □

ここまで金銭移転に対して何の制限も与えず，グローヴス関数においても金銭移転の実行可能性を考慮してこなかった．ある配分 $x = (a, t) \in X$ が**予算実**

行可能性を満たすとは

$$\sum_{i \in I} t_i \leq c(a)$$

が成立する事であり，さらに**予算均衡性**を満たすとは

$$\sum_{i \in I} t_i = c(a)$$

が成立する事である．予算均衡性を満たす配分は必ず予算実行可能性を満たす．任意の $v \in \mathscr{D}_I$ について $f(v)$ が予算実行可能性を満たすなら f は予算実行可能，$f(v)$ が予算均衡性を満たすなら f は予算均衡的であるという．

グローヴス関数のクラスに属する主要例である，**クラーク関数** (Clarke, 1971) について考えてみる．社会的選択関数 $f: \mathscr{D}_I \to X$ がクラーク関数であるとは，f がグローヴス関数であり，かつ任意の $i \in I$ について

$$h_i(v_{-i}) = -\max_{a \in A} \left\{ \sum_{j \neq i} v_j(a) + \frac{n-1}{n} c(a) \right\} \quad \forall v_{-i} \in \mathscr{D}_{-i}$$

を満たす事である．つまり，金銭移転関数 $t: \mathscr{D}_I \to X$ が，任意の $i \in I$ と $v \in \mathscr{D}_I$ について

$$t_i(v) = \frac{c(a(v))}{n} + \sum_{j \neq i} v_j(a(v)) + \frac{n-1}{n} c(a(v)) - \max_{a \in A} \left\{ \sum_{j \neq i} v_j(a) + \frac{n-1}{n} c(a) \right\}.$$

となる．クラーク関数においては，まず各 $i \in I$ が平均コスト $\frac{c(a(v))}{n}$ をそれぞれ負担する．さらにそれに加え，「i がいないときの i 以外の個人の総余剰」と「i がいるときの i 以外の個人の総余剰」の差を支払っている．いわば，自分がいる事での限界的な他者への総迷惑料を追加的に支払っている．任意の $v \in \mathscr{D}_I$, $i \in I$ について

$$\sum_{j \neq i} v_j(a(v)) + \frac{n-1}{n} c(a(v)) \leq \max_{a \in A} \left\{ \sum_{j \neq i} v_j(a) + \frac{n-1}{n} c(a) \right\}$$

であるので，$t_i(v) \le \frac{c(a(v))}{n}$ が成立する．よって，$\sum_{i \in I} t_i(v) \le c(a(v))$ であり，クラーク関数は予算実行可能性を満たす．これより，準線形環境においては，効率性，耐戦略性，予算実行可能性を満たす社会的選択関数は存在する事になる[17]．一方，予算均衡性を満たすグローヴス関数は非常に広範の環境で存在しない事が知られている (Green and Laffont, 1979; Rob, 1982)[18]．以下ではその例を挙げておく．

例 2.2. いま簡単なケースとして，$I = \{1, 2\}, A = \{a, b\}$，$c(a) = c(b) = 0$ とする．$f = (a, t)$ を任意のグローヴス関数とする．任意の $i \in I$ について $\mathscr{D}_i = \{v_i', v_i''\}$ とし

$$v_1' \equiv (4, 0), \quad v_1'' \equiv (2, 0)$$
$$v_2' \equiv (0, 1), \quad v_2'' \equiv (0, 3)$$

により定める．ここで例えば $v_1' = (4, 0)$ は $v_1'(a) = 4$，$v_1'(b) = 0$ である事を意味する．決定効率性より

$$a(v_1', v_2') = a(v_1'', v_2') = a(v_1', v_2'') = a, \quad a(v_1'', v_2'') = b$$

である．いま $f = (a, t)$ が予算均衡性を満たすとすると

$$0 = t_1(v) + t_2(v) = h_1(v_2) + v_2(a(v)) + h_2(v_1) + v_1(a(v)) \quad \forall v \in \mathscr{D}_I$$

より

$$h_1(v_2) + h_2(v_1) = -\bigl(v_1(a(v)) + v_2(a(v))\bigr) \quad \forall v \in \mathscr{D}_I$$

を得る．このとき以下の矛盾が導かれる．

---

[17]Moulin (1986) はある下限性条件をこれら条件群に追加しクラーク関数の特徴付けを行っている．

[18]第 4 章で扱うオークションはその例であるが，この場合 I は買い手の集合であり，お金がモデルの外部にいる売り手に渡るのは当然なので，買い手内で予算均衡しない事は問題ない．Suijs (1996) は，モデルにさらに構造を入れて選好を線形にすると予算均衡的なグローヴス関数が存在する事を示している．第 5 章で扱う公平分担問題は予算均衡しない事が問題となる環境の例である．

$$0 = (h_1(v_2') - h_1(v_2')) + (h_2(v_1') - h_2(v_1')) + (h_1(v_2'') - h_1(v_2''))$$
$$+ (h_2(v_1'') - h_2(v_1''))$$
$$= (h_1(v_2') + h_2(v_1')) - (h_1(v_2') + h_2(v_1'')) - (h_1(v_2'') + h_2(v_1'))$$
$$+ (h_1(v_2'') + h_2(v_1''))$$
$$= (-4) - (-2) - (-4) + (-3) = -1.$$

予算実行可能な社会的選択関数 $f = (a,t)$ が予算均衡性を満たさないときは、ある $v \in \mathscr{D}_I$ が存在して、$\sum_{i \in I} t_i(v) < c(a(v))$ となる。そのとき $c(a(v)) - \sum_{i \in I} t_i(v) > 0$ だけの金銭が余っており、それは誰にも分配されずに外部へ渡る（或いは捨てられる）事になる。余った金銭を人々に分配すれば皆の効用水準は当然ながら改善するが、そのための再分配ルールを設計すると結局それに対し戦略的操作が起こってしまう事が、これまでの議論の系として得られる。金銭の余剰が発生するのは、準線形環境における効率性の定義が、資源配分において無駄のない状態を完全には表現していない事を意味する。実際、命題 2.1 で見たように、ここでの効率性はあくまで社会的選択肢決定についての効率性に限定した意味しか持たない。

2.4.3 期待外部性関数

耐戦略性をベイジアン誘因両立性に弱めた場合には、効率性と予算均衡性を同時に実現できる事を Arrow (1979) と d'Aspremont and Gérard-Varet (1979) が独立に示している。ここでは、他者の選好に関する不完備情報について以下の設定を置く。各個人の選好は独立に分布するものとし、$i \in I$ の選好分布を確率密度関数 $\phi_i : \mathscr{D}_i \to \mathbb{R}_+$ により表す。すると選好組の確率密度関数 $\phi : \mathscr{D}_I \to \mathbb{R}_+$ は

$$\phi(v) \equiv \phi_1(v_1) \times \phi_2(v_2) \times \cdots \times \phi_n(v_n) \quad \forall v \in \mathscr{D}_I$$

により，v_{-i} に関する確率密度関数 $\phi_{-i} : \mathscr{D}_{-i} \to \mathbb{R}_+$ は

$$\phi_{-i}(v_{-i}) \equiv \phi_1(v_1) \times \cdots \times \phi_{i-1}(v_{i-1}) \times \phi_{i+1}(v_{i+1}) \times \cdots \times \phi_n(v_n) \quad \forall v_{-i} \in \mathscr{D}_{-i}$$

により与えられる．$\phi : \mathscr{D}_I \to \mathbb{R}$ は全ての個人間で共有知識となっていると仮定する．

社会的選択関数 $f : \mathscr{D}_I \to X$ のもとで，任意の $i \in I$，$v_i, v'_i \in \mathscr{D}_i$ について

$$E[u(a(v'_i, v_{-i}), t_i(v'_i, v_{-i}); v_i)] \equiv \int_{\mathscr{D}_{-i}} u(a(v'_i, v_{-i}), t_i(v'_i, v_{-i}); v_i) \phi_{-i}(v_{-i}) \mathrm{d}v_{-i}$$

と定める[19]．これは，選好が v_i の個人 i について，他の個人が真の選好を申告するもとで自分が v'_i を申告したときの期待効用である．ここで，ベイジアン誘因両立性を以下により定義する．

ベイジアン誘因両立性 任意の $i \in I$ と $v_i \in \mathscr{D}_i$ について

$$E[u(a(v_i, v_{-i}), t_i(v_i, v_{-i}); v_i)] \geq E[u(a(v'_i, v_{-i}), t_i(v'_i, v_{-i}); v_i)] \quad \forall v'_i \in \mathscr{D}_i.$$

この性質を満たす社会的選択関数 f のもとでは，他人が真の選好を申告している事を所与としたとき，自分にとって真の選好を申告する事が期待効用の意味で損にならない．耐戦略性を満たす社会的選択関数がベイジアン誘因両立性を満たす事は容易に確認できる．d'Aspremont and Gérard-Varet (1979) は，以下により定義される**期待グローヴス関数**が，効率性とベイジアン誘因両立性を共に満たす事を示している．社会的選択関数 $f : \mathscr{D}_I \to X$ が期待グローヴス関数であるとは，以下の二条件を満たす事である．

- 任意の $v \in \mathscr{D}_I$ について

$$a(v) \in \arg\max_{a \in A} \left\{ \sum_{i \in I} v_i(a) + c(a) \right\}. \tag{2.16}$$

---

[19] ここでは各個人がリスク中立的であると仮定している．

- 任意の $i \in I$ について次の条件を満たす関数 $h_i : \mathscr{D}_I \to \mathbb{R}$ が存在する．

$$t_i(v) = h_i(v) + \sum_{j \neq i} v_j(a(v)) + c(a(v)) \quad \forall v \in \mathscr{D}_I \quad (2.17)$$

$$\int_{\mathscr{D}_{-i}} h_i(v_i, v_{-i}) \phi_{-i}(v_{-i}) \mathrm{d}v_{-i}$$
$$= \int_{\mathscr{D}_{-i}} h_i(v'_i, v_{-i}) \phi_{-i}(v_{-i}) \mathrm{d}v_{-i} \quad \forall v_i, v'_i \in \mathscr{D}_i. \quad (2.18)$$

定義より，明らかにグローヴス関数は期待グローヴス関数でもある．(2.18) は期待値の意味で h_i が v_i に依存しない事を要求するが，グローヴス関数では h_i が v_i に依存しない事を要求していた．ゆえに期待グローヴス関数は「期待値に関するグローヴス関数」として解釈できる．

定理 2.7. 全ての $i \in I$ について $\mathscr{D}_i \subseteq \mathbb{R}^A$ とする．任意の期待グローヴス関数 $f : \mathscr{D}_I \to X$ は効率性とベイジアン誘因両立性を満たす．

証明. (2.16) および命題 2.1 より，期待グローヴス関数が効率的なのは明らか．次に期待グローヴス関数 $f = (a, t)$ がベイジアン誘因両立性を満たす事を示す．任意の $i \in I$，$v_i, v'_i \in \mathscr{D}_i$ について，(2.16) より

$$\sum_{i \in I} v_i(a(v_i, v_{-i})) + c(a(v_i, v_{-i}))$$
$$\geq \sum_{i \in I} v_i(a(v'_i, v_{-i})) + c(a(v'_i, v_{-i})) \quad \forall v_{-i} \in \mathscr{D}_{-i}$$

が成立する．よって

$$\int_{\mathscr{D}_{-i}} \left[\sum_{i \in I} v_i(a(v_i, v_{-i})) + c(a(v_i, v_{-i})) \right] \phi_{-i}(v_{-i}) \mathrm{d}v_{-i}$$
$$\geq \int_{\mathscr{D}_{-i}} \left[\sum_{i \in I} v_i(a(v'_i, v_{-i})) + c(a(v'_i, v_{-i})) \right] \phi_{-i}(v_{-i}) \mathrm{d}v_{-i}$$

である.両辺に (2.18) を足すと

$$\int_{\mathcal{D}_{-i}} \left[\sum_{i \in I} v_i(a(v_i, v_{-i})) + c(a(v_i, v_{-i})) + h_i(v_i, v_{-i}) \right] \phi_{-i}(v_{-i}) \mathrm{d}v_{-i}$$
$$\geq \int_{\mathcal{D}_{-i}} \left[\sum_{i \in I} v_i(a(v_i', v_{-i})) + c(a(v_i', v_{-i})) + h_i(v_i', v_{-i}) \right] \phi_{-i}(v_{-i}) \mathrm{d}v_{-i}$$

となり,これを (2.17) を使って変形すると

$$E[u(a(v_i, v_{-i}), t_i(v_i, v_{-i}); v_i)] \geq E[u(a(v_i', v_{-i}), t_i(v_i', v_{-i}); v_i)]$$

が得られる. □

期待グローヴス関数の中で,予算均衡性を満たす関数が存在する事を示したい.社会的選択関数 $f = (a, t)$ のもとで,任意の $i \in I$ と $v_i \in \mathcal{D}_i$ について

$$EE(v_i)$$
$$\equiv \int_{\mathcal{D}_{-i}} \left[\sum_{j \neq i} v_j(a(v_i, v_{-i})) + \frac{n-1}{n} c(a(v_i, v_{-i})) \right] \phi_{-i}(v_{-i}) \mathrm{d}v_{-i} \quad (2.19)$$

とする.$EE(v_i)$ は,i の選好が v_i であるときの i 以外の個人の期待総余剰であり,「i が i 以外の個人に与える期待外部性」である.社会的選択関数 $f : \mathcal{D}_I \to X$ が**期待外部性関数**であるとは,以下の二条件を満たす事である.

- 任意の $v \in \mathcal{D}_I$ について

$$a(v) \in \arg\max_{a \in A} \left\{ \sum_{i \in I} v_i(a) + c(a) \right\}.$$

- 任意の $i \in I$ について次の条件を満たす関数 $h_i : \mathcal{D}_I \to \mathbb{R}$ が存在する.全ての $v \in \mathcal{D}_I$ について

$$t_i(v) = h_i(v) + \sum_{j \neq i} v_j(a(v)) + c(a(v)) \quad (2.20)$$

$$h_i(v) = -\left(\sum_{j\neq i} v_j(a(v)) + \frac{n-1}{n}c(a(v))\right) + EE(v_i)$$
$$- \frac{1}{n-1}\sum_{j\neq i} EE(v_j). \tag{2.21}$$

(2.20, 2.21) より，金銭移転関数 $t : \mathscr{D}_I \to X$ は任意の $i \in I$ について

$$t_i(v) = \frac{c(a(v))}{n} + EE(v_i) - \frac{1}{n-1}\sum_{j\neq i} EE(v_j) \quad \forall v \in \mathscr{D}_I$$

となり，平均的コストの負担に加え，「i が他人に与える期待外部性」から「i が他人から被る期待外部性の平均値」を差し引いた額を受け取る．また，期待外部性関数は期待グローヴス関数の特殊ケースである．というのは，(2.19, 2.21) より，任意の $i \in I$, $v_i \in \mathscr{D}_i$ について

$$\int_{\mathscr{D}_{-i}} h(v_i, v_{-i})\phi_{-i}(v_{-i})\mathrm{d}v_{-i} = -\frac{1}{n-1}\int_{\mathscr{D}_{-i}}\left(\sum_{j\neq i}EE(v_j)\right)\phi_{-i}(v_{-i})\mathrm{d}v_{-i}$$

が成立し，これは v_i に依存しないからである．

定理 2.8. 全ての $i \in I$ について $\mathscr{D}_i \subseteq \mathbb{R}^A$ とする．期待外部性関数 $f : \mathscr{D}_I \to X$ は効率性，ベイジアン誘因両立性，予算均衡性を満たす．

証明. 期待外部性関数 $f = (a, t)$ は期待グローヴス関数の特殊ケースであるゆえ，定理 2.7 より効率性とベイジアン誘因両立性を満たす．予算均衡性については，任意の $v \in \mathscr{D}_I$ について

$$\sum_{i \in I} t_i(v) = \sum_{i \in I}\left(\frac{c(a(v))}{n} + EE(v_i) - \frac{1}{n-1}\sum_{j\neq i} EE(v_j)\right)$$
$$= c(a(v)) + \sum_{i \in I} EE(v_i) - \sum_{i \in I} EE(v_i) = c(a(v))$$

が成り立つので，これも満たされている． □

第II部

応　用

経済環境の取り扱いについて

　第 II 部の各章においては，個別の経済問題を設定してメカニズムの設計可能性について論じる．そこでの選好の定義について，第 II 部と第 I 部の整合性に関する注意を与えておく．

　第 I 部までは，$x \in X$ を単に帰結と呼び，個人の選好 $\succsim_i$ を X 上に定義していた．第 II 部においては，各 $i \in I$ には自身の消費についての集合 X_i が与えられ，その上に選好 $\succsim_i$ が定義される．そうした選好の集合を $\mathscr{D}_i$ で表す．各 $x_i \in X_i$ は i の消費する財（あるいは財ベクトル）を意味する．そして，全体の帰結の集合は，実行可能な配分の集合を表す非空集合

$$X \subseteq X_1 \times X_2 \times \cdots \times X_n$$

により与えられ，各 $x = (x_1, x_2, \ldots, x_n) \in X$ は**配分**と呼ばれる．ここで重要なのは，X_i 上の選好 $\succsim_i \in \mathscr{D}_i$ は，「自分の消費部分だけで配分の好き嫌いを決める」事を意味する

利己性条件　　$x \overline{\succsim}_i y \iff x_i \succsim_i y_i, \ \forall x, y \in X$

を満たす X 上の選好 $\overline{\succsim}_i$ として，一意に拡張できるという事である．別の言い方をすれば，$\boldsymbol{X_i}$ **上に定義された選好** $\boldsymbol{\succsim_i}$ **は，$\boldsymbol{X}$ 上の利己性条件を満たす選好** $\overline{\boldsymbol{\succsim}}_{\boldsymbol{i}}$ **と同一視する事ができる**．よって，今後，個人の選好を X_i 上に定めて議論を行っても，それは X 上の選好と見なす事ができるので，第 I 部で行われた議論や成果はそのまま引き継ぐ事が可能である．

　一点注意が必要なのは，劣位集合の定義に X_i 全体を考慮の範囲とせず，第 I 部と同じく，X だけを範囲とする事である．つまり，$X|_i \equiv \{x_i \in X_i : \exists x' \in X, x_i = x'_i\}$ により i について実行可能な財の集合を表すと，各 $x_i \in X|_i$ と $\succsim_i \in \mathscr{D}_i$ に対し，劣位集合およびマスキン単調変換の集合は，それぞれ

$$L_i(\succsim_i, x_i) \equiv \{y_i \in X|_i : x_i \succsim_i y_i\}$$

$$MT_i(\succsim_i, x_i) \equiv \{\succsim_i' \in \mathscr{D}_i : L_i(\succsim_i, x_i) \subseteq L_i(\succsim_i', x_i)\}$$

により定められる．ただし，X_i と $X|_i$ の区別が重要なのは，$X|_i \subsetneq X_i$ である第3章のみであり，他の章については $X|_i = X_i$ が成り立つため，特にこれを意識する必要はない．また，以後全ての章においては，$\succsim_i = \succsim_j$ である任意の $\succsim \in \mathscr{D}_I$ と $i, j \in I$ について $[L_i(\succsim_i, x_0) = L_j(\succsim_j, x_0) \, \forall x_0 \in X|_i = X|_j]$ が成り立つので，以後は下付き添え字を用いず，$L(\succsim, x_i)$ により $L_i(\succsim_i, x_i)$ を表す．

社会的選択関数 $f : \mathscr{D}_I \to X$ と選好組 $\succsim \in \mathscr{D}_I$ が与えられたとき

$$f(\succsim) = x = (x_1, x_2, \ldots, x_n) \in X$$

について，$f_i(\succsim) \equiv x_i \in X_i$ により，i に与えられる財を表す．

第3章

交換経済

3.1 はじめに

　財の交換は経済学における最重要分析対象であり，交換経済モデルはそれを描写するための基本的な分析的枠組みである．交換経済において中心的な役割を果たす配分概念はワルラス配分であり，厚生経済学の第一基本定理がそのパレート効率性を保証している事は広く知られている．実際，ワルラス配分はパレート効率性のみならず，個人合理性，さらにはコア性をも満たす，非常に優れた規範的性質を有するものである．さらに言うと，選好がある種のスムーズさを満たすとワルラス配分は殆ど全ての場合有限個しか存在しないという事がDebreu (1970) 以来知られており，これはワルラス対応が非常に選択的な社会的選択対応である事を意味する[1]．それゆえメカニズムデザインの観点からも，主たる関心となるのは，ワルラス対応あるいはそれに類する社会的選択対応が遂行可能であるかという事になる．

　交換経済におけるメカニズムデザイン研究の嚆矢は Hurwicz (1972a) であり，彼は個人数と財の種数が共に2のとき，効率性と個人合理性を満たす社会的選択関数はいずれも耐戦略性を満たさない事を示した．ハーヴィッツによるこの基本定理は交換経済のみならず様々な環境におけるメカニズム設計の可能性を検討する発端となった．ワルラス配分が達成されるための想定として，各個人が価

---
[1]第1章の脚注5を想起されたい．

格受容者として振舞うというものがある．この想定は市場への参加人数が多いときには十分な説得性を持つが，人数が少ないときには必ずしもそうではない．ハーヴィッツ定理はそうした状況においては，どのようなメカニズムに基づき交換を行っても戦略的操作が避け得ない事を示唆している．ただし，人数が大きくなるにつれ戦略的操作の問題は深刻でなくなる事が Reberts and Postlewaite (1976) や Otani and Sicilian (1990) らの貢献により判っているため，こうした不可能性定理は大規模経済におけるプライステイカーの仮定の自然さを損ねるものではない．

ナッシュ遂行の観点からは，個人数や財の種数に関係なく，遂行可能な社会的選択対応にはそれが選び取る配分に対し相当の制限がかかる事が Hurwicz (1979b) を始めとするいくつかの研究から判る．ただし，その制限とは，ワルラス配分とそれに類する配分を選ばざるを得ないというものであり，ワルラス対応（の若干の拡張対応）自体は遂行に際して良いパフォーマンスを示す．

本章は，ハーヴィッツ定理について論じた後，芹澤成弘の一連の研究によるハーヴィッツ定理の一般化までの過程を解説し，ワルラス対応のナッシュ遂行に関して分析を行う．

3.2　基本設定

分割可能な私的財が $\ell \geq 2$ 種類存在する純粋交換経済を考える．各 $i \in I$ の**初期保有ベクトル**を $\omega_i = (\omega_{i1}, \omega_{i2}, \ldots, \omega_{i\ell}) \in \mathbb{R}_{++}^{\ell}$ で表し，総資源ベクトルを $\Omega \equiv (\Omega_1, \Omega_2, \ldots, \Omega_\ell) \equiv \sum_{i \in I} \omega_i \in \mathbb{R}_{++}^{\ell}$ とする．各 $i \in I$ の消費ベクトルは $x_i = (x_{i1}, x_{i2}, \ldots, x_{i\ell}) \in \mathbb{R}_{+}^{\ell}$ で表され，実行可能な配分の集合を

$$X \equiv \left\{ x = (x_1, x_2, \ldots, x_n) \in \mathbb{R}_{+}^{\ell \times n} : \sum_{i \in I} x_i \leqq \Omega \right\}$$

により定める．また，実行可能かつ財を廃棄しない配分の集合を

$$\bar{X} \equiv \left\{ x = (x_1, x_2, \ldots, x_n) \in \mathbb{R}_{+}^{\ell \times n} : \sum_{i \in I} x_i = \Omega \right\}$$

とする．各 $i \in I$ は消費集合 $\mathbb{R}_+^\ell$ 上に選好 $\succsim_i$ を持っており，それは以下の三条件を満たす**古典的選好**と呼ばれるものと仮定される．

強単調性　任意の $x_i, y_i \in \mathbb{R}_+^\ell$ について，$x_i \geq y_i \Longrightarrow x_i \succ_i y_i$．

凸性　任意の $x_i, y_i \in \mathbb{R}_+^\ell$ と $\lambda \in [0,1]$ について，$x_i \sim_i y_i \Longrightarrow \lambda x_i + (1-\lambda) y_i \succsim_i y_i$．

連続性　任意の $x_i \in \mathbb{R}_+^\ell$ について，$\{y_i \in \mathbb{R}_+^\ell : x_i \succsim_i y_i\}$ と $\{y_i \in \mathbb{R}_+^\ell : y_i \succsim_i x_i\}$ は閉集合．

古典的選好全てからなる集合を $\mathscr{C}$ で表す．各 $i \in I$ の選好集合を $\mathscr{D}_i \subseteq \mathscr{C}$ とする．選好 $\succsim_i$ が**線形**であるとは，財に対する加重ベクトル $q_i \in \triangle\{1, 2, \ldots, \ell\}$ が存在して

$$x_i \succsim_i y_i \iff q_i \cdot x_i \geq q_i \cdot y_i \quad \forall x_i, y_i \in \mathbb{R}_+^\ell$$

を満たす事である．いま選好には強単調性を仮定しているので $q_i > \mathbf{0}$ である．線形選好全てからなる集合を $\mathscr{L}$ で表す．

社会的選択対応とは，非空対応 $F : \mathscr{D}_I \twoheadrightarrow X$ の事である．選好組 $\succsim \in \mathscr{D}_I$ のもとでの配分 $x \in X$ に関する性質を以下により定める．配分 x が**効率的**であるとは

$$y_i \succsim_i x_i \quad \forall i \in I$$
$$y_j \succ_j x_j \quad \exists j \in I$$

を満たす $y \in X$ が存在しない事であり，その集合を $P(\succsim)$ で表す．配分 x が**個人合理的**であるとは

$$x_i \succsim_i \omega_i \quad \forall i \in I$$

を満たす事であり，その集合を $IR(\succsim)$ で表す．社会的選択対応 F が，$F \subseteq P$ ならば効率的，$F \subseteq IR$ ならば個人合理的であるという．

次に，マスキン単調性について定めるが，第II部の冒頭で述べた通り，交換経済においては定義に注意を払う必要がある．というのは，各個人の選好 $\succsim_i$ は消費集合 $\mathbb{R}_+^\ell$ 上で定義しており，これは $\mathbb{R}_+^{\ell \times n}$ 上の利己的選好と同一視する事ができる一方，社会的選択対応の値域は $\mathbb{R}_+^{\ell \times n}$ より大幅に狭い X で設定してあるからである．よって，$x_i \in [\mathbf{0}, \Omega] = X|_i$ に対する，$\succsim_i \in \mathscr{D}_i$ の劣位集合は，$\{y_i \in \mathbb{R}_+^\ell : x_i \succsim_i y_i\}$ ではなく

$$L(\succsim_i, x_i) \equiv \{y_i \in [\mathbf{0}, \Omega] : x_i \succsim_i y_i\}$$

により定められる．そして，これまでと同じく，$\succsim_i' \in \mathscr{D}_i$ が $\succsim_i \in \mathscr{D}_i$ の x_i におけるマスキン単調変換であるとは $L(\succsim_i, x_i) \subseteq L(\succsim_i', x_i)$ を満たす事であり，$\succsim_i$ の x_i におけるマスキン単調変換の集合は $MT_i(\succsim_i, x_i)$ で表される．また，全ての $i \in I$ について $\succsim_i' \in MT_i(\succsim_i, x_i)$ であるとき，$\succsim' \in MT(\succsim, x)$ と記す．

マスキン単調性 任意の $\succsim \in \mathscr{D}_I$, $x \in F(\succsim)$, $\succsim' \in MT(\succsim, x)$ について，$x \in F(\succsim')$.

選好の強単調性より，本環境においては非拒否権性の前提条件が満たされる状況は存在せず，それゆえ非拒否権性は常に満たされる．即ち本環境においては，$n \geq 3$ のとき，マスキン単調性はナッシュ遂行可能性の必要十分条件となる事に注意されたい．

その他の社会的選択関数に関する性質は以下により定義される．

耐戦略性 全ての $i \in I$, $\succsim \in \mathscr{D}_I$, $\succsim_i' \in \mathscr{D}_i$ について，$f_i(\succsim) \succsim_i f_i(\succsim_i', \succsim_{-i})$.

独裁制 ある $i \in I$ が存在して，全ての $\succsim \in \mathscr{D}_I$ について $f_i(\succsim) = \Omega$. こうした i を**独裁者**と呼ぶ．

非独裁制 独裁者が存在しない．

3.3 ワルラス配分の操作とハーヴィッツ定理

3.3.1 交換経済における戦略的操作

財の価格ベクトル $p \in \mathbb{R}_+^\ell$ が与えられたとき，個人 $i \in I$ の**予算集合**を

$$B(p, \omega_i) \equiv \{y_i \in \mathbb{R}_+^\ell : p \cdot y_i \leq p \cdot \omega_i\}$$

により定める．選好組 $\succsim \in \mathscr{D}_I$ のもとで配分 $x \in X$ が**ワルラス配分**であるとは，ある価格ベクトル $p \in \mathbb{R}_+^\ell$ が存在して，全ての $i \in I$ について

$$x_i \in B(p, \omega_i) \text{ かつ } x_i \succsim_i y_i \quad \forall y_i \in B(p, \omega_i) \tag{3.1}$$

を満たす事である．なお，(3.1) を満たす価格ベクトル p は消費ベクトル x_i を選好 $\succsim_i$ について支持するという．$W(\succsim)$ を選好組 $\succsim$ のもとでのワルラス配分の集合とすると，W は社会的選択対応となる．W を**ワルラス対応**という．

これからワルラス配分への戦略的操作について，例を用い解説する[2]．ワルラス配分は複数存在し得るので，ワルラス対応は一般には関数ではない．しかし，以下のように狭いドメイン上では関数となる[3]．

- $I = \{1, 2\}$, $\ell = 2$.
- $\omega = (\omega_1, \omega_2) = ((1, 0), (0, 1))$.
- $\mathscr{D}_1 \times \mathscr{D}_2 = \{\succsim_1, \succsim_1'\} \times \{\succsim_2\}$.

  $\succsim_1$ は関数 $u_1(x_{11}, x_{12}) = \sqrt{x_{11} \cdot x_{12}}$ により表現される．

---

[2]この例では初期保有において，ある財についてゼロである事が許容されており，本章の設定に完全に合致するわけではない．しかし，各人の初期保有ベクトルが正である事は本章における多くの議論を単純化するためであり本質的ではなく，またこの例も全ての初期保有ベクトルを正として構成する事は容易である．ここでは議論の明瞭性を優先している．

[3]ここまで極端にドメインを狭めなくとも，市場超過需要関数がある種の粗代替性を満たすならば，ワルラス配分は一意となる事が知られている．一意性が成り立つための，市場超過需要関数の性質については Iritani (1981) が必要十分条件を与えている．一意性についての優れた解説として Arrow and Hahn (1971) の第9章を挙げておく．関数でないときのワルラス対応への戦略的操作については Hurwicz (1978) や Otani and Sicilian (1982) が議論している．

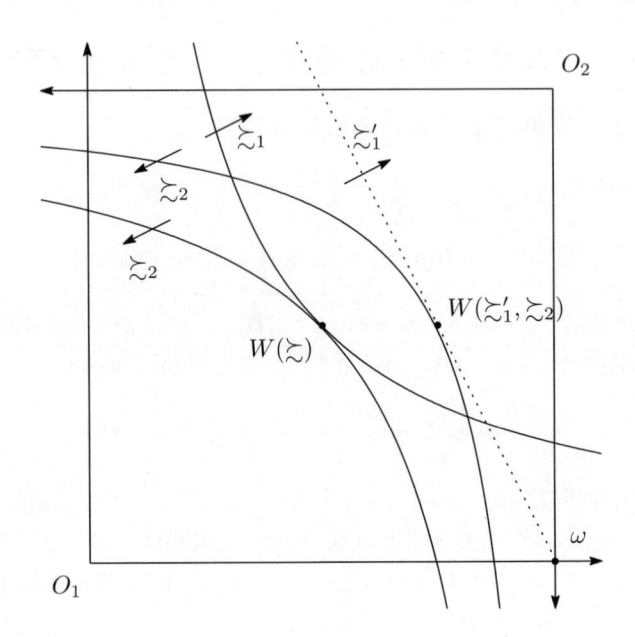

図 3.1 ワルラス対応 W が耐戦略性を満たさない例

$\succsim_1'$ は関数 $u_1'(x_{11}, x_{12}) = 2x_{11} + x_{12}$ により表現される.

$\succsim_2$ は関数 $u_2(x_{21}, x_{22}) = \sqrt{x_{21} \cdot x_{22}}$ により表現される.

- このとき

$$W(\succsim_1, \succsim_2) = \left\{\left(\left(\frac{1}{2}, \frac{1}{2}\right), \left(\frac{1}{2}, \frac{1}{2}\right)\right)\right\}$$

$$W(\succsim_1', \succsim_2) = \left\{\left(\left(\frac{3}{4}, \frac{1}{2}\right), \left(\frac{1}{4}, \frac{1}{2}\right)\right)\right\}$$

である (図 3.1).

いま $(\succsim_1, \succsim_2)$ が真の選好組として,個人 1 が $\succsim_1'$ を表明すると

$$u_1(W_1(\succsim_1', \succsim_2)) = \sqrt{\frac{3}{8}} > \sqrt{\frac{1}{4}} = u_1(W_1(\succsim_1, \succsim_2))$$

が成り立つので，この虚偽表明により個人 1 は得をしてしまう．

ワルラス配分の実現に際して戦略的操作が起こり得る事は Hurwicz (1972a) により最初に指摘された．ハーヴィッツはこの事実を踏まえ，より一般的に，効率性と個人合理性を満たす社会的選択関数のうち，耐戦略性を満たすものが存在するかという問いを考察し，否定的な結論を得た．即ち $n = \ell = 2$ のとき，効率性，個人合理性，耐戦略性を満たす社会的選択関数は存在しない．この定理はギバート＝サタスウェイト定理と並びメカニズムデザイン理論を代表する不可能性定理であり，多くの後続研究がその拡張を試みている．次の定理はその内の一つであり，Schummer (1997) により示されたものである[4]．

定理 3.1. $n = \ell = 2$ とし，全ての $i \in I$ について $\mathscr{D}_i \supseteq \mathscr{L}$ とする．このとき以下の二つは同値である．
(i) 社会的選択関数 $f: \mathscr{D}_I \to X$ は効率性と耐戦略性を満たす．
(ii) 社会的選択関数 $f: \mathscr{D}_I \to X$ は独裁的である．

定理 3.1 は線形選好を含む全てのドメインに対し成り立つ一般的な結果である．これを示すため，まず線形選好のみからなるドメイン上で不可能性を示し，次にその結果を線形選好を含むドメイン上へと拡張する．

補題 3.1. $n = \ell = 2$ とし，全ての $i \in I$ について $\mathscr{D}_i = \mathscr{L}$ とする．このとき以下の二つは同値である．
(i) 社会的選択関数 $f: \mathscr{D}_I \to X$ が効率性と耐戦略性を満たす．
(ii) 社会的選択関数 $f: \mathscr{D}_I \to X$ が独裁的である．

証明. (ii) $\implies$ (i) は明らかなので，ここでは (i) $\implies$ (ii) を示す．いま選好が線形なので，パレート効率的な配分の集合は以下のシンプルな形状を取る事に注意されたい[5]．任意の $\succsim \in \mathscr{D}_I$ について，$q_1 = (q_{11}, q_{12}), q_2 = (q_{21}, q_{22})$ を $\succsim_1, \succsim_2$ にそれぞれ伴う加重ベクトルとすると

---
[4] シュマーは $n = 2$ を仮定しているが，ℓ に関しては制限を与えていない．ここでは説明を簡単にするため $\ell = 2$ を仮定して定理を記述している．
[5] 集合 $X^\ulcorner$ と $X^\lrcorner$ の上付きの記号は，それぞれエッジワースボックスにおける，パレート効率的な縁の部分に対応している．

- $q_{11} = q_{21}$ ならば，$P(\succsim) = \bar{X}$

- $q_{11} < q_{21}$ ならば，$P(\succsim) = X^{\ulcorner} \equiv \{x \in \bar{X} : x_{11} = 0\} \cup \{x \in \bar{X} : x_{12} = \Omega_2\}$

- $q_{11} > q_{21}$ ならば，$P(\succsim) = X^{\lrcorner} \equiv \{x \in \bar{X} : x_{21} = 0\} \cup \{x \in \bar{X} : x_{22} = \Omega_2\}$.

f を効率性と耐戦略性を満たす社会的選択関数とし，これが独裁的である事を示す．

ステップ 1 $\forall \succsim \in \mathscr{D}_I, \forall i \in I, \forall \succsim'_i \in MT_i(\succsim_i, f_i(\succsim)), f_i(\succsim'_i, \succsim_{-i}) = f_i(\succsim)$. $\succsim_i = \succsim'_i$ なら示す事はないので $\succsim_i \neq \succsim'_i$ とする．$\succsim'_i \in MT_i(\succsim_i, f_i(\succsim))$ であるので，$f(\succsim) \in X^{\ulcorner} \cup X^{\lrcorner}$ である事に注意せよ．耐戦略性から

$$f_i(\succsim) \succsim_i f_i(\succsim'_i, \succsim_{-i}) \tag{3.2}$$
$$f_i(\succsim'_i, \succsim_{-i}) \succsim'_i f_i(\succsim)$$

なので，マスキン単調変換の定義より $f_i(\succsim) \succsim'_i f_i(\succsim'_i, \succsim_{-i})$ であり

$$f_i(\succsim) \sim'_i f_i(\succsim'_i, \succsim_{-i}). \tag{3.3}$$

が成立する．しかし，(3.2, 3.3) が成立するのは $f_i(\succsim) = f_i(\succsim'_i, \succsim_{-i})$ のときのみである．

ステップ 2 $\forall \succsim \in \mathscr{D}_I, \forall \succsim' \in MT(\succsim, f(\succsim)), f(\succsim') = f(\succsim)$. ステップ 1 より直ちに従う．

ステップ 3 $\exists x \in X, \forall \succsim \in \mathscr{D}_I, P(\succsim) = X^{\ulcorner} \implies f(\succsim) = x$. $P(\succsim) = P(\succsim') = X^{\ulcorner}$ を満たす任意の $\succsim, \succsim' \in \mathscr{D}_I$ について，$f(\succsim) = f(\succsim')$ が成り立つ事を示せばよい．各 $i \in I$ について以下の内いずれかが該当する．

(1) $\succsim'_i \in MT_i(\succsim_i, z_i) \ \ \forall z \in X^{\ulcorner}$,

(2) $\succsim_i \in MT_i(\succsim'_i, z_i) \ \ \forall z \in X^{\ulcorner}$,

(3) $\succsim_i = \succsim'_i$.

$\succsim'' \in \mathscr{D}_I$ を以下により定義する．任意の $i \in I$ について

$$\succsim_i'' \equiv \begin{cases} \succsim_i' & (1) \text{ が成立する場合} \\ \succsim_i & (2) \text{ か } (3) \text{ が成立する場合}. \end{cases}$$

いずれの場合も $\succsim'' \in MT(\succsim, f(\succsim))$, $\succsim'' \in MT(\succsim', f(\succsim'))$ が成り立つ．よって，ステップ 2 より

$$f(\succsim) = f(\succsim'') = f(\succsim')$$

を得る．

ステップ 4 $\exists y \in X, \forall \succsim \in \mathscr{D}_I, P(\succsim) = X^{\lrcorner} \Longrightarrow f(\succsim) = y$. ステップ 3 と同じ方法で示せる．

ステップ 5 $\forall i \in I, \forall \succsim_i \in \mathscr{D}_i, x_i \sim_i y_i$. 一般性を失う事なく，任意の $\succsim_1 \in \mathscr{D}_1$ について考え，$\succsim_2 \equiv \succsim_1$ と定義し $z \equiv f(\succsim)$ と置く．$x, y \in \bar{X} = P(\succsim)$ である事に注意せよ．

$\succsim_1'$ と $\succsim_1''$ を $q_{11}' < q_{11} < q_{11}''$ を満たす選好とすると，$P(\succsim_1', \succsim_2) = X^{\ulcorner}$ かつ $P(\succsim_1'', \succsim_2) = X^{\lrcorner}$ である．よって，ステップ 3 と 4 から $f(\succsim_1', \succsim_2) = x$ および $f(\succsim_1'', \succsim_2) = y$ が得られる．耐戦略性より

$$z_1 \succsim_1 x_1 \text{ かつ } z_1 \succsim_1 y_1$$

を得る．いま個人 1 に対して行った議論を個人 2 に対し同様に行うと

$$z_2 \succsim_2 x_2 \text{ かつ } z_2 \succsim_2 y_2$$

を得る．よって $x, y \in P(\succsim)$ より

$$x_1 \sim_1 z_1 \sim_1 y_1$$

が成り立つ．

ステップ6 独裁者の存在 ステップ5よりどのような線形選好に対しても x_1, y_1 は無差別と評価される事が判ったが，これが成り立つのは明らかに $x_1 = y_1$ のとき，つまり $x = y$ を満たすときのみである．よって

$$x = y \in X^{\ulcorner} \cap X^{\lrcorner} = \{(\mathbf{0}, \Omega), (\Omega, \mathbf{0})\}.$$

いま $x = (\Omega, \mathbf{0})$ ならば個人1が独裁者である事を示す．既にステップ3と4より，$\succsim_1 \neq \succsim_2$ ならば，その個人1は全ての財を独り占めできる事が判っている．残るは $\succsim_1 = \succsim_2$ のケースだけだが，このときは選好を他の $\succsim_1' \neq \succsim_1$ に変える事でやはり全ての財を独り占めできるよう結果を操作できるので，耐戦略性より最初から個人1が全ての財を独り占めしていなければならない．同様にして，$x = (\mathbf{0}, \Omega)$ ならば個人2が独裁者である事が判る． □

定理 3.1 の証明. (ii) $\implies$ (i) は明らかなので，ここでは (i) $\implies$ (ii) を示す．$f: \mathscr{D}_I \to X$ を効率性と耐戦略性を満たす社会的選択関数とし，関数 $f^*: \mathscr{L}^I \to X$ を

$$f^*(\succsim) \equiv f(\succsim) \quad \forall \succsim \in \mathscr{L}^I$$

により定めると，これは $\mathscr{L}^I$ 上の効率性と耐戦略性を満たす社会的選択関数である．よって補題3.1より f^* は独裁的である．一般性を失う事なく，個人1を f^* についての独裁者としよう．これから個人1が f についても独裁的である事を示していく．

任意の $\succsim \in \mathscr{D}_I$ について考える．$f(\succsim) = (\Omega, \mathbf{0})$ である事を示せばよい．線形選好の組を何でもよいので一つ $\succsim' \in \mathscr{L}^I$ 取ってくると，$f(\succsim') = (\Omega, \mathbf{0})$ である．$\succsim'$ における個人2への耐戦略性から

$$\mathbf{0} = f_2(\succsim') \succsim_2' f_2(\succsim_1', \succsim_2).$$

よって $f(\succsim_1', \succsim_2) = (\Omega, \mathbf{0})$．$\succsim$ における個人1への耐戦略性から

$$f_1(\succsim) \succsim_1 f_1(\succsim_1', \succsim_2) = \Omega.$$

よって $f(\succsim) = (\Omega, \mathbf{0})$．それゆえ個人1は f についても独裁者である． □

系 3.1. $n = \ell = 2$ とし，全ての $i \in I$ について $\mathscr{D}_i \supseteq \mathscr{L}$ とする．効率性，個人合理性，耐戦略性を満たす社会的選択関数 $f : \mathscr{D}_I \to X$ は存在しない．

3.3.2 ハーヴィッツ定理の一般化

Hurwicz (1972a) が系 3.1 と同内容の定理を $n = \ell = 2$ のケースで（線形選好に依拠せず）示した後，その結果がより一般の n, ℓ について成り立つかどうかが，メカニズムデザイン理論における最大の未解決問題になった．これについては同様の不可能性定理が成り立つという予想がハーヴィッツ自身も含め当初から支配的であったが，約 30 年後に芹澤成弘が厳密な証明を与えるまで長らく未解決のままであった．以下は芹澤の定理に至るまでの簡単な解説であるが，選好や諸仮定に関する論文間の差異については特に重要なもの以外は省略している．

Dasgupta, Hammond, and Maskin (1979) は $n = \ell = 2$ のとき，ハーヴィッツが個人合理性を用いて導出していた不可能性定理を非独裁制に弱める事で一般化を行った．Satterthwaite and Sonnenschein (1981) は $n = 3, \ell = 2$ のケースで，耐戦略性，効率性，非独裁制を満たす社会的選択関数が存在する事を示した[6]．しかしそこで構成された社会的選択関数は，ある個人が存在して常にゼロ消費ベクトルが与えられるものであり，個人合理性は全く満たしていない．Zhou (1991) は $n = 2, \ell \geq 2$ の設定で，効率性，耐戦略性，非独裁制を満たす社会的選択関数は存在しない事を示した．ジョウが得た結果はハーヴィッツ定理の ℓ についての一般化であり，この分野を再び活性化するものであった．また，ジョウは自身の不可能性定理とサタスウェイト＝ソネンシャインの構成した社会的選択関数を一つの根拠として，一般に効率性と耐戦略性を満たす社会的選択関数のもとでは，ある個人が存在して常にゼロ消費ベクトルが与えられると予想した (ジョウ予想)．

---

[6]サタスウェイト＝ソネンシャインはこの結果をイントロダクションで説明しており，定理の形では書いていない．

ジョウに続き $n=2, \ell \geq 2$ のケースを扱った研究として以下のものが挙げられる．まず，本章でも扱った線形選好ドメインについては Schummer (1997) が[7]，CES 選好ドメインについては Ju (2003) が，コブ＝ダグラス選好ドメインについては Hashimoto (2008) がジョウと同様の不可能性定理を，また Nagahisa (1995) はもし選好ドメインが効率性，個人合理性，非独裁制を満たす社会的選択関数の存在を許容するなら，その選好ドメインの閉包は空集合を全く含まない，つまり位相的に極めて薄い事を示している．希少な可能性定理としては，$n=\ell=2$ のもとでは，レオンティエフ選好ドメイン上に，効率性，個人合理性，耐戦略性を満たす社会的選択関数が存在する事を Nicolò (2004) が示している．

一般の $n \geq 2, \ell \geq 2$ のケースでは，Serizawa (2002) により効率性，個人合理性，耐戦略性を満たす社会的選択関数が存在しない事が示された．ジョウは一般のケースへの拡張が困難な理由として，効率的配分の集合が容易に把握できない事を挙げていたが，芹澤の証明は効率的配分の集合が取り扱いやすい状況を上手く見付けて論理を繋げていくものであり，非常にテクニカルである．なお，ジョウの予想については Kato and Ohseto (2002) が $n \geq 4, \ell \geq 2$ のときに反例を与えたが，そこで構成された社会的選択関数はやはり，常に誰かがゼロ消費ベクトルを与えられるというものであり，ジョウ予想の部分的な正しさを示唆するものであった．これに対し Serizawa and Weymark (2003) は，芹澤が得た一般不可能性定理を背景として，一般の $n \geq 2, \ell \geq 2$ ケースで効率性と耐戦略性を満たす社会的選択関数は，ゼロあるいは限りなくゼロに近い消費量を誰かに与えうる（ただしその誰かは固定されていなくともよい）事を示した．さらに，Serizawa (2006) は一般の $n \geq 2, \ell \geq 2$ ケースで耐戦略性の定義を二人による共同操作を組み入れ，その性質と効率性，非独裁制を満たす社会的選択関数が存在しない事を示した．これら一連の結果により，ハーヴィッツ以来の未解決問題は事実上の解決を見た．また，Barberà and Jackson (1995) は，効率性を外し，耐戦略性と個人合理性およびいくつかの追加的条件を満たす社会

---

[7] Schummer (2004) は自身によるこの結果を受け，「ほんの少しの」戦略的操作を許容する，弱い耐戦略性を考察した．しかし，効率性と合わせると，やはりある種の弱い独裁者が存在する事を示している．

的選択関数をある種の固定価格ルールとして特徴付けている．

3.3.3 関連事項

他の解概念による遂行　第 1 章における議論（定理 1.3，系 1.1）では，支配戦略遂行可能性と有界メカニズムによる無支配戦略遂行可能性は，いずれも耐戦略性より強い事が示されていた．これに対し Mizukami and Wakayama (2007) は，交換経済においてはその逆も成り立つ事を示している．つまり交換経済では，支配戦略遂行可能性，有界メカニズムによる無支配戦略遂行可能性，耐戦略性は同値であり，それゆえこれまで耐戦略性について述べた結果は，他の二つの解概念に置き換えても成り立つ．

ワルラス対応の戦略的操作　Roberts and Postlewaite (1976) や Otani and Sicilian (1990) はワルラス対応への戦略的操作を定義し，経済における人口が大きくなるにつれ戦略的操作を行うインセンティブはゼロに減少していく事をそれぞれ異なった設定で示している．また，Otani and Sicilian (1982) は人口を一定として，ワルラス対応が操作されたときに得られる配分を，ある種のレンズ状の集合として特徴付けている．

初期保有についての操作　Postlewaite (1979) は，選好でなく初期保有量を虚偽表明する事についての戦略的操作を考察している．彼は効率性と個人合理性を満たす社会的選択関数は，初期保有表明についての耐戦略性を満たさない事を示した．Yi (1991) はポストルウェイトの結果が個人合理性を要求しなくとも成り立つ事を示し一般化している．

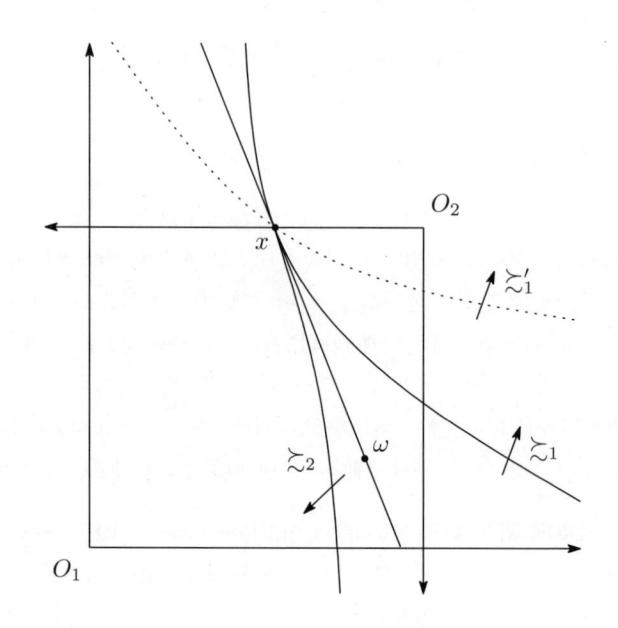

図 3.2　$x \in W(\succsim)$ かつ $\succsim_1' \in MT_1(\succsim_1, x_1)$ だが，$x \notin W(\succsim_1', \succsim_2)$ である例

3.4　ナッシュ遂行

3.4.1　ワルラス配分と制約ワルラス配分

　ワルラス対応は一般にはマスキン単調性を満たさない．これはワルラス配分の決定が実行可能配分の外側の選好にも依存している事によるが，図 3.2 はそれを端的に示している．ワルラス対応がマスキン単調に振舞わないのは明らかに境界上の配分についてのみであり，この点を修正すればワルラス対応はマスキン単調性を満たす事ができる．この境界問題を解消するため，個人の最適化を予算集合より狭い，「実行可能な予算集合」に修正したワルラス配分概念を考えてみよう．選好組 $\succsim$ のもとで配分 $x \in X$ が**制約ワルラス配分** (Hurwicz, Maskin, and Postlewaite, 1995) であるとは，ある価格ベクトル $p \in \mathbb{R}_+^\ell$ が存在して，全

ての $i \in I$ について

$$x_i \in B(p,\omega_i) \text{ かつ } x_i \succsim_i y_i \ \forall y_i \in B(p,\omega_i) \cap \{y_i \in \mathbb{R}_+^\ell : \mathbf{0} \leqq y_i \leqq \Omega\}$$

を満たす事である[8]．$CW(\succsim)$ を $\succsim$ のもとでの制約ワルラス配分の集合とすると，CW は社会的選択対応となる．CW を**制約ワルラス対応**という．ワルラス配分は明らかに制約ワルラス配分であり，X の内点に属する制約ワルラス配分はワルラス配分である．一方，図 3.2 からも明らかなように X の境界上にある配分は必ずしもワルラス配分ではない．

ワルラス対応に限らず社会的選択対応をマスキン単調になるよう拡張する場合は，その基となる社会的選択対応とできる限り近い方が望ましい．社会的選択対応 F について，F' が F の**最小単調拡張**であるとは，F' がマスキン単調でかつ，全てのマスキン単調な $F'' \supseteq F$ について

$$F \subseteq F' \subseteq F''$$

が成り立つ事である[9]．制約ワルラス対応がマスキン単調性を満たす事はその定義より容易に示せる．そして制約ワルラス対応はワルラス対応より大きいので，ワルラス対応の拡張になっている．次の Thomson (1999) による定理は，この拡張の仕方がワルラス対応と最も近い，最小単調拡張である事を示している．

定理 3.2. 全ての $i \in I$ に対し $\mathscr{L} \subseteq \mathscr{D}_i \subseteq \mathscr{C}$ とする．制約ワルラス対応 $CW : \mathscr{D}_I \twoheadrightarrow X$ はワルラス対応 $W : \mathscr{D}_I \twoheadrightarrow X$ の最小単調拡張である．

次の定理は，ワルラス対応を一旦離れ，純粋にナッシュ遂行可能な社会的選択対応を探した際にも，個人合理性と以下の弱い独立性条件のもとでは，制約ワルラス対応が最小の社会的選択対応として現れる事を意味している．

厚生独立性 任意の $\succsim \in \mathscr{D}_I$, $x \in F(\succsim)$ に対し，もし $y \in X$ が全ての $i \in I$ について $x_i \sim_i y_i$ を満たすなら，$y \in F(\succsim)$ である．

---

[8]ハーヴィッツ＝マスキン＝ポストルウェイトの論文は 1979 年にワーキングペーパーとして広まっており，制約ワルラス配分の概念はメカニズムデザイン理論の比較的初期から知られていた．

[9]最小単調拡張の定義は Sen (1995) により与えられた．Thomson (1999) は最小単調拡張を様々な経済環境で議論している．

定理 3.3. 全ての $i \in I$ に対し $\mathscr{L} \subseteq \mathscr{D}_i \subseteq \mathscr{C}$ とする．個人合理性，厚生独立性，マスキン単調性を満たすあらゆる社会的選択対応 $F : \mathscr{D}_I \twoheadrightarrow X$ について，$CW \subseteq F$ が成り立つ．

定理 3.2 と 3.3 の証明を統一的に行うため次の条件を用いる[10]．

条件 α 任意の $\succsim \in \mathscr{D}_I$ について，$IR(\succsim) \subseteq P(\succsim) \implies IR(\succsim) \subseteq F(\succsim)$．

補題 3.2. 全ての $i \in I$ に対し $\mathscr{L} \subseteq \mathscr{D}_i \subseteq \mathscr{C}$ とする．社会的選択対応 $F : \mathscr{D}_I \twoheadrightarrow X$ が条件 α とマスキン単調性を満たすなら，$CW \subseteq F$ が成り立つ．

証明. 任意の $\succsim \in \mathscr{D}_I$ と $x \in CW(\succsim)$ について考える．$q^0 \in \mathbb{R}_+^\ell$ を x の $\succsim$ における支持ベクトルとする．明らかに $\sum_{k=1}^{\ell} q_k^0 > 0$ であるので，$\bar{q}^0 \equiv \frac{1}{\sum_{k=1}^{\ell} q_k^0} q^0$ とすると，$\bar{q}^0 \in \triangle\{1,2,\ldots,\ell\}$ である．ここで，皆が同一の線形選好を持つ選好組 $\succsim^0$ を以下により定める．任意の $i \in I$ について

$$x_i \succsim_i^0 y_i \iff \bar{q}^0 \cdot x_i \geq \bar{q}^0 \cdot y_i \quad \forall x_i, y_i \in \mathbb{R}_+^\ell.$$

すると $x \in IR(\succsim^0) \subseteq P(\succsim^0)$ である事が容易に示せる．よって条件 α より $x \in IR(\succsim^0) \subseteq F(\succsim^0)$．$\succsim^0$ の定義より $\succsim \in MT(\succsim^0, x)$ が成り立つので，マスキン単調性より $x \in F(\succsim)$．□

定理 3.2 の証明. まず，W が条件 α を満たす事を示す．任意の $\succsim \in \mathscr{D}_I$ について考える．$IR(\succsim) \subseteq P(\succsim)$ を仮定し，$IR(\succsim) \subseteq W(\succsim)$ が成り立つ事を示したい．任意の $x \in IR(\succsim)$ について考える．いま $IR(\succsim) \subseteq P(\succsim)$ なので，$\omega \in P(\succsim)$．よって

$$\omega_i \sim_i x_i \quad \forall i \in I \tag{3.4}$$

---

[10]条件 α は Thomson (1987) により導入されたものである．定理 3.2 の証明は Thomson (1999) が行ったものと異なり，Gevers (1986) によるワルラス対応の特徴付けのアイデアに依拠している．ただしトムソンの証明は線形選好に依存していない，より一般的なものである．ここでの，線形選好を用いて統一的に二つの定理を示すアプローチは，Hayashi and Sakai (2007) がジョブマッチングモデルで行った議論に即している．ハーヴィッツ＝マスキン＝ポストルウェイトは，効率性を用いて，類似した制約ワルラス対応の特徴付けを与えている．

が成り立つ．いま ω は $\succsim$ におけるワルラス配分となっており，その支持価格ベクトルを $p \in \mathbb{R}^{\ell}_{++}$ とする．(3.4) より，任意の $i \in I$ について $p \cdot x_i = p \cdot \omega_i$ が成り立つ事を示せば，x が $\succsim$ のもとで p を支持価格ベクトルとするワルラス配分となり，$x \in W(\succsim)$ が従う．いま，ある $j \in I$ が存在して $p \cdot x_j > p \cdot \omega_j$ を満たすならば，$p \cdot \sum_{i \in I} x_i = p \cdot \sum_{i \in I} \omega_i$ より，ある $k \neq j$ が存在して $p \cdot x_k < p \cdot \omega_k$ である．しかし，このとき (3.4) と選好の凸性と強単調性より，ある $y_k \in B(p, \omega_k)$ が存在して $y_k \succ_k \omega_k$ を満たす．これは ω がワルラス配分である事に矛盾．よって任意の $i \in I$ について $p \cdot x_i \leq p \cdot \omega_i$ が成り立つが，$p \cdot \sum_{i \in I} x_i = p \cdot \sum_{i \in I} \omega_i$ ゆえ，任意の $i \in I$ について $p \cdot x_i = p \cdot \omega_i$ である事が言える．よって W は条件 α を満たす．

いま $F \supseteq W$ をマスキン単調な任意の社会的選択対応とする．W が条件 α を満たすので，F も条件 α を満たす事は明らかである．よって補題 3.2 より $F \supseteq CW$ が得られる．従って，CW は W の最小単調拡張である． □

定理 3.3 の証明. まず，個人合理性と厚生独立性を満たす F が条件 α を満たす事を示す．いま $IR(\succsim) \subseteq P(\succsim)$ となる $\succsim \in \mathscr{D}_I$ を考える．このとき $\omega \in P(\succsim)$ であるので，任意の $x \in IR(\succsim)$ について，$[x_i \sim \omega_i \ \forall i \in I]$ が成立する．よって個人合理性と厚生独立性より $IR(\succsim) \subseteq F(\succsim)$ が従い，F は条件 α を満たす事が判った．よって補題 3.2 より $F \supseteq CW$ が従う． □

3.4.2 制約ワルラス対応の遂行メカニズム

制約ワルラス対応がナッシュ遂行可能性の観点から優れている事は定理 3.2 と 3.3 から判った．それでは制約ワルラス対応をナッシュ遂行する性能の良いメカニズムは果たして存在するだろうか．これについては Tian (1992) が非常に優れたメカニズムを開発している．

ティエンメカニズム

- 各 $i \in I$ のメッセージ集合を

$$M_i \equiv \mathbb{R}^{\ell}_{++} \times \mathbb{R}^{\ell \times n}$$

とする．個人 i のメッセージを $m_i = (p^i, y^i) \in M_i$ により表記し，各人は価格ベクトルと全員の財取引ベクトルを提案するものと解釈される．

- 各 $i \in I$ について

$$a_i \equiv \sum_{j,k \neq i} \|p^j - p^k\|$$

とし，価格関数 $p: M_I \to \mathbb{R}^{\ell}_{++}$ を

$$p(m) \equiv \begin{cases} \dfrac{1}{\sum_{i \in I} a_i} \sum_{i \in I} a_i p^i & \text{if } \sum_{i \in I} a_i > 0 \\ \dfrac{1}{n} \sum_{i \in I} p^i & \text{if } \sum_{i \in I} a_i = 0 \end{cases}$$

で定める[11]．$p(m)$ のもとでの予算バランスおよび資源バランスを満たす配分の集合を

$$B(m) \equiv \{x \in \bar{X} : p(m) \cdot x_i = p(m) \cdot \omega_i \ \forall i \in I\}$$

で表す．$\omega \in B(m)$ なので $B(m)$ は非空である．また，$B: M_I \twoheadrightarrow X$ が連続かつコンパクトな凸値対応である事は容易に示せる．帰結関数 $g: M_I \to X$ を

$$g(m) \equiv \arg\min_{x \in B(m)} \left\| x - \sum_{i \in I} y^i \right\|$$

により定義すると，これが連続関数となっている事は容易に確かめられる[12]．

---

[11] p が連続関数である事は容易に確かめられる．
[12] ベルジュの最大値定理から g の上半連続性が直ちに従い，さらに B がコンパクト凸値対応である事より g の一価性は容易に示せるため，g が連続である事が判る．最大値定理については Sundaram (1996) の第 9 章が詳しい．

定理 3.4. 全ての $i \in I$ に対し $\mathscr{D}_i \subseteq \mathscr{C}$ とする．$n \geq 3$ のとき，ティエンメカニズムは制約ワルラス対応 $CW : \mathscr{D}_I \twoheadrightarrow X$ をナッシュ遂行する．

証明. 証明は $n = 3$ のケースで行う．一般のケースの証明はステップ 2 にて帰納法を用いるので煩雑になるが，基本的な方針は同じである．任意の $\succsim \in \mathscr{D}_I$ について考える．

ステップ 1 $CW(\succsim) \subseteq g(\mathbf{NE}(\succsim, M, g))$ 任意の $x \in CW(\succsim)$ について考える．x に対応する均衡価格を p とする．各 $i \in I$ について $y^i \in \mathbb{R}^{3\ell}$ を

$$y^i_i \equiv x_i$$
$$y^i_j \equiv \mathbf{0} \ \ \forall j \neq i$$

により定める．$m \equiv (p, y^i)_{i \in I} \in M_I$ とすると，$p(m) = p$ より $x \in B(m)$ となり

$$x = (y^1_1, \mathbf{0}, \mathbf{0}) + (\mathbf{0}, y^2_2, \mathbf{0}) + (\mathbf{0}, \mathbf{0}, y^3_3) = \sum_{i \in I} y^i$$

が成り立つので，$g(m) = x$．いま $m \in \mathbf{NE}(\succsim, M, g)$ が成り立つ事を示せばよい．

一般性を失う事なく，個人 1 が $\bar{m}_1 = (\bar{p}^1, \bar{x}^1) \neq m_1$ を申告したとする．しかし，たとえ $\bar{p}^1 \neq p$ であったとしても

$$p(\bar{m}_1, m_2, m_3) = \frac{0 \cdot \bar{p}^1}{0 + a_2 + a_3} + \frac{a_2 \cdot p}{0 + a_2 + a_3} + \frac{a_3 \cdot p}{0 + a_2 + a_3} = p = p(m)$$

が成り立つので価格は変わっていない．したがって，$z \equiv g(\bar{m}_1, m_2, m_3) \in B(\bar{m}_1, m_2, m_3) = B(m)$ より，$0 \leq z_1 \leq \Omega$ と $p \cdot z_1 = p \cdot \omega_1$ が成り立ち，x は制約ワルラス配分である事から $x_1 \succsim_1 z_1$ が言える．ゆえに $m \in \mathbf{NE}(\succsim, M, g)$ であり，$x \in g(\mathbf{NE}(\succsim, M, g))$ が従う．

ステップ 2 $g(\mathbf{NE}(\succsim, M, g)) \subseteq CW(\succsim)$ 任意の $x \in g(\mathbf{NE}(\succsim, M, g))$ について考える．ある $m = (p^i, y^i)_{i \in I} \in M_I$ が存在して，$m \in \mathbf{NE}(\succsim, M, g)$ かつ $g(m) = x$ である．$p \equiv p(m)$ と置く．

メカニズムの定義より，もし x が制約ワルラス配分でないなら，一般性を失う事なく個人1について，ある $z_1 \in \mathbb{R}_+^\ell$ が存在して

$$z_1 \leqq \Omega$$
$$p \cdot z_1 = p \cdot \omega_1$$
$$z_1 \succ_1 x_1$$

を満たす．個人1は m から逸脱し z_1 を実現できる事を示したい．ここで

$$z_2 \equiv \frac{p \cdot \omega_2}{p \cdot (\omega_2 + \omega_3)}(\Omega - z_1)$$
$$z_3 \equiv \frac{p \cdot \omega_3}{p \cdot (\omega_2 + \omega_3)}(\Omega - z_1)$$

とする．明らかに $z_2, z_3 \geqq \mathbf{0}$ かつ $z_1 + z_2 + z_3 = \Omega$ である．また

$$p \cdot z_2 = p \cdot \left(\frac{p \cdot \omega_2}{p \cdot (\omega_2 + \omega_3)}(\Omega - z_1)\right) = \frac{p \cdot \omega_2}{p \cdot (\omega_2 + \omega_3)}\left(p \cdot (\omega_1 + \omega_2 + \omega_3) - p \cdot z_1\right)$$
$$= \frac{p \cdot \omega_2}{p \cdot (\omega_2 + \omega_3)}\left(p \cdot (\omega_2 + \omega_3)\right) = p \cdot \omega_2$$

となる事に注意されたい．同様に $p \cdot z_3 = p \cdot \omega_3$ も成立する．ここで，$\bar{y}^1 = (\bar{y}_1^1, \bar{y}_2^1, \bar{y}_3^1) \in \mathbb{R}^{3\ell}$ を

$$\bar{y}_1^1 \equiv z_1 - (y_1^2 + y_1^3)$$
$$\bar{y}_2^1 \equiv z_2 - (y_2^2 + y_2^3)$$
$$\bar{y}_3^1 \equiv z_3 - (y_3^2 + y_3^3)$$

と定める．$\bar{m}_1 \equiv (p^1, \bar{y}^1)$ と置くと，$z \in B(\bar{m}_1, m_2, m_3)$ かつ $\|z - (\bar{y}^1 + y^2 + y^3)\| = 0$ なので，$g(\bar{m}_1, m_2, m_3) = z$．よって $g_1(\bar{m}_1, m_2, m_3) = z_1 \succ_1 x_1 = g_1(m)$ が成り立ち，$m \in \mathbf{NE}(\succsim, M, g)$ に矛盾． □

選好 $\succsim_i$ が**境界条件**を満たすとは，任意の $x_i > \mathbf{0}$ と $y_i \in \mathbb{R}_+^\ell \setminus \mathbb{R}_{++}^\ell$ について $x_i \succ_i y_i$ が成り立つ事である．コブ＝ダグラス選好に代表される応用経済学で

用いられる殆ど全ての選好はこの条件を満たす[13]．全ての $i \in I$ について $\succsim_i$ が境界条件を満たすなら

$$W(\succsim) = CW(\succsim)$$

が成り立つ事は明らかであり，境界条件を満たす選好全てからなる集合を $\mathscr{B} \subseteq \mathscr{C}$ で表すと，定理 3.4 より以下の系が成り立つ．

系 3.2. 全ての $i \in I$ に対し $\mathscr{D}_i \subseteq \mathscr{B}$ とする．$n \geq 3$ のとき，ティエンメカニズムはワルラス対応 $W : \mathscr{D}_I \twoheadrightarrow X$ をナッシュ遂行する．

ワルラス対応および制約ワルラス対応の遂行に関して，ティエンメカニズムを軸として重要な点をいくつか述べておく．

実行可能性とバランス　ティエンメカニズムでは，ナッシュ均衡の達成に失敗した際に，常に資源が余すところなく誰かに配分される．つまり

$$\sum_{i \in I} g_i(m) = \Omega \quad \forall m \in M_I$$

である．こうしたメカニズムはバランスしているという．Hurwicz (1979a) や Schmeidler (1980) など初期の研究においても制約ワルラス対応を遂行するバランスメカニズムは多く設計されていた．しかし，これらの研究ではいずれも誰かが負の消費を行う事を許容しており

$$g_i(m) \notin \mathbb{R}_+^{\ell} \quad \exists m \in M_I$$

となっていた[14]．負の消費を個人に与え得るメカニズムは個人実行可能で

---

[13] ワルラス配分やワルラス対応の性質を調べる際に境界条件は頻繁に仮定される．例えば，コア収束定理 (Debreu and Scarf, 1963)，ワルラス対応の特徴付け (Hurwicz, 1979b; Thomson, 1979; Nagahisa and Suh, 1995)，ワルラス流社会的選択順序の特徴付け (Sakai, 2008a) では，この仮定が決定的に重要である．また，正則経済の研究においては Debreu (1970, 1972) によるスムーズな選好が頻繁に用いられるが，これは消費集合の内部で多くの場合定義されており，事実上境界条件を課しているのと同じである．

[14] 厳密には，本書の設定ではメカニズムは実行可能配分を与えるものとして定められているので，本書で言うメカニズムはいずれも個人実行可能である．ハーヴィッツやシュマイドラーはメカニズムが個人実行不可能な配分を与える事ができるよう広く定義している．

ないという．ティエンメカニズムは個人実行可能である．また

$$\sum_{i \in I} g_i(m) \leqq \Omega \quad \forall m \in M_I$$

であるなら，そのメカニズムは**実行可能**であるという．定義よりバランスメカニズムは実行可能だが，個人実行可能であるとは限らない．

連続性 ティエンメカニズムの帰結関数 g はメッセージ組に対して連続である．こうしたメカニズムは**連続メカニズム**と呼ばれ，僅かな戦略ミスや不確実性の存在に対して帰結を大きく変えない頑健性を持つ．Postlewaite and Wettstein (1989) は最初にその重要性を指摘し．バランスはしていないが実行可能な連続メカニズムを構成した．Hurwicz, Maskin, and Postlewaite (1995) は制約ワルラス対応を遂行する個人実行可能なバランスメカニズムを設計しているが，連続ではない．一方，ティエンメカニズムはいずれの条件をも満たしている．

メッセージの自然さと整数ゲーム ティエンメカニズムでは各個人が価格ベクトルと財取引ベクトルを申告しており，例えばマスキンのメカニズムで使われた整数のように経済学的意味が付与できないものは使われていない．実際，ティエンメカニズムは余計な均衡を排除するために整数ゲームやそれに類似した不自然な工夫，例えば混合戦略を考慮するほうが自然なじゃんけん的ゲームなどを用いていない．なお，自然なメカニズム設計を目指した Dutta, Sen, and Vohra (1995) や Saijo, Tatamitani, and Yamato (1996) では，メッセージはティエンメカニズムと同様あるいはそれ以上にシンプルなメカニズムを設計しているが，じゃんけん的なゲームを用いている[15]．

個人が二人のケース Sjöström (1991) は交換経済で，マスキン単調性と合わ

---

[15] ただし彼らのメカニズムはいずれも制約ワルラス対応以外の社会的選択対応にも適用できるよう作られている．

せてナッシュ遂行可能性の必要十分条件となる技術的条件を求めている[16]．制約ワルラス対応はその条件を満たすので，$n=2$ のときもナッシュ遂行可能である．しかし，このとき設計可能なメカニズムの性能には限界があり，連続かつバランスしたメカニズムは設計できない事が Nakamura (1998) により示されている．つまり連続かつバランスしているティエンメカニズムが 3 人以上の個人を要するというのは必然的である．ただし，$n=2$ のとき，制約ワルラス対応をナッシュ遂行する個人実行可能かつ実行可能で連続なメカニズムは Nakamura (1990) により設計されている．

初期保有量も私的情報 本書では初期保有量についての戦略的操作を考察していないが，ティエンメカニズムはシンプルな修正によりこれを組み入れる事ができる (Tian, 1992, p. 127)．実際，この分野の多くの文献では初期保有量に関する情報をも戦略とする事を考慮しており，例えば上述したポストルウェイト＝ウェットスタインのメカニズムはそれに対応するよう設計されている．つまり選好と初期保有量の両方を私的情報としても，ナッシュ遂行については概ね肯定的な結果が出る．

---

[16]この条件とは，Sjöström (1991, p. 339) において "boundary condition 2" と呼ばれているものである．

第4章

オークション

4.1 はじめに

　オークションとは，売り手が提供する財に対して，買い手が提示する入札額をもとに落札者と支払い額を定める手続きの事である．この方法のメリットとしては，費用の効率性，結果の迅速性，プロセスの明瞭性などが挙げられるが，売り手と買い手による一対一の交渉と比べてみればそれらは明らかである．例えば，交渉においては，取引相手を探す費用，交渉それ自体にかかる費用，交渉能力向上に必要な費用がかかってしまうが，オークションにおいてこれらは通常，より少額である売り手への支払いと買い手の戦略コストで代替できる．また，オークションは交渉と異なり迅速に結果を決める事ができるので，花や生鮮食品など，時間による劣化の激しい財の取引にはとりわけ適している．さらに，交渉においては行政機関と取引業者のように当事者間で不透明な癒着が起こる可能性があるが，ルールを予め定めたオークションを行えばプロセスの明瞭性をより確保する事ができる．

　オークションの分析は主に，財に対し買い手が異なる評価を持つケースと同じ評価を持つケースに分けられるが，本章では異なる評価を持つケースに焦点を絞り分析を行う．このケースにおいて買い手は財に対し私的評価を持っていると考えられ，その評価についてオークションの主催者側は知らないものと想

定される．こうしたモデルを**私的価値モデル**という[1]．また，ここでは買い手が入札額を一回だけ紙に書いて提出する**封印入札オークション**を扱う[2]．

オークション環境においては主に二つの異なるルールの評価基準がある．一つはこれまでも論じてきた社会的な効率性であり，もう一つは売り手の収入を最大化するという収入最適性である．社会的余剰を考慮する必要がある際には前者が，売り手の余剰のみを考慮する場合には後者が求められる．効率的なオークションルールの代表例としては第二価格オークションがあり，このルールは本環境では耐戦略性を満たす唯一の効率的オークションルールとなっている．一方，第一価格オークションは耐戦略性を満たさないが，このルールにおける戦略的行動を通じて実現される売り手の期待収入は，第二価格オークションのそれと等しい事が Vickrey (1961) により明らかにされている．ただし，これらのオークションルールは，売り手の期待収入を最大化するものではない．これについては，財の落札価格に下限を置いた留保価格付き第二価格オークションが，期待収入を最大化する事を Myerson (1981) と Riley and Samuelson (1981) が示している．これらの結果はいずれもオークション理論における最重要成果であり，異なった設定下で議論を行う際にもベンチマークとなるものである．

オークション理論の文献は膨大であり，本章でカヴァーしている議論は私的価値モデルにおける基礎的なもののみである．より広いトピックを扱った入門書として横尾 (2006)，上級書として Krishna (2002) と Milgrom (2004) を挙げておく．とりわけ，多くの国で周波数オークションシステムの設計に関わったミルグロムによる著作は実際の応用例に富んでいる．McMillan (2002) は数式を用いずに，オークションに関する具体例について多く言及している．オークションを用いる興味深い例として，自治体の市場化や電力市場の設計が挙げられるが，これらについてはそれぞれ稲沢 (2006) と坂原 (2004) が詳しい．邦語によるオークション理論のサーヴェイには西村 (2005) があり，そこでは様々な

---

[1] これと反対のモデルが共通価値モデルであり，全ての買い手は財に対し同じ分布に従う不確実な評価を持つ (Wilson, 1967, 1969)．私的価値モデルと共通価値モデルの中間としては，互いの評価が影響を与える相互依存価値モデルがある (Milgrom and Weber, 1982)．

[2] 封印入札でないオークション方法には，価格を上げていくイングリッシュオークションや，価格を下げていくダッチオークションがある．

実験結果についても言及されている.

4.2　基本設定

　オークション環境は第2章で扱った準線形環境の特殊ケースであり,基本的な記法は全てそこから引き継ぐ.いま一つの非分割財 (以下,財) が売り手からオークションに出されており,I はそこでの買い手の集合である.**割当ベクトル**とは次の条件を満たすベクトル $(a_i)_{i \in I} \in \{0,1\}^I$ の事である.

$$0 \leq \sum_{i \in I} a_i \leq 1.$$

$a_i = 1$ ならば i は「勝者」,$a_i = 0$ ならば i は「敗者」と呼ばれる.A を割当ベクトル全てからなる集合とする.$\mathbf{0} \in A$ であるが,これはどの買い手も財を買わない状況に対応している.金銭支払いベクトルを $(t_i)_{i \in I} \in \mathbb{R}^I$ により表し,t_i は i から売り手に渡る金額を意味する.配分とは

$$x = (a_i, t_i)_{i \in I} \in X \equiv A \times \mathbb{R}^I$$

の事である.各 $i \in I$ は財に対し非負の**評価**$v_i \in V \equiv [0, \overline{v}]$ を持ち,選好は金銭移転について準線形であると仮定する.$\overline{v}$ は共通の上限である.自身の割当と金銭支払い $(a_i, t_i) \in \{0,1\} \times \mathbb{R}$ が与えられたとき,各 $i \in I$ の準線形効用は

$$u(a_i, t_i; v_i) = v_i a_i - t_i$$

で与えられる.勝者の効用は $v_i - t_i$,敗者の効用は $-t_i$ となる事に注意されたい.

4.3 オークションルール，戦略，それらの合成

4.3.1 オークションルール

オークションルールとは，割当関数 $a : V^I \to A$ と金銭支払関数 $t : V^I \to \mathbb{R}^I$ のペアで表される関数 $f = (a,t) : V^I \to X$ のうち[3]，条件

$$t_i(0, v_{-i}) = 0 \ \forall i \in I, \ \forall v \in V^I \tag{4.1}$$

を満たすものであり，各評価ベクトル $v \in V^I$ に対して配分

$$f(v) = (a(v), t(v)) = (f_i(v))_{i \in I} = (a_i(v), t_i(v))_{i \in I} \in X$$

を与える．(4.1) は**非課性**と呼ばれ，財への評価がゼロの買い手はお金を支払いも受け取りもしないという条件である (Sakai, 2007c)．非課性は非常に弱い条件であり，常識的に定義されたオークション方法は必ずこれを満たす．非課性やこれに関わる条件をその都度追加し分析を進める事も可能だが，予め定義に組み入れる事で議論や数式の展開をシンプルにしたい．オークションルール全てからなる集合を $\mathscr{F}$ で表す．

他章と異なり，社会的選択関数でなくオークションルールという言葉を用いるのには理由がある．通常，オークション理論では，各オークションルールに対応する直接ゲームで何が起こるかを分析する．このときオークションルールはメカニズムにおける帰結関数として働くわけであるが，目標とする社会的選択対応があってそうした分析を行うわけでは必ずしもない．実際，第一価格オークションのように，オークションルールありきで，その戦略的帰結がどうなるかを分析する事も多い．また，一方で第二価格オークションに関する議論のように，効率性などの公理を直接オークションルールに課す事もあるが，その際にはオークションルールは規範的性質を満たすべき社会的選択関数として見なされている事になる．それゆえ本章では (4.1) を満たす V^I から X への関数を一括りにオークションルールと呼ぶ事にする．

---

[3]本章では全ての $i \in I$ について $\mathscr{D}_i = V$ であるケースのみを扱うので，ドメインを $\mathscr{D}_I = V^I$ として固定している．

4.3.2 戦略

本環境では各個人の評価 v_i は独立かつ対称に分布するものとし,そのもとでの不完備情報ゲームを考える.これから用いる分布は以下により定められ,それらは共有知識であると仮定される.

分布関数　各 v_i は分布関数

$$\Phi : V \to [0,1]$$

に従う.$\Phi(v_i)$ は,買い手 i の評価が v_i 以下である確率を表す.

密度関数　Φ は連続な密度関数 $\phi \equiv \Phi'$ を持ち,それは全ての $v_i \in V$ に対し $\phi(v_i) > 0$ であるとする[4].評価ベクトル $v \in V^I$ の同時密度関数 $\phi_I : V^I \to \mathbb{R}_+$ は

$$\phi_I(v) \equiv \phi(v_1) \times \phi(v_2) \times \cdots \times \phi(v_n) \quad \forall v \in V^I$$

により,$v_{-i} \in V_{-i}$ の同時密度関数 $\phi_{-i} : V_{-i} \to \mathbb{R}_+$ は

$$\phi_{-i}(v_{-i}) \equiv \phi(v_1) \times \cdots \times \phi(v_{i-1}) \times \phi(v_{i+1}) \times \cdots \times \phi(v_n) \quad \forall v_{-i} \in V_{-i}$$

により与えられる.

買い手 i の戦略は関数 $\sigma_i : V \to V$ により表され,$\sigma_i(v_i)$ は自身の財への評価が v_i であるときのオークションへの入札額である.全員の戦略組と i 以外の戦略組をそれぞれ

$$\sigma \equiv (\sigma_i)_{i \in I},\ \sigma_{-i} \equiv (\sigma_j)_{j \neq i}$$

で表す.

---

[4] 連続性は数学的な扱いを簡単にするためであり,本質的ではない.

他者の戦略が σ_{-i} に従うとき，評価が v_i である買い手 i の期待効用は，v_i' を入札したとき

$$E[u(f_i(v_i', \sigma_{-i}(v_{-i})); v_i)] \equiv \int_{V_{-i}} u(f_i(v_i', \sigma_{-i}(v_{-i})); v_i) \phi_{-i}(v_{-i}) \mathrm{d}v_{-i}$$

で与えられる[5]．オークションルール f のもとで，戦略組 σ がベイジアンナッシュ均衡であるとは，全ての $i \in I$ と $v_i \in V$ について

$$E[u(f_i(\sigma_i(v_i), \sigma_{-i}(v_{-i})); v_i)] \geq E[u(f_i(v_i', \sigma_{-i}(v_{-i})); v_i)] \ \forall v_i' \in V$$

が成り立つ事である．$(\sigma_i)_{i \in I}$ が**対称**であるとは，全ての買い手 $i \in I$ が同一の戦略 $\sigma_i = \sigma_0$ に従っている事を意味する．

次の誘因両立性条件は，正直戦略の組がベイジアンナッシュ均衡になる事を求めている．この性質を満たすオークションルールのもとでは，他人が真の評価を申告している事を所与としたとき，自分にとって真の選好を申告する事が期待効用の意味で損にならない．

ベイジアン誘因両立性 全ての $i \in I$ と $v_i \in V$ について

$$E[u(f_i(v_i, v_{-i}); v_i)] \geq E[u(f_i(v_i', v_{-i}); v_i)] \ \forall v_i' \in V.$$

耐戦略性は支配戦略を均衡概念とする概念なので，選好の分布に関する共有知識を仮定しなくとも意味をなす望ましい条件である．明らかにこの条件はベイジアン誘因両立性より強い．

耐戦略性 全ての $i \in I$ と $v \in V^I$ について

$$u(f_i(v_i, v_{-i}); v_i) \geq u(f_i(v_i', v_{-i}); v_i) \ \forall v_i' \in V.$$

---

[5]ここでは各個人がリスク中立的であると仮定している．

4.3.3 オークションルールと戦略の合成

オークションルール $f : V^I \to X$ と戦略組 $\sigma = (\sigma_i)_{i \in I}$ が与えられたとき，それらの合成関数 $f \circ \sigma : V^I \to X$ は

$$f \circ \sigma(v) \equiv f(\sigma_1(v_1), \sigma_2(v_2), \ldots, \sigma_n(v_n)) \quad \forall v \in V^I$$

により与えられる．このとき条件 $[\sigma_i(0) = 0 \ \forall i \in I]$ が成り立っていれば，$f \circ \sigma$ はオークションルールとなっている事に注意されたい[6]．とりわけ興味深いのは，戦略組 σ がベイジアンナッシュ均衡である場合であり，このとき $f \circ \sigma$ は f のもとで σ を通じて実現する帰結を与える関数として理解される．次の基本命題は一種の顕示原理であり，あるオークションルール f におけるベイジアンナッシュ均衡 σ を通じて実現されるオークションルール $f \circ \sigma$ は，必ずベイジアン誘因両立的である事を示している (Myerson, 1979, 1981)．

命題 4.1. オークションルール f のもとで $[\sigma_i(0) = 0 \ \forall i \in I]$ を満たす σ がベイジアンナッシュ均衡であるならば[7]，$f \circ \sigma$ はベイジアン誘因両立的なオークションルールとなる．

証明． 仮定 $[\sigma_i(0) = 0 \ \forall i \in I]$ より，合成関数 $f \circ \sigma$ はオークションルールとなっている．$f \circ \sigma$ がベイジアン誘因両立的であるとは，全ての $i \in I$ と $v_i \in V$ について

$$E[u(f_i(\sigma(v_i, v_{-i})); v_i)] \geq E[u(f_i(\sigma(v'_i, v_{-i})); v_i)] \quad \forall v'_i \in V$$

が成り立つという事だが，これは

$$E[u(f_i(\sigma_i(v_i), \sigma_{-i}(v_{-i})); v_i)] \geq E[u(f_i(\sigma_i(v'_i), \sigma_{-i}(v_{-i})); v_i)] \quad \forall v'_i \in V$$

を意味する．これはベイジアンナッシュ均衡の定義より直ちに成立する． □

---

[6]条件 $[\sigma_i(0) = 0 \ \forall i \in I]$ は，財を全く買いたくない個人は競り勝ってしまわないようゼロを入札する事を意味し，常識的に定義されたオークションルールのもとでは，合理的な個人はそのように行動する．この条件をここで課さねばならないのは，オークションルールの定義に非課性を組み入れたからであり，本質的ではない．

[7]勝者がお金を（支払うのではなく）受け取るような奇妙なオークションルールでなければ，ベイジアンナッシュ均衡においては条件 $[\sigma_i(0) = 0 \ \forall i \in I]$ はまず成り立っている．

4.4 オークションの目標

オークションにおいては,オークションの主催者が制度運営者である.運営側が公共部門であれば,オークションルール設計の目標として効率性が一つの重要な目標となる.一方,運営側が利益集団である場合は,できるだけ高い価格で財を売る事が多くの場合目標となる[8].

オークションルール $f = (a, t)$ が**効率的**であるとは,全ての $v \in V^I$ と $(a'_i)_{i \in I} \in A$ について

$$\sum_{i \in I} v_i a_i(v) \geq \sum_{i \in I} v_i a'_i \tag{4.2}$$

を満たす事である.効率性の定義は第 2 章における決定効率性の議論に即しており,割当関数 $a : V^I \to A$ のみに依存している.(4.2) を満たす割当関数 $a : V^I \to A$ の集合を $\mathscr{A}^*$ で表す.二つのオークションルール $f, \tilde{f}$ が**厚生同値**であるとは,それらが個人に与える厚生が常に等しい事,つまり

$$u(f_i(v); v_i) = u(\tilde{f}_i(v); v_i) \quad \forall i \in I, \forall v \in V^I$$

が成り立つ事を意味する.厚生同値な二つのオークションルールは,与える厚生の面からは同一視できるので,どちらを用いるかは大きな問題ではない.

オークションルール f のもとで,売り手の期待収入 $U_0(f)$ は

$$U_0(f) \equiv \int_{V^I} \left(\sum_{i \in I} t_i(v) \right) \phi_I(v) \mathrm{d}v$$

で与えられる.売り手にとってはこの値が高い方が望ましく,(売り手にとっての) 最適性は,この値を最大化する観点から後に厳密に定義される.

---

[8] 財についた価格の一定割合がオークション運営者の収入になる場合がこれにあたる.

4.5 効率的オークション

4.5.1 第二価格オークション

効率的なオークションの代表例として**第二価格オークション**があり，これは最も入札額の高い買い手が二番目に高い入札額を支払い，財を得るルールである．

第二価格オークション[9]，$f^{II} = (a^{II}, t^{II})$．$a^{II} \in \mathscr{A}^*$ であり，任意の $v \in V^I$ について，$a_j^{II}(v) = 1$ とすると

$$t_j^{II}(v) = \max_{i \neq j} v_i$$
$$t_i^{II}(v) = 0 \ \ \forall i \neq j.$$

第2章で議論したように，第二価格オークションはグローヴス関数の特殊ケースであるゆえ効率性と耐戦略性を満たす．さらに，本環境においてはこれが効率性と耐戦略性を満たす唯一のオークションルールである[10]．

定理 4.1. オークションルール f について以下の二条件は同値である．
(i) f は第二価格オークションである．
(ii) f は効率性と耐戦略性を満たす．

証明． (ii)$\Longrightarrow$(i) のみ示す．まず敗者は常に何も支払わない事を示す．任意の $v \in V^I$ と $i \in I$ に対し，$a_i(v) = 0$ とする．いま，$t_i(v) > 0$ であるとする．非課税性より，$v_i \neq 0$ である．このとき i の効用は負となっており，自らの評価をゼロだと申告しておいた方が良く，これは矛盾．よって，$t_i(v) \leq 0$ である．さらに $t_i(v) < 0$ とすると，非課税性より，$v_i \neq 0$ である．このとき i は財を買わずにお金をもらっている．i の真の評価がゼロであったとすると $u(f_i(0, v_{-i}); 0) = 0$

---

[9]関数 a^{II} の取り方は一意でないため第二価格オークションは複数存在するが，それらは厚生同値である．また，$v_j = \max_{i \in I} v_i$ を満たす j が複数存在しないケースにおいてはどの第二価格オークションも全く同じ配分を与える．

[10]オークションルールの定義に非課税性を含めている事がここでは効いている．Sakai (2007c) は非課税性を公理として用い，定理 4.1 を準線形選好以外も含む設定で示している．Saitoh and Serizawa (2008) は坂井と独立に，非課税性と異なる条件を用いて同様の結果を得ている．

であるので，このときゼロの代わりに v_i を申告すれば得をするという事になり矛盾．

次に，勝者は自分の評価以上に支払わない事を示す．いま，ある $v \in V^I$ と $i \in I$ に対し，$a_i(v) = 1$ かつ $v_i < t_i(v)$ であるとする．非課税性より，$v_i \neq 0$ である．このとき i の効用は負となっており，自らの評価をゼロだと申告しておいた方が良く，これは矛盾．

最後に，勝者の支払いは二番目に高い評価である事を示す．一般性を失う事なく，$v_1 \leq v_2 \leq \cdots \leq v_n$ かつ $a_n(v) = 1$ とする．もし $t_n(v) < v_{n-1}$ であれば，買い手 n の真の評価が $v'_n \in (t_n(v), v_{n-1})$ であるときに，v'_n でなく v_n を申告した方が得であり矛盾．もし $v_{n-1} < t_n(v)$ であれば，買い手 n は v_n でなく $v'_n \in (v_{n-1}, t_n(v))$ を申告する事で，効率性より勝者のまま，前段落の議論より支払い額を減らす事ができるので矛盾．よって $t_n(v) = v_{n-1}$．   □

4.5.2　第一価格オークション

次のオークションルールは非常に単純であり，最も高い入札額をつけた者がその額を支払い，財を得るルールである．

第一価格オークション[11]．$f^I = (a^I, t^I)$．$a^I \in \mathscr{A}^*$ であり，任意の $v \in V^I$ について，$a^I_j(v) = 1$ とすると

$$t^I_j(v) = v_j$$
$$t^I_i(v) = 0 \ \forall i \neq j.$$

第一価格オークションのもとでは，真の選好を表明して財を落札できたとしても，効用は $v_j - v_j = 0$ であるため，買い手は勝つ確率を多少減らしてでも真の評価より少ない金額を入札するインセンティブが働く．こうしたインセンティブが存在する中で，人々がどのような戦略を取るかをこれから考察したい．

---
[11]第二価格オークションと同じ意味で第一価格オークションも複数存在するが，それらは厚生同値であり同一視して良い．

そのために以下の定義を導入する．任意の $i \in I$ について，$\max_{j \neq i} v_j$ の分布関数を $\Psi: V \to [0,1]$ で表すと

$$\Psi(b) \equiv \Phi(b)^{n-1} \quad \forall b \in V$$

であり，$\Psi(b)$ は $\max_{j \neq i} v_j$ が b より低い確率を意味する[12]．Ψ の密度関数を

$$\psi(b) \equiv \Psi'(b) = (n-1)\phi(b)\Phi(b)^{n-2} \quad \forall b \in V$$

と置く．

定理 4.2. 第一価格オークションのもとで，全ての $i \in I$ が同じ戦略

$$\sigma_i^{\mathrm{I}}(v_i) \equiv E\left[\max_{j \neq i} v_j \,\middle|\, \max_{j \neq i} v_j < v_i\right] = \frac{1}{\Psi(v_i)} \int_0^{v_i} b \cdot \psi(b) \mathrm{d}b \quad \forall v_i \in V$$

を取る $\sigma^{\mathrm{I}} \equiv (\sigma_i^{\mathrm{I}})_{i \in I}$ は対称ベイジアンナッシュ均衡である[13]．

証明． 買い手 $i \in I$ の真の評価を $v_i \in V$ とし，期待効用 $E[u(f_i^{\mathrm{I}}(b, \sigma_{-i}^{\mathrm{I}}(v_{-i})); v_i)]$ を最大化する b が $\sigma_i^{\mathrm{I}}(v_i)$ である事を示したい．

ステップ1　$b > \sigma_i^{\mathrm{I}}(\overline{v})$ は期待効用を最大化しない　いま $b \geq \sigma_i^{\mathrm{I}}(\overline{v})$ とする．σ_i^{I} の単調増加性から，全ての $j \neq i$ と $v_j \in V$ について

$$\sigma_j^{\mathrm{I}}(v_j) \leq \sigma_i^{\mathrm{I}}(\overline{v}) \leq b$$

が成立し，これは i が b を入札するときに財を受け取る確率が 1 である事を意味する[14]．このとき，支払い額は自分の入札額 b であるので，期待効用は

$$E[u(f_i^{\mathrm{I}}(b, \sigma_{-i}^{\mathrm{I}}(v_{-i})); v_i)] = v_i - b$$

となるが，この値を最も大きくするのは支払い額を最小化する $b = \sigma_i^{\mathrm{I}}(\overline{v})$ である．つまり $b > \sigma_i^{\mathrm{I}}(\overline{v})$ は期待効用を最大化しない．

---

[12]評価の分布は皆同じと仮定しているので，Ψ は i の取り方に依存しない．
[13]ヴィックリーは σ^{I} が弱単調増加的かつ微分可能な唯一の対称ベイジアンナッシュ均衡である事を示している．証明は Krishna (2002, pp. 16–17) が詳しい．
[14]$\sigma_j^{\mathrm{I}}(v_j) = \sigma_i^{\mathrm{I}}(\overline{v}) = b$ が他の $j \neq i$ について成り立つケースは測度ゼロであり無視して良い．

ステップ 2 $\sigma_i^{\mathrm{I}}(v_i)$ は最適解である $0 \leq b \leq \sigma_i^{\mathrm{I}}(\overline{v})$ を満たす任意の b に対し、中間値の定理より、ある $b^* \in V$ が存在して $\sigma_i^{\mathrm{I}}(b^*) = b$ である。σ_i^{I} は強単調増加関数であるため、$[\sigma_i^{\mathrm{I}}(b^*) \geq \sigma_j^{\mathrm{I}}(v_j) \ \forall j \neq i]$ が成り立つ確率と $[b^* \geq v_j \ \forall j \neq i]$ が成り立つ確率である $\Psi(b^*)$ は等しい。これより

$$
\begin{aligned}
E[u(f_i^{\mathrm{I}}(b, \sigma_{-i}^{\mathrm{I}}(v_{-i})); v_i)] &= \Psi(b^*)[v_i - b] \\
&= \Psi(b^*)v_i - \Psi(b^*)\sigma_i^{\mathrm{I}}(b^*) \\
&= \Psi(b^*)v_i - \int_0^{b^*} c \cdot \psi(c) \mathrm{d}c \\
&= \Psi(b^*)v_i - \left[\Psi(b^*)b^* - \int_0^{b^*} \Psi(c) \mathrm{d}c\right] \\
&= \Psi(b^*)[v_i - b^*] + \int_0^{b^*} \Psi(c) \mathrm{d}c
\end{aligned}
$$

となる。

$\sigma_i^{\mathrm{I}}(v_i) \leq \sigma_i^{\mathrm{I}}(\overline{v})$ であるゆえ上の議論は $b = \sigma_i^{\mathrm{I}}(v_i)$ である場合も成り立つ。また強単調性より $\sigma_i^{\mathrm{I}}((\sigma_i^{\mathrm{I}}(v_i))^*) = \sigma_i^{\mathrm{I}}(v_i)$ を満たす $(\sigma_i^{\mathrm{I}}(v_i))^*$ は $(\sigma_i^{\mathrm{I}}(v_i))^* = v_i$ である。ゆえに

$$
E[u(f_i^{\mathrm{I}}(\sigma_i^{\mathrm{I}}(v_i), \sigma_{-i}^{\mathrm{I}}(v_{-i})); v_i)] = \Psi(v_i)[v_i - v_i] + \int_0^{v_i} \Psi(c) \mathrm{d}c = \int_0^{v_i} \Psi(c) \mathrm{d}c
$$

が言える。

よって任意の $b \leq \sigma_i^{\mathrm{I}}(\overline{v})$ に対し、$b^* < v_i$ ならば

$$
\begin{aligned}
E[u(f_i^{\mathrm{I}}(\sigma_i^{\mathrm{I}}(v_i), \sigma_{-i}^{\mathrm{I}}(v_{-i})); v_i)] &- E[u(f_i^{\mathrm{I}}(b, \sigma_{-i}^{\mathrm{I}}(v_{-i})); v_i)] \\
&= \int_{b^*}^{v_i} \Psi(c) \mathrm{d}c - \Psi(b^*)[v_i - b^*] \geq 0
\end{aligned}
$$

が、$b^* > v_i$ ならば

$$
\begin{aligned}
E[u(f_i^{\mathrm{I}}(\sigma_i^{\mathrm{I}}(v_i), \sigma_{-i}^{\mathrm{I}}(v_{-i})); v_i)] &- E[u(f_i^{\mathrm{I}}(b, \sigma_{-i}^{\mathrm{I}}(v_{-i})); v_i)] \\
&= -\int_{v_i}^{b^*} \Psi(c) \mathrm{d}c + \Psi(b^*)[b^* - v_i] \geq 0
\end{aligned}
$$

が成り立つ．ステップ1と合わせると，$\sigma_i^{\mathrm{I}}(v_i)$ が最適解である事が判る．□

f^{I} のもとで σ^{I} がプレイされると，その帰結は合成関数

$$f^{\mathrm{I}*} \equiv f^{\mathrm{I}} \circ \sigma^{\mathrm{I}} : V^I \to X$$

で与えられる．f^{I} と σ^{I} 定義より，$f^{\mathrm{I}*}$ は以下の形状を持つ．

合成ルール，$f^{\mathrm{I}*} = (a^{\mathrm{I}*}, t^{\mathrm{I}*})$ $a^{\mathrm{I}*} \in \mathscr{A}^*$ であり，任意の $v \in V^I$ について，$a_j^{\mathrm{I}*}(v) = 1$ とすると

$$t_j^{\mathrm{I}*}(v) = \frac{1}{\Psi(v_j)} \int_0^{v_j} b \cdot \psi(b) \mathrm{d}b$$

$$t_i^{\mathrm{I}*}(v) = 0 \ \forall i \neq j$$

$f^{\mathrm{I}*}$ は明らかに効率的なオークションルールであり，また命題4.1よりベイジアン誘因両立性を満たす．

4.6 収入同値定理と最適オークション

4.6.1 セットアップ

本節では売り手の期待収入に着目し，収入同値定理と最適オークションの存在について分析する．ここでの議論は，収入同値定理を最初に単純なケースで示した Vickrey (1961)，および最適オークションという視点を導入した Myerson (1981) と Riley and Samuelson (1981) に即している[15]．まずいくつかの記号を導入し，基本的な式の変形について解説する．

---

[15]収入同値定理の記述は Myerson (1981) と Riley and Samuelson (1981) が与えた一般化に基づいている．マイヤーソンは非対称分布のケースも扱い，そこでは収入同値定理が成り立たない事を示している．

- オークションルール $f = (a, t)$ が与えられたとき，任意の $i \in I$ と $b \in V$ について

$$Q_i(b; f) \equiv \int_{V_{-i}} a_i(b, v_{-i}) \phi_{-i}(v_{-i}) \mathrm{d}v_{-i}$$

$$T_i(b; f) \equiv \int_{V_{-i}} t_i(b, v_{-i}) \phi_{-i}(v_{-i}) \mathrm{d}v_{-i}$$

と定める．これらはそれぞれ i が b を入札したときの財を受け取る確率と期待支払い額を意味する[16]．

- 記号の簡略化のため $U_i(v_i; f) \equiv E[u(f_i(v_i, v_{-i}); v_i)]$ と置くと，$U_i(0; f) = 0$ となる事は非課性から言える．

- v_i が真の評価で b を入札したときの期待効用は

$$\begin{aligned}
E[u(f_i(b, v_{-i}); v_i)] &= \int_{V_{-i}} [a_i(b, v_{-i})v_i - t_i(b, v_{-i})] \phi_{-i}(v_{-i}) \mathrm{d}v_{-i} \\
&= \int_{V_{-i}} a_i(b, v_{-i}) v_i \phi_{-i}(v_{-i}) \mathrm{d}v_{-i} \\
&\quad - \int_{V_{-i}} t_i(b, v_{-i}) \phi_{-i}(v_{-i}) \mathrm{d}v_{-i} \\
&= Q_i(b; f) v_i - T_i(b; f) \\
&= Q_i(b; f) b - T_i(b; f) + Q_i(b; f)(v_i - b) \\
&= U_i(b; f) + Q_i(b; f)(v_i - b)
\end{aligned} \tag{4.3}$$

と書ける．

- f のもとでの売り手の期待収入は

$$U_0(f) = \int_{V^I} \left(\sum_{i \in I} t_i(v) \right) \phi_I(v) \mathrm{d}v$$

---

[16] v_i の分布が個人間で等しくとも，f がそれぞれを等しく処遇するとは限らないので，Q_i, T_i のように添え字 i を用い区別する必要がある．

$$
\begin{aligned}
&= \sum_{i \in I} \int_{V^I} t_i(v) \phi_I(v) \mathrm{d}v \\
&= \sum_{i \in I} \int_V \left(\int_{V_{-i}} t_i(v_i, v_{-i}) \phi_{-i}(v_{-i}) \mathrm{d}v_{-i} \right) \phi(v_i) \mathrm{d}v_i \\
&= \sum_{i \in I} \int_V T_i(v_i; f) \phi(v_i) \mathrm{d}v_i \quad (4.4)
\end{aligned}
$$

として書ける．

次の補題はオークションルールがベイジアン誘因両立性を満たすための必要十分条件を与えている．

補題 4.1. オークションルール $f = (a, t)$ について，以下の二条件は同値である．
(i) f はベイジアン誘因両立性を満たす．
(ii) 全ての $i \in I$ について，$Q_i(\,\cdot\,; f)$ は V 上で弱単調増加的であり，かつ

$$U_i(v_i; f) = \int_0^{v_i} Q_i(b; f) \mathrm{d}b \quad \forall v_i \in V \quad (4.5)$$

を満たす．

証明． ステップ 1 (i) $\implies$ (ii) 任意の $b, b + \varepsilon \in V$ $(\varepsilon > 0)$ について，(4.3) とベイジアン誘因両立性より

$$
\begin{aligned}
U_i(b; f) &\geq U_i(b + \varepsilon; f) + Q_i(b + \varepsilon; f)(b - (b + \varepsilon)) \\
&= U_i(b + \varepsilon; f) - Q_i(b + \varepsilon; f)\varepsilon \quad (4.6) \\
U_i(b + \varepsilon; f) &\geq U_i(b; f) + Q_i(b; f)((b + \varepsilon) - b) \\
&= U_i(b; f) + Q_i(b; f)\varepsilon \quad (4.7)
\end{aligned}
$$

を得る．すると (4.6) と (4.7) より

$$Q_i(b + \varepsilon; f) \geq \frac{U_i(b + \varepsilon; f) - U_i(b; f)}{\varepsilon} \geq Q_i(b; f) \quad (4.8)$$

第 4 章 オークション

となり，これは $Q_i(\,\cdot\,;f)$ が弱単調増加的である事を意味する．

弱単調増加関数は至るところ連続であるゆえ，(4.8) より，殆ど全ての $b \in V$ について

$$U'_i(b;f) = Q_i(b;f)$$

である．よって積分を取ると，全ての $v_i \in V$ について

$$U_i(v_i;f) = U_i(0;f) + \int_0^{v_i} Q_i(b;f)\mathrm{d}b = \int_0^{v_i} Q_i(b;f)\mathrm{d}b$$

を得る．

ステップ 2　(ii) $\Longrightarrow$ (i)　任意の $i \in I$ と真の評価 $v_i \in V$ について考える．$v'_i \in V$ を i による任意の入札額とすると，(4.3) と (4.5) より

$$\begin{aligned}
& E[u(f_i(v_i, v_{-i}); v_i)] - E[u(f_i(v'_i, v_{-i}); v_i)] \\
&= U_i(v_i;f) - (U_i(v'_i;f) + Q_i(v'_i;f)(v_i - v'_i)) \\
&= \int_0^{v_i} Q_i(b;f)\mathrm{d}b - \left(\int_0^{v'_i} Q_i(b;f)\mathrm{d}b + Q_i(v'_i;f)(v_i - v'_i) \right)
\end{aligned} \tag{4.9}$$

を得る．(4.9) は，$v'_i < v_i$ であれば

$$\int_{v'_i}^{v_i} Q_i(b;f)\mathrm{d}b - Q_i(v'_i;f)(v_i - v'_i) \tag{4.10}$$

として，$v_i < v'_i$ であれば

$$-\int_{v_i}^{v'_i} Q_i(b;f)\mathrm{d}b + Q_i(v'_i;f)(v'_i - v_i) \tag{4.11}$$

として書き換えられる．Q_i の弱単調増加性より (4.10) と (4.11) はいずれも非負であり，これは f がベイジアン誘因両立性を満たす事を意味する．　□

4.6.2　収入同値定理

f^{II} と f^{I} における買い手の戦略的行動は大きく異なっていた．しかし f^{I} のもとでのベイジアンナッシュ均衡 σ^{I} を通じて得られるオークションルール $f^{\mathrm{I}*}$ と

113

f^{II} は，売り手の期待収入の面からは等しい事が Vickrey (1961) により明らかにされている[17]．実際，$f^{\text{I}*}$ と f^{II} のみならず，割当関数を共有する全てのベイジアン誘因両立的なオークションルールは期待収入の面から等しいという，**収入同値定理**をこれから見ていく．

定理 4.3. a を共有する任意の二つのベイジアン誘因両立的なオークションルール $f = (a, t)$ と $f' = (a, t')$ について

$$U_0(f) = U_0(f')$$

が成り立つ．

証明． f のもとで，補題 4.1 より

$$\int_0^{v_i} Q_i(b; f) \mathrm{d}b = U_i(v_i; f) = Q_i(v_i; f)v_i - T_i(v_i; f)$$

が言え，よって

$$T_i(v_i; f) = Q_i(v_i; f)v_i - \int_0^{v_i} Q_i(b; f) \mathrm{d}b$$

を得る．同じく f' についても

$$T_i(v_i; f') = Q_i(v_i; f')v_i - \int_0^{v_i} Q_i(b; f') \mathrm{d}b$$

を得る．ここで，f と f' は a を共有するので，$[Q_i(b; f) = Q_i(b; f') \; \forall b \in V]$ が成立する．よって

$$T_i(v_i; f) = T_i(v_i; f') \tag{4.12}$$

である．

---

[17] 収入同値定理の成立は本書が採用している仮定に大きく依存している．例えば，分布が非対称な場合，リスク回避的な買い手がいる場合，予算に上限がある場合などで収入同値定理は成り立たない．これらについての先駆的貢献には，それぞれ Vickrey (1961), Holt (1980), Che and Gale (1998) がある．

f における売り手の期待収入は，(4.4) より

$$U_0(f) = \sum_{i \in I} \int_V T_i(v_i; f)\phi(v_i)\mathrm{d}v_i$$

であり，同じく f' における売り手の期待収入は

$$U_0(f') = \sum_{i \in I} \int_V T_i(v_i; f')\phi(v_i)\mathrm{d}v_i$$

となる．よって (4.12) より $U_0(f) = U_0(f')$ が成り立つ． □

系 4.1. $U_0(f^{\mathrm{II}}) = U_0(f^{\mathrm{I}*})$.

証明. いま $f = (a, t)$ を $a = a^{\mathrm{I}*}$ である第二価格オークションとすると，明らかに $U_0(f^{\mathrm{II}}) = U_0(f)$ を満たす．定理 4.3 より $U_0(f) = U_0(f^{\mathrm{I}*})$ が成り立ち，よって $U_0(f^{\mathrm{II}}) = U_0(f^{\mathrm{I}*})$. □

4.6.3　最適オークション

ベイジアン誘因両立的なオークションルールの中で，売り手の期待収入を最大化するものを**最適オークション**と呼び，それは以下の制約付き期待収入最大化問題の解として定義される．

$$\max_{f \in \mathscr{F}} \sum_{i \in I} \int_V T_i(v_i; f)\phi(v_i)\mathrm{d}v_i$$

sub to

$Q_i(\,\cdot\,; f)$ は全ての $i \in I$ について V 上で弱単調増加的

$$U_i(v_i; f) = \int_0^{v_i} Q_i(b; f)\mathrm{d}b \ \ \forall i \in I,\ \forall v_i \in V.$$

なお，制約付き期待収入最大化問題において，目的関数である期待収入関数の定義は (4.4) に，制約であるベイジアン誘因両立性は補題 4.1 に基づき書かれている．

財の落札価格に上手く下限を付けた第二価格オークションは最適性を満たす事が Myerson (1981), Riley and Samuelson (1981) らにより明らかにされている．留保価格は最適オークションの構成において鍵となる概念であり，その直感的なアイデアを与えるため，財の売り手と買い手が一人ずつ存在し，売り手が価格 $r \in \mathbb{R}_+$ を提示する状況を考える．いま買い手の評価は売り手には不確実であり分布 Φ に従うものとする．また，買い手の選択は価格 r で財を買うか，買わないかのいずれかとする．このとき，価格 r のもとで買い手が取引を受諾する確率は $1 - \Phi(r)$ であり，$1 - \Phi(r)$ は買い手の需要関数として，$r(1 - \Phi(r))$ は売り手の利潤関数として捉えられる．関数 $c : V \to \mathbb{R}$ を

$$c(v_i) \equiv v_i - \frac{1 - \Phi(v_i)}{\phi(v_i)} \quad \forall v_i \in V$$

により定めると，利潤を最大化する r^* は一階条件より $c(r^*) = 0$ を満たすものとして特徴付けられる．この議論は独占企業の価格付けの議論と対応しており，r^* は売り手の利潤を最大化する独占価格に相当する[18]．オークションにおいて r^* は「これ以下の価格だと財を売らない」という**留保価格**を意味し，これに基づき f^{II} を修正したオークションルールを以下により定める．

留保価格付き第二価格オークション 任意の $v \in V^I$ について，$\max_{i \in I} v_i \leq r^*$ ならば

$$a_i(v) = 0 \text{ かつ } t_i(v) = 0 \ \forall i \in I$$

とし，$\max_{i \in I} v_i > r^*$ ならば $v_j = \max_{i \in I} v_i$ なる $j \in I$ について，$a_j(v) = 1$ かつ

$$t_j(v) = \max \left\{ \max_{i \neq j} v_i, r^* \right\}$$

$$t_i(v) = 0 \ \forall i \neq j$$

とする．

---

[18] r^* を独占価格として捉え分析を行った研究としては Bulow and Roberts (1989), Bulow and Klemperer (1996) などがある．

留保価格付き第二価格オークションは第二価格オークションと同じく耐戦略性を満たす．また，それゆえこのルールはベイジアン誘因両立性を満たすが，効率性については $0 \leq \max_{i \in I} v_i < r^*$ のケースに財が売られないため満たさない．しかしながら，この留保価格付き第二価格オークションが売り手にとって期待収入を最大化するという面で最適なオークションルールである事を次の定理は示している．

定理 4.4. c が弱単調増加的であるとする．このとき留保価格付き第二価格オークションは最適である．

証明． f を留保価格付き第二価格オークションとする．留保価格付き第二価格オークションは耐戦略性を満たすので，ベイジアン誘因両立性も満たす．以下では，f がベイジアン誘因両立的なオークションルールの中で，期待収入を最大化する事を見ていく．

ベイジアン誘因両立性を満たす任意の $f' \in \mathscr{F}$ における売り手の期待収入を考える．任意の $i \in I$ について，補題 4.1 より

$$T_i(v_i; f') = Q_i(v_i; f')v_i - \int_0^{v_i} Q_i(b; f')\mathrm{d}b \quad \forall v_i \in V$$

が成り立つゆえ，期待支払い額は

$$\begin{aligned}\int_V T_i(v_i; f')\phi(v_i)\mathrm{d}v_i &= \int_V \left(Q_i(v_i; f')v_i - \int_0^{v_i} Q_i(b; f')\mathrm{d}b\right)\phi(v_i)\mathrm{d}v_i \\ &= \int_V Q_i(v_i; f')v_i\phi(v_i)\mathrm{d}v_i \\ &\quad - \int_V \left(\int_0^{v_i} Q_i(b; f')\mathrm{d}b\right)\phi(v_i)\mathrm{d}v_i \end{aligned} \quad (4.13)$$

となる．

これから (4.13) の第二項を変形する．v_i についての関数 $\int_0^{v_i} Q_i(b; f')\mathrm{d}b$ と $\Phi(v_i)$ の導関数がそれぞれ $Q_i(v_i; f')$ と $\phi(v_i)$ である事に注意すると，部分積分

の公式[19]から

$$
\int_V \left(\int_0^{v_i} Q_i(b;f') \mathrm{d}b \right) \phi(v_i) \mathrm{d}v_i
$$
$$
= \left(\int_0^{\overline{v}} Q_i(b;f') \mathrm{d}b \cdot \Phi(\overline{v}) - \int_0^0 Q_i(b;f') \mathrm{d}b \cdot \Phi(0) \right) - \int_V Q_i(v_i;f') \Phi(v_i) \mathrm{d}v_i
$$
$$
= \left(\int_0^{\overline{v}} Q_i(b;f') \mathrm{d}b \cdot 1 - 0 \cdot 0 \right) - \int_V Q_i(v_i;f') \Phi(v_i) \mathrm{d}v_i
$$
$$
= \int_V (1-\Phi(v_i)) Q_i(v_i;f') \mathrm{d}v_i \tag{4.14}
$$

が得られる．(4.14) を (4.13) に代入すると

$$
\int_V T_i(v_i;f') \phi(v_i) dv_i = \int_V Q_i(v_i;f') v_i \phi(v_i) \mathrm{d}v_i - \int_V (1-\Phi(v_i)) Q_i(v_i;f') \mathrm{d}v_i
$$
$$
= \int_V \left(v_i - \frac{1-\Phi(v_i)}{\phi(v_i)} \right) Q_i(v_i;f') \phi(v_i) \mathrm{d}v_i
$$
$$
= \int_V c(v_i) Q_i(v_i;f') \phi(v_i) \mathrm{d}v_i
$$
$$
= \int_V c(v_i) \left(\int_{V_{-i}} a'_i(v_i, v_{-i}) \phi_{-i}(v_{-i}) \mathrm{d}v_{-i} \right) \phi(v_i) \mathrm{d}v_i
$$
$$
= \int_{V^I} c(v_i) a'_i(v) \phi_I(v) \mathrm{d}v
$$

を得る．よって f' における売り手の期待収入は

$$
U_0(f') = \sum_{i \in I} \left[\int_{V^I} c(v_i) a'_i(v) \phi_I(v) \mathrm{d}v \right]
$$
$$
= \int_{V^I} \left(\sum_{i \in I} c(v_i) a'_i(v) \right) \phi_I(v) \mathrm{d}v \tag{4.15}
$$

となる．

これから

$$
\sum_{i \in I} c(v_i) a'_i(v) \leq \sum_{i \in I} c(v_i) a_i(v) \quad \forall v \in V^I \tag{4.16}
$$

[19] 参考文献として吉田 (1976, 定理 5.18) を挙げておく．

が成り立つ事を示す．もし $\max_{i\in I} v_i \leq r^*$ ならば，$[a_i(v) = 0 \ \forall i \in I]$ であり，c の弱単調性より $\max_{i\in I} c(v_i) \leq c(r^*) = 0$ が従うので

$$\sum_{i\in I} c(v_i)a_i'(v) \leq 0 = \sum_{i\in I} c(v_i)a_i(v)$$

である．もし $\max_{i\in I} v_i > r^*$ ならば，ある $k \in I$ が存在して $a_k(v) = 1$ かつ $v_k = \max_{i\in I} v_i$ であり，また c の弱単調性から $c(v_k) = \max_{i\in I} c(v_i)$ が成り立つゆえ

$$\sum_{i\in I} c(v_i)a_i'(v) \leq \max_{i\in I} c(v_i) = \sum_{i\in I} c(v_i)a_i(v)$$

が言える．よって (4.16) は成り立つ．

以上，(4.15) と (4.16) より

$$U_0(f') = \int_{V^I} \left(\sum_{i\in I} c(v_i)a_i'(v)\right) \phi_I(v)\mathrm{d}v$$
$$\leq \int_{V^I} \left(\sum_{i\in I} c(v_i)a_i(v)\right) \phi_I(v)\mathrm{d}v = U_0(f)$$

が得られ，これは f が最大化問題の解である事を意味する． □

系 4.2. $f = (a,t)$ を留保価格付き第二価格オークションとし，$f' = (a,t')$ を，f と a を共有する任意のベイジアン誘因両立的なオークションルールとする．このとき f' は最適である．

証明． 定理 4.3 と 4.4 より直ちに従う． □

Riley and Samuelson (1981) は，r^* を留保価格とした第一価格オークションとそのもとでのベイジアンナッシュ均衡との合成ルールが，系 4.2 の条件を満たすオークションルールとなっている事を示している．つまり，系 4.1 と同じように，留保価格が付いても，第一価格オークションと第二価格オークションとの間には収入同値性が成り立つ．

第5章 公平分担

5.1 はじめに

　公平分担問題とは，非分割財を，金銭の移転を伴い配分する問題である．例えば，誰か一人が皆のために何らかの仕事をせねばならない状況を考えると，問題は誰がその仕事を行い，他の個人がどれだけの補償を仕事の引き受け手に対し与えれば公平か，という事である．これは負担の金銭移転を通じた公平分担問題として考えられる．利益の公平分担としては，同じ立場にある個人の内，一人だけがある権利を得た場合，その権利から得られる便益を金銭移転を通じて他の個人に分け与えるという問題がある．

　なお，ここで言う非分割財とは，分割する事が財の性質にそぐわない，あるいは不可能である資源の事である．例としては，家屋，地位，順番，一人で行った方が効率の良い仕事，公共施設などが挙げられる．臓器や結婚相手も非分割財であるが，これらは金銭移転を伴い配分する事を通常想定されていないため，第6, 7章で金銭移転を伴わない非分割財配分問題として議論を行う．ここで考えているのは金銭移転を行う事が社会的に受け入れられている非分割財であり，金銭はむしろ社会的公平を達成するための手段として用いられる．また，同じく金銭移転を伴う非分割財配分を扱う第4章のオークション環境と異なる最大の点は，金銭が第三者の売り手にいくのではなく，あくまで直接の当事者内で

移転が行われる点にある．この差異は決定的であり，オークション環境で用いる資源配分の方法は，本環境においては金銭の破棄を意味するため実用的でない．

本環境が持つ最大の特徴は，非羨望的な資源配分は必ず効率的であるという，Svensson (1983) による驚くべき包含関係にある．すなわち本環境においては，公平性に関する中心的概念である非羨望性は効率性と対立関係を持つばかりか，より洗練された効率性の概念として理解する事が可能である．よって本環境における一つの大きな目標は，いかにして非羨望配分を実現するかという事になる．実際，本章でこれから示す全ての定理は，程度の差はあれいずれもこの目標に関係している．

金銭移転を伴う非分割財配分理論は 1980 年代以降に大きな発展を見せた．先駆的貢献としては，労働市場に焦点を当てた Crawford and Knoer (1981), Kelso and Crawford (1982), 住宅市場に着目した Kaneko (1983) や Quinzii (1984) などが挙げられるが，本章で扱うモデルはこうした市場分析よりも公共的な配分問題に主眼を置いた Svensson (1983) や Alkan, Demange, and Gale (1991), Tadenuma and Thomson (1991) らの研究にとりわけ依拠している．そしてわれわれは，公平分担問題において最も単純なケースである，非分割財の数が 1 のときに焦点を絞り議論を展開する．このケースは最初に Tadenuma and Thomson (1993) により着目されたもので，応用力が高く，例えば Sakai (2007b) によりごみ処分場立地問題への拡張が考えられている．また，非分割財数が 1 のときに成り立つ結果の殆どは一般のケースでも成り立つ事，また財の数が 1 のときを多く扱うオークション理論との関連も深い事から，このケースに焦点を当てるのは有益であろう．

5.2 基本設定

5.2.1 モデル

公平分担環境は第 2 章で扱った準線形環境の特殊ケースであり，第 4 章で扱ったオークション環境と多くの設定を共有する．いま I は等しい立場にある個人

の集合であり，その中で一つの非分割財 (以下，財) を，金銭移転を伴い配分する問題を考える．**割当ベクトル**とは条件

$$\sum_{i \in I} a_i = 1$$

を満たすベクトル $(a_i)_{i \in I} \in \{0,1\}^I$ の事であり，割当ベクトル全てからなる集合を A で表す[1]．**金銭移転ベクトル**とは条件

$$\sum_{i \in I} t_i = 0 \tag{5.1}$$

を満たすベクトル $(t_i)_{i \in I} \in \mathbb{R}^I$ の事であり，t_i は i のネットの金銭移転額を意味する[2]．金銭移転ベクトル全てからなる集合を T で表す．**配分**とは

$$x = (x_i)_{i \in I} = (a_i, t_i)_{i \in I} \in X \equiv A \times T$$

の事である．各 $i \in I$ は財に対し**評価** $v_i \in \mathbb{R}$ を持ち，選好は金銭移転について準線形であると仮定する．自身の割当と金銭移転額 $x_i = (a_i, t_i) \in \{0,1\} \times \mathbb{R}$ が与えられたとき，各 $i \in I$ の準線形効用は

$$u(a_i, t_i; v_i) = v_i a_i + t_i$$

で与えられる．財を得た者の効用は $v_i + t_i$，得ない者の効用は t_i となる事に注意されたい．準線形性の仮定から，選好と評価を同一視できるので，各 $i \in I$ について $\mathscr{D}_i \subseteq \mathbb{R}$ とする．社会的選択対応を $F : \mathscr{D}_I \twoheadrightarrow X$ で表し，また社会的選択関数 $f : \mathscr{D}_I \to X$ を，割当関数 $a : \mathscr{D}_I \to A$ と金銭移転関数 $t : \mathscr{D}_I \to T$ のペア

$$f = (a, t)$$

により表記する．

---

[1] 本環境においては財は必ず誰かに割当てられる．これはオークション環境において財が誰にも売られない事が許容されていたのと異なる．

[2] オークション環境では t_i により i の支払い額を表していた．また，予算均衡条件 (5.1) は要求されていなかった．

5.2.2 資源配分の性質と公理

選好組 $v \in \mathscr{D}_I$ において,配分 $x = (a_i, t_i)_{i \in I} \in X$ が**効率的**であるとは,$a_j = 1$ なる $j \in I$ について

$$v_j = \max_{i \in I} v_i$$

が成り立つ事であり,**非羨望的**であるとは

$$u(x_i; v_i) \geq u(x_j; v_i) \quad \forall i, j \in I$$

が成り立つ事である (Foley, 1967). ここでの効率性の定義は第 2 章における決定効率性の議論に即している. 非羨望性は公平配分理論における中心的な概念であり,与えられた配分において誰も他人を羨まないという事を意味する.$v \in \mathscr{D}_I$ において効率的な配分全てからなる集合を $P(v)$ で表し,非羨望的な配分全てからなる集合を $E(v)$ で表す. P, E はそれぞれ効率対応,非羨望対応と呼ばれる. 社会的選択対応 F が,$F \subseteq P$ であれば効率的,$F \subseteq E$ であれば非羨望的であるという. 効率性と非羨望性は通常,互いにどのような強弱関係も持っていない. しかし本環境は極めて稀な例外であり,非羨望性が効率性より強い事が Svensson (1983) 以来知られている.

命題 5.1. $E \subseteq P$.

証明. 任意の $x = (a_i, t_i)_{i \in I} \in E(v)$ について考える. $a_j = 1$ とする. 任意の $i \neq j$ について,j は i の配分を羨まないので

$$v_j + t_j \geq t_i$$

が成り立ち,一方,i は j の配分を羨まないので

$$t_i \geq v_i + t_j$$

が成り立つ. これらを整理すると $v_j = \max_{i \in I} v_i$ である事が判る. □

つまり非羨望性は公平性の概念であるのみならず，効率性の精緻化にもなっている．次の命題はこの配分の特徴付けを与え，またその存在を常に保証するものである．

命題 5.2. 任意の $v \in \mathscr{D}_I$ について，$x = (a_i, t_i)_{i \in I} \in E(v)$ である事と，以下の諸条件を満たす事は同値である．$a_j = 1$ とすると

$$v_j = \max_{i \in I} v_i \tag{5.2}$$

$$t_i = t_k \quad \forall i, k \neq j \tag{5.3}$$

$$\frac{\max_{k \neq j} v_k}{n} \leq t_i \leq \frac{v_j}{n} \quad \forall i \neq j. \tag{5.4}$$

証明. $x = (a_i, t_i)_{i \in I} \in E(v)$ が諸条件を満たす事のみを示す．逆については同様に示せるので省略する．$a_j = 1$ とする．命題 5.1 より x は (5.2) を満たす．(5.3) の充足は自明である．任意の $i \neq j$ について，(5.3) と予算均衡性から $t_j = -(n-1)t_i$ が言え，また非羨望性の定義より

$$v_j - (n-1)t_i = v_j + t_j \geq t_i$$
$$t_i \geq v_i + t_j = v_i - (n-1)t_i$$

が従う．以上の関係を整理すると，$\frac{v_i}{n} \leq t_i \leq \frac{v_j}{n}$ が得られ，(5.4) が成り立つ．□

社会的選択対応 $F : \mathscr{D}_I \rightarrow X$ が**水平性**を満たすとは，任意の $v \in \mathscr{D}_I$ について

$$[v_i = v_j \ \forall i, j \in I] \Longrightarrow [u(x_i; v_i) = u(x_j; v_i) \ \ \forall x \in F(v), \ \forall i, j \in I]$$

が成り立つ事である．この条件は非常に弱いもので，全ての個人が同じ選好を持っているときは，皆が平等に処遇されるべきであるという事を意味する．非羨望的な社会的選択対応が水平性を満たす事は明らかである．

耐戦略性とマスキン単調性は他章と同じく以下により定められる．

耐戦略性　全ての $v \in \mathscr{D}_I$, $i \in I$, $v'_i \in \mathscr{D}_i$ に対し，$u(f_i(v); v_i) \geq u(f_i(v'_i, v_{-i}); v_i)$．

マスキン単調性　全ての $v \in \mathscr{D}_I$, $x \in F(v)$, $v' \in MT(v, x)$ に対し，$x \in F(v')$．

5.3 耐戦略性

5.3.1 不可能性定理

本環境は準線形環境の特殊ケースであり，また予算均衡的な配分にのみ着目している．よって第2章で行ったグローヴス関数についての議論から，効率性と耐戦略性が両立しない事が言える．

定理 5.1. 全ての $i \in I$ について $\mathscr{D}_i = \mathbb{R}$ とする．効率性と耐戦略性を満たす社会的選択関数 $f : \mathscr{D}_I \to X$ は存在しない[3]．

証明. 定理 2.6 と同様に，本環境においても効率性と耐戦略性を満たす社会的選択関数はグローヴス関数のみである事が示せる．しかし第2章の例2.2と同様に，グローヴス関数は予算均衡性を満たさず，それゆえ本環境でそれらは社会的選択関数である事と矛盾してしまう．実際，例2.2は，本環境において $n = 2$ のとき，グローヴス関数が予算均衡性を満たさない事の証明になっている． □

次の定理は，効率性を水平性に置き換えても否定的な結果が出る事を，$n = 2$ のケースの非常に狭いドメイン上で示している．

定理 5.2. $n = 2$ とし，$|\mathscr{D}_1 \cap \mathscr{D}_2| \geq 3$ とする．このとき水平性と耐戦略性を満たす社会的選択関数 $f : \mathscr{D}_I \to X$ は存在しない[4]．

証明. 水平性と耐戦略性を満たす社会的選択関数 $f : \mathscr{D}_I \to X$ が存在するとして矛盾を導く．

ステップ 1 最初に，任意の $v \in \mathscr{D}_I$, $j \in I$, $v'_j \in MT_j(v_j, f_j(v))$ について，$f(v) = f(v'_j, v_{-j})$ である事を示す．マスキン単調変換の定義より

$$v'_j \geq v_j \quad \text{if} \quad a_j(v) = 1$$

---

[3]Ohseto (2000) は非常に狭いドメインであっても同様の不可能性定理が成り立つ事を示している．Schummer (2000) は非分割財の数が n のケースで同内容の結果を証明している．

[4]Schummer (2000) は $n = 2$ のケースで耐戦略性を満たす社会的選択関数のクラスを特徴付けており，彼の結果は水平性と耐戦略性を満たす社会的選択関数が存在しない事を含意する．ただし，シュマーはドメインを狭める事については考慮していない．

$$v'_j \leq v_j \quad \text{if } a_j(v) = 0$$

である．以下では $a_j(v) = 1$ であるケースのみを扱うが，$a_j(v) = 0$ のケースも同様に示せる．$v'_j = v_j$ ならば示す事はないので，$v'_j > v_j$ とする．いま $a_j(v'_j, v_{-j}) = 0$ であるならば，耐戦略性より

$$v_j + t_j(v) \geq t_j(v'_j, v_{-j})$$
$$t_j(v'_j, v_{-j}) \geq v'_j + t_j(v)$$

が成り立つが，これは $v_j \geq v'_j$ を意味し矛盾である．よって $a_j(v'_j, v_{-j}) = 1$ が得られ，耐戦略性より $t_j(v) = t_j(v'_j, v_{-j})$ が従う．つまり $f_j(v'_j, v_{-j}) = f_j(v)$ が成り立ち，$n = 2$ より，所望の $f(v) = f(v'_j, v_{-j})$ を得る．

ステップ2 ここでは

$$a(v) = a(v') \implies f(v) = f(v') \quad \forall v, v' \in \mathscr{D}_I$$

を示したい．$a(v) = a(v')$ を満たす任意の $v, v' \in \mathscr{D}_I$ について考える．一般性を失う事なく $a_1(v) = a_1(v') = 1$ を仮定し，$v'' = (v''_1, v''_2) \in \mathscr{D}_I$ を

$$v''_1 \equiv \max\{v_1, v'_1\}$$
$$v''_2 \equiv \min\{v_2, v'_2\}$$

により定義する．すると，$v''_1 \in MT_1(v_1, f_1(v))$ とステップ1から $f(v) = f(v''_1, v_2)$ が，$v''_2 \in MT_2(v_2, f_2(v))$ とステップ1から $f(v''_1, v_2) = f(v'')$ が得られる．ゆえに $f(v) = f(v'')$．同じ方法で $f(v') = f(v'')$ が示せる．よって $f(v) = f(v')$．

ステップ3 最後に，矛盾を得て証了とする．$|\mathscr{D}_1 \cap \mathscr{D}_2| \geq 3$ より，二人が同じ評価を持つ組 $v = (v_0, v_0), v' = (v'_0, v'_0), v'' = (v''_0, v''_0) \in \mathscr{D}_I$ が存在する．ここで取り得る割当ベクトルは2個しかないので，これらの選好組のうち，少なくとも二つの選好組において，その割当が等しくなければならず，さらにステップ2より，その配分も等しくなければならない．一般性を失う事なく，$f(v) = f(v')$

かつ $v_0 > v_0'$ とする．$i \in I$ を，$a_i(v) = a_i(v') = 0$ なる個人とすると，水平性より

$$t_i(v) = \frac{v_0}{2} > \frac{v_0'}{2} = t_i(v')$$

が得られ，$f(v) = f(v')$ に矛盾する． □

$n \geq 3$ のケースにおいても，追加的な性質のもとで，水平性と耐戦略性を満たす社会的選択関数は存在しない事が Schummer (2000), Ohesto (2004), Ando, Kato, and Ohseto (2008) らにより明らかにされている[5]．なお，本章では予算バランス条件 (5.1) を配分の定義に組み入れているが，この条件を落とすと，耐戦略性は水平性のみならず非羨望性とも両立する．そうしたルールに関する議論や特徴付けは Ohseto (2006) に詳しい．

5.3.2 可能性定理

これまでの結果により，耐戦略性は効率性とも公平性とも両立不可能である事が判った．この否定的な結論を受け Fujinaka (2007) は，耐戦略性をベイジアン誘因両立性に弱める事で問題の解決を試みた．

任意の $i \in I$ について $\mathscr{D}_i = [\underline{v}, \overline{v}]$ とし，各個人の評価は独立かつ対称に，連続な分布関数 $\Phi : [\underline{v}, \overline{v}] \to [0, 1]$ に従うものとする．Φ の密度関数を $\phi = \Phi'$ で表し，$\phi(v_i) > 0$ が全ての $v_i \in \mathscr{D}_i$ について成り立つ事を仮定する．また，ϕ_{-i} により v_{-i} の同時密度関数を表す．任意の $v \in \mathscr{D}_I$ について，v において最も大きい評価を v^1，次に大きい評価を v^2 で表す[6]．真の評価が $\hat{v}_i$ のときに v_i を申告したときの i の期待効用は

$$E[u(f_i(v_i, v_{-i}); \hat{v}_i)] \equiv \int_{\mathscr{D}_{-i}} u(f_i(v_i, v_{-i}); \hat{v}_i) \phi_{-i}(v_{-i}) \mathrm{d}v_{-i}$$

---

[5] シュマーは「自身の取り分を変えない評価のチェンジは，全体の配分を変えない」という "non-bossiness" と呼ばれる条件，大瀬戸は水平性より強い "egalitarian equivalence" と呼ばれる公平性条件，安藤=加藤=大瀬戸は「非分割財を受け取らない個人は皆等しい金銭移転を行う」という "equal compensation" と呼ばれる条件のもとで不可能性を導いている．

[6] 例えば $v_1 \geq v_2 \geq \cdots \geq v_n$ である場合には，$v^1 = v_1$，$v^2 = v_2$ である．

で与えられる．

修正同一厚生関数，$f = (a, t)$ 任意の $v \in \mathscr{D}_I$ について，$v_j = \max_{i \in I} v_i$ を満たす $j \in I$ について $a_j(v) = 1$ とし，金銭移転を

$$t_j(v) \equiv -\frac{n-1}{n}\left(v^1 - \int_{v^2}^{v^1} \Phi(b)\mathrm{d}b\right) \tag{5.5}$$

$$t_i(v) \equiv \frac{1}{n}\left(v^1 - \int_{v^2}^{v^1} \Phi(b)\mathrm{d}b\right) \quad \forall i \neq j \tag{5.6}$$

と定める．定義における積分値を引く箇所が，ネーミングの「修正」に対応する．

藤中の結果は非常に肯定的なもので，彼は修正同一厚生関数が，ベイジアン誘因両立性と非羨望性を満たす事を明らかにした．つまり耐戦略性をベイジアン誘因両立性に弱めると，効率性と水平性ばかりか，さらに強い要求である非羨望性をも満たす社会的選択関数が存在する[7]．

定理 5.3. 全ての $i \in I$ について $\mathscr{D}_i = [\underline{v}, \overline{v}]$ とする．このとき修正同一厚生関数 $f : \mathscr{D}_I \to X$ は非羨望性とベイジアン誘因両立性を満たす．

証明．ステップ 1 非羨望性の充足について示す．任意の $v \in \mathscr{D}_I$ について考える．任意の $b \in [\underline{v}, \overline{v}]$ について $0 \leq \Phi(b) \leq 1$ であるゆえ

$$0 \leq \int_{v^2}^{v^1} \Phi(b)\mathrm{d}b \leq v^1 - v^2$$

が成り立つ．よって $a_j(v) = 1$ と置けば，各 $i \neq j$ について

$$\frac{1}{n}v^2 \leq \frac{1}{n}v^1 - \frac{1}{n}\int_{v^2}^{v^1} \Phi(b)\mathrm{d}b = t_i(v) \leq \frac{1}{n}v^1$$

が成り立つ．よって命題 5.2 より f は非羨望性を満たす．

---

[7]Fujinaka (2007, Theorem 2) はさらに，非羨望性とベイジアン誘因両立性，そして金銭移転に関するある種の加法性を満たす社会的選択関数は修正同一厚生関数のみである事を示している．

第 5 章 公平分担

ステップ 2 ベイジアン誘因両立性の充足について示す．まず必要な定義を与えておく．任意の $v_{-i} \in \mathscr{D}_{-i}$ について，b^1, b^2 を，$v_1, \ldots, v_{i-1}, v_{i+1}, \ldots, v_n$ の中で，それぞれ最高値と次に高い値とする．すると b^1, b^2 の同時密度関数は

$$\phi(b^1, b^2) = \begin{cases} (n-1)(n-2)\phi(b^1)\phi(b^2)\Phi(b^2)^{n-3} & \text{if } b^1 \geq b^2 \\ 0 & \text{if } b^1 < b^2 \end{cases}$$

で与えられる[8]．

個人 $i \in I$ と真の評価 $\hat{v}_i \in \mathscr{D}_i$ を任意に固定する．他の個人が正直に選好を申告している事を所与としたとき，i が $v_i \in \mathscr{D}_i$ を申告した際の i の期待効用は，(5.5, 5.6) より

$$\begin{aligned} & E[u(f_i(v_i, v_{-i}); \hat{v}_i)] \\ &= \int_{\mathscr{D}_{-i}} u(f_i(v_i, v_{-i}); \hat{v}_i) \phi_{-i}(v_{-i}) \mathrm{d}v_{-i} \\ &= \int_{\underline{v}}^{v_i} \int_{\underline{v}}^{b^1} \left(\hat{v}_i - \frac{n-1}{n} \left(v_i - \int_{b^1}^{v_i} \Phi(b) \mathrm{d}b \right) \right) \phi(b^1, b^2) \mathrm{d}b^2 \mathrm{d}b^1 \\ &\quad + \int_{v_i}^{\overline{v}} \int_{\underline{v}}^{v_i} \frac{1}{n} \left(b^1 - \int_{v_i}^{b^1} \Phi(b) \mathrm{d}b \right) \phi(b^1, b^2) \mathrm{d}b^2 \mathrm{d}b^1 \\ &\quad + \int_{v_i}^{\overline{v}} \int_{v_i}^{b^1} \frac{1}{n} \left(b^1 - \int_{b^2}^{b^1} \Phi(b) \mathrm{d}b \right) \phi(b^1, b^2) \mathrm{d}b^2 \mathrm{d}b^1 \end{aligned} \quad (5.7)$$

で与えられる．ここで，(5.7) の第一項は v_i が最も高い申告であるとき，第二項は v_i が二番目に高い申告であるとき，そして最後の項は v_i が三番目以下の申告であるときの期待効用である．これを v_i について微分したとき

$$\frac{\mathrm{d}}{\mathrm{d}v_i} E[u(f_i(\hat{v}_i, v_{-i}); \hat{v}_i)] = 0$$

$$\frac{\mathrm{d}^2}{\mathrm{d}v_i^2} E[u(f_i(\hat{v}_i, v_{-i}); \hat{v}_i)] < 0$$

---

[8]この導出は標準的な統計学のテキスト，例えば Hogg and Craig (1995, pp. 193–203) を参照せよ．

が成立する[9]．ゆえに，i は $\hat{v}_i$ を正直に申告する事が最適となっている．　□

5.4　ナッシュ遂行可能性

本環境においては，非拒否権性の前提条件は常に成り立たないので，$n \geq 3$ のとき，マスキン単調性はナッシュ遂行可能性と同値である．また，耐戦略性と異なり，マスキン単調性は効率性と両立する．以下はその例である．

例 5.1. $f = (a, t)$ を以下により定める．任意の $v \in \mathscr{D}_I$ について，$v_j = \max_{i \in I} v_i$ を満たす $j \in I$ のうち番号の最も若い j' について $a_{j'}(v) = 1$ とし

$$t_i(v) \equiv 0 \ \ \forall i \in I$$

とする．この f が効率性とマスキン単調性を共に満たす事は明らかである．

例 5.1 で構成された社会的選択関数のもとでは，誰も金銭移転を行わないので，財を得た個人が著しく非対称的に扱われている事になる．実際，この社会的選択関数は，公平性に関する極めて弱い要求である水平性すら満たさない．ではマスキン単調の社会的選択関数のうち，何らかの公平性基準を満たすものは存在するだろうか．次の Fujinaka and Sakai (2007a) による命題は，この問いに対し否定的な解答を与えるものである．

定理 5.4. $|\bigcap_{i \in I} \mathscr{D}_i| \geq n+1$ とする．水平性とマスキン単調性を満たす社会的選択関数 $f : \mathscr{D}_I \to X$ は存在しない．

証明．水平性とマスキン単調性を満たす社会的選択関数 $f : \mathscr{D}_I \to X$ が存在するとして矛盾を導く．

ステップ1　ここでは

$$a(v) = a(v') \Longrightarrow f(v) = f(v') \ \ \forall v, v' \in \mathscr{D}_I$$

---

[9]この計算の詳細は Fujinaka (2007, Appendix) を参照されたい．

を示したい．$a(v) = a(v')$ を満たす任意の $v, v' \in \mathscr{D}_I$ について考える．$a_j(v) = a_j(v') = 1$ とし，$v'' = (v''_j, v''_{-j}) \in \mathscr{D}_I$ を

$$v''_j \equiv \max\{v_j, v'_j\}$$
$$v''_i \equiv \min\{v_i, v'_i\} \quad \forall i \neq j$$

により定義する．すると，$v'' \in MT(v, f(v))$ かつ $v'' \in MT(v', f(v'))$ であり，マスキン単調性から $f(v) = f(v'') = f(v')$ が得られる[10]．

ステップ 2 矛盾を得て証了とする．取り得る割当ベクトルは n 個しかないので，$|\bigcap_{i \in I} \mathscr{D}_i| \geq n+1$ より，全ての個人が同じ評価を持つ組 $v = (v_0, v_0, \ldots, v_0)$，$v' = (v'_0, v'_0, \ldots, v'_0) \in \mathscr{D}_I$ が存在して，$a(v) = a(v')$ かつ $v_0 > v'_0$ を満たす．さらにステップ 1 より，$f(v) = f(v')$ が成り立つ．$a_i(v) = a_i(v') = 0$ を満たす個人 $i \in I$ について，水平性より

$$t_i(v) = \frac{v_0}{n} > \frac{v'_0}{n} = t_i(v')$$

が得られ，$f(v) = f(v')$ に矛盾する． □

定理 5.4 は，社会的選択関数に対しマスキン単調性を課す事の困難さを示しており，それゆえ，これから分析の対象を社会的選択対応に広げる．定義より，効率対応と非羨望対応は明らかにマスキン単調である．これからマスキン単調な社会的選択対応が持つ一般的な性質を求め，どの社会的選択対応が優れているかを考察したい．次の条件は，効率対応や非羨望対応のみならず多くの社会的選択対応に満たされる，厚生主義に基づく条件であり，ある配分が選ばれており，別の配分がその配分と厚生の意味で等しいならば，その別の配分も選ばれる事を意味する．

厚生独立性 任意の $v \in \mathscr{D}_I$, $x \in F(v)$, $y \in X$ について

$$[u(x_i; v_i) = u(y_i; v_i) \ \forall i \in I] \Longrightarrow y \in F(v).$$

---

[10]ステップ 1 で得られた結果は，f がマスキン単調性を満たすならば，$|f(\mathscr{D}_I)| \leq n$ となる事を意味する．Fujinaka and Wakayama (2008) は，マスキン単調性をセキュア遂行可能性に強めると，f は定値関数となる事を示している．

次の定理は，水平性，マスキン単調性，厚生独立性を満たす社会的選択対応のうち，非羨望対応が最小である事を示している．

定理 5.5. 任意の $i \in I$ について $\mathscr{D}_i = \mathbb{R}$ とする．水平性，マスキン単調性，厚生独立性を満たすあらゆる社会的選択対応 $F : \mathscr{D}_I \twoheadrightarrow X$ について，$E \subseteq F$ が成り立つ[11]．

証明． 任意の $v \in \mathscr{D}_I$，$x = (a_i, t_i)_{i \in I} \in E(v)$ について考える．$a_j = 1$ とする．ここで (5.3) と予算均衡性より，$[t_i = -\frac{1}{n-1} t_j, \forall i \neq j]$ が成り立っている．任意の $i \in I$ について

$$v'_i \equiv -\frac{n}{n-1} t_j$$

とし，$v' \equiv (v'_1, v'_2, \ldots, v'_n) \in \mathscr{D}_I$ を定める．命題 5.2 と (5.4) より

$$\max_{k \neq j} v_k \leq v'_i = -\frac{n}{n-1} t_j \leq v_j \quad \forall i \in I$$

が成立し，これは $v \in MT(v', x)$ を意味する．

ある $x' = (a'_i, t'_i)_{i \in I} \in F(v')$ について，$a'_k = 1$ と置くと，水平性より

$$t'_k = t_j$$
$$t'_i = -\frac{1}{n-1} t_j \quad \forall i \neq k$$

が従い，これより

$$u(x_i; v'_i) = -\frac{1}{n-1} t_j = u(x'_i; v'_i) \quad \forall i \in I$$

が言える．よって厚生独立性より $x \in F(v')$ が成り立ち，マスキン単調性から $x \in F(v)$ が従う． □

---

[11]この定理は Tadenuma and Thomson (1995, Lemma 4) と Sakai (2007a, Lemma 6) に基づくが，彼らは厚生独立性より弱い公理を用いている．水平性を強め，ドメインに準線形選好以外の選好も含めると，非羨望対応がそれらの性質を満たす唯一の社会的選択対応である事を Sakai (2007a) は示している．

社会的選択対応は社会が実現すべき配分を指示するものなので，非羨望対応が最小であるという事は，最も細かな指示ができる事を意味する．よってこの優れた社会的選択対応を自然なメカニズムで遂行できるかというのが次の課題となる．次のメカニズムは Sakai (2008b) により考案されたもので，自らの評価と，タイブレークにおける「いる，いらない」を表明する非常に簡明なメカニズムである[12]．

旗付きメカニズム 各 $i \in$ のメッセージ集合を

$$M_i \equiv \mathbb{R} \times \{\text{いる},\text{いらない}\}$$

により定める．各メッセージを $m_i = (b_i, r_i) \in \mathbb{R} \times \{\text{いる},\text{いらない}\}$ で表す．「いる，いらない」の箇所がこのメカニズムを「旗付き」と呼ぶゆえんである．帰結関数 $g: M_I \to X$ を以下により定義する．

- **財の受け手** 最も大きな b_i を表明している個人に財を与える．そうした個人が複数存在する場合には，その中で「いる」を表明している個人に財を与える．さらにそうした個人が複数存在する，あるいは存在しない場合には名前の数字が最も若い個人に財を与える．例えば，$I = \{1,2,3,4\}$，「$b_1 < b_2 = b_3 = b_4$，$r_2 = r_4 =$ いる，$r_3 =$ いらない」のとき，財は個人 2 に与えられる．

- **金銭移転** 上で定められた方法で j に財が与えられるとすると，$t_j = -\frac{n-1}{n}b_j$ とし，全ての $i \neq j$ について $t_i = \frac{1}{n}b_j$ とする．

メカニズムの解釈は極めて容易である．皆は自分の評価だけを申告し，効率性を達成すべく高い評価を与えた者が財を受け取り，均等効用を達成すべく金銭移転を行う．旗はタイブレークのみに使われる[13]．

---

[12]坂井は費用分担問題にも適用できる，より広いモデルでこのメカニズムを定義している．
[13]Kleindorfer and Sertel (1994) は同様のメカニズムを設計しているが，メッセージに「いる，いらない」は用いず，タイケースでは番号の若い人が優先される．彼らのメカニズムはナッシュ均衡の存在を常には保証しないので，ナッシュ遂行メカニズムにはなっていない．

定理 5.6. 任意の $i \in I$ について $\mathscr{D}_i = \mathbb{R}$ とする．旗付きメカニズムは非羨望対応 $E : \mathscr{D}_I \twoheadrightarrow X$ をナッシュ遂行する．

証明． $I = \{1, 2\}$ のケースで証明を行う．一般のケースへの拡張は容易である．$v \in \mathscr{D}_I$ を真の選好組とし，以下固定する．

ステップ 1 $E(v) \subseteq g(\mathbf{NE}(v, M, g))$　任意の $x = (a_i, t_i)_{i \in I} \in E(v)$ について考え，$a_j = 1$, $a_i = 0$ とする．このとき

$$v_j + t_j \geq t_i \tag{5.8}$$

$$t_i \geq v_i + t_j \tag{5.9}$$

が成り立っている．いま $m \in M_I$ を

$$b_j = b_i \equiv 2t_i$$
$$r_j \equiv \text{いる}$$
$$r_i \equiv \text{いらない}$$

により定義する．すると，メカニズムの定義より $g(m) = x$ は明らかである．

これから $m \in \mathbf{NE}(v, M, g)$ を示したい．まず j の戦略 $m'_j = (b'_j, r'_j) \neq m_j$ について考える．そのとき，もし財を受け取るならば，$b'_j \geq b_j$ でなければならず，i への支払いが増えるだけである．一方，財を受け取らないならば，そのときの金銭移転は t_i であり，(5.8) より，それは得にならない．

次に i の戦略 $m'_i = (b'_i, r'_i) \neq m_i$ について考える．財を受け取らないときは，配分は変わらない。一方，財を受け取るならば，$b'_i \geq 2t_i$ でなければならず，そのときの金銭移転は $-\frac{1}{2}b'_i$ であり，$-\frac{1}{2}b'_i \leq -t_i = t_j$ が成立する．これが得にならない事は，(5.9) より明らかである．

ステップ 2 $E(v) \supseteq g(\mathbf{NE}(v, M, g))$　任意の $x = (a_i, t_i)_{i \in I} \in g(\mathbf{NE}(v, M, g))$ について考える．$m = ((b_1, r_1), (b_2, r_2)) \in \mathbf{NE}(v, M, g)$ を，$g(m) = x$ を満たすナッシュ均衡とする．

各 $i \in I$ について，b_i を正直申告 v_i に変えた場合，メカニズムの定義より

$$u(g_i((v_i, r_i), m_{-i}); v_i) \geq \frac{1}{2} v_i$$

である事は容易に示せるので，ナッシュ均衡の定義より

$$u(g_i(m); v_i) \geq \frac{1}{2} v_i \tag{5.10}$$

が従う．

$v_1 > v_2$ のとき，(5.10) より

$$u(g_1(m); v_1) + u(g_2(m); v_2) > v_2$$

が言えるので，これは $a_1 = 1$ である事を意味する．また，(5.10) より

$$t_1 \geq -\frac{1}{2} v_1,\ t_2 \geq \frac{1}{2} v_2$$

が成り立ち，$t_1 = -t_2$ である事に注意すると，命題 5.2 より $x \in E(v)$ が従う．$v_1 < v_2$ のときも同様に示せる．

$v_1 = v_2$ のとき，$a_j = 1$ であるとすると，(5.10) から

$$t_j \geq -\frac{1}{2} v_j,\ t_i \geq \frac{1}{2} v_i$$

が成り立つが，これより

$$-t_j = t_i = \frac{1}{2} v_1 = \frac{1}{2} v_2$$

が得られるので，命題 5.2 より $x \in E(v)$ が従う． □

Āzacis (2008) は非分割財数が n のときに，割当ゲーム (Shapley and Shubik, 1972) の諸概念を用いて，非羨望対応をナッシュ均衡と強ナッシュ均衡において二重遂行するメカニズムの設計を行っているが，その帰結関数は旗付きメカニズムと比べると複雑である．帰結関数が対応となる事を許容したメカニズム設計は

Tadenuma and Thomson (1995), Beviá (2001), Fujinaka and Sakai (2007b)で分析されているが[14],帰結対応を考える時には配分の集合への選好を考える必要があり,自然なアプローチか否かについては議論の余地が残る.ε-ナッシュ均衡を用いた遂行については Fujinaka and Sakai (2008) が考察している.なお,旗付きメカニズムは強ナッシュ均衡についても非羨望対応を遂行する事が,Tatamitani (1994, Theorem 1), Tadenuma and Thomson (1995, Theorem 3)と同じ方法で示せる.

---

[14]彼らの目的は,非羨望対応の部分対応が用いられた際,戦略的操作の末に何が達成されるかを分析する事であった.ここでは遂行メカニズムの設計という観点から解釈し叙述している.

第 6 章

非分割財交換

6.1 はじめに

　寮に住む学生の間で，彼らが自発的に部屋を交換する状況を考える．各部屋は状態や家賃が異なっており，それゆえ学生はそれぞれの部屋に対して異なる選好を持っている．ここで問題は，誰もいま住んでいる部屋より嫌な部屋へ移動させる事なく，皆にとって望ましい部屋の再配分を行う事である．

　非分割財交換問題とは，分割する事が適切でないあるいは不可能な財を，初期保有に配慮しつつ再配分する問題の事である．寮の部屋を再配分する問題は非分割財交換問題の典型例であり，そこでの初期保有は各寮生が再配分前に住んでいる部屋に対応する．非分割財交換は Shapley and Scarf (1974) によりその分析的フレームワークが与えられ，それ以降，主に強コア配分に注目して研究が進められてきた．人々が強選好を持つ状況では，強コア配分はただ一つ存在し，それはデヴィッド・ゲール（David Gale）により開発された非常にシンプルなアルゴリズムにより求める事ができる．さらに，強コアは効率性，個人合理性，耐戦略性を満たす唯一の社会的選択関数である事が Ma (1994) により明らかにされている．本章ではこうした強コアに関する結果を軸として考察を行い，最後に Roth, Sönmez, and Ünver (2004) による，腎臓移植マッチングへの応用について解説する．

6.2 基本設定

各 $i \in I$ は一つの非分割財 ω_i を初期に保有しており,そのベクトルを $\omega \equiv (\omega_1, \omega_2, \ldots, \omega_n)$ により,非分割財の集合を $\Omega \equiv \{\omega_1, \omega_2, \ldots, \omega_n\}$ により表す.配分とは初期保有ベクトルの並べ替え $x = (x_1, x_2, \ldots, x_n)$ であり,厳密には,それは

$$x_i \in \Omega \quad \forall i \in I$$
$$i \neq j \Longrightarrow x_i \neq x_j \quad \forall i, j \in I$$

を満たすベクトルの事である.ここで $x_i \in \Omega$ は i が受け取る非分割財を意味する.配分全てからなる集合を X で表す.

各 $i \in I$ は Ω 上に強選好 $\succsim_i$ を持つものとし,Ω 上の強選好全てからなる集合を $\mathscr{P}$ で表す.社会的選択対応とは,非空対応 $F : \mathscr{P}^I \twoheadrightarrow X$ の事である[1].選好組 $\succsim \in \mathscr{P}^I$ のもとでの配分 $x \in X$ に関する性質を以下により定める.配分 x が**効率的**であるとは

$$y_i \succsim_i x_i \quad \forall i \in I$$
$$y_j \succ_j x_j \quad \exists j \in I$$

を満たす $y \in X$ が存在しない事であり,効率的配分の集合を $P(\succsim)$ で表す.配分 x が**個人合理的**であるとは

$$x_i \succsim_i \omega_i \quad \forall i \in I$$

を満たす事であり,個人合理的配分の集合を $IR(\succsim)$ で表す.配分 x が**強コア配分**であるとは

$$y_i \succsim_i x_i \quad \forall i \in T \tag{6.1}$$
$$y_j \succ_j x_j \quad \exists j \in T \tag{6.2}$$

---

[1] 本章では全ての $i \in I$ について $\mathscr{D}_i = \mathscr{P}$ であるケースのみを扱うので,ドメインを $\mathscr{D}_I = \mathscr{P}^I$ として固定している.

第 6 章 非分割財交換

$$\{y_i : i \in T\} = \{\omega_i : i \in T\} \tag{6.3}$$

を満たす $T \subseteq I$ および $y \in X$ が存在しない事であり，強コア配分の集合を $C(\succsim)$ で表す[2]．明らかに $C(\succsim) \subseteq P(\succsim) \cap IR(\succsim)$ である．社会的選択対応 F が，$F \subseteq P$ ならば効率的，$F \subseteq IR$ ならば個人合理的であるという．社会的選択対応に関するその他の性質は以下により定義される．

全射性 任意の $x \in X$ について，ある $\succsim \in \mathscr{P}^I$ が存在して，$x = f(\succsim)$．

耐戦略性 任意の $i \in I$，$\succsim \in \mathscr{P}^I$，$\succsim'_i \in \mathscr{P}$ について，$f_i(\succsim) \succsim_i f_i(\succsim'_i, \succsim_{-i})$．

マスキン単調性 任意の $\succsim \in \mathscr{P}^I$，$x \in F(\succsim)$，$\succsim' \in MT(\succsim, x)$ について，$x \in F(\succsim')$．

6.3 トップトレーディングサイクルアルゴリズム

強コア配分は，デヴィッド・ゲールの開発した**トップトレーディングサイクルアルゴリズム**（以下，TTC アルゴリズム）により探し当てる事ができる[3]．従って，本環境においては，強コア配分はその存在が保証されているばかりか，実際に見付けるための方法まで存在する．まず，例を用い TTC アルゴリズムを簡単に描写する．

---

[2] (6.1, 6.2) の代わりに $[y_i \succ_i x_i \ \forall i \in T]$ により定義した配分を**コア配分**と呼ぶ．強コア配分は明らかにコア配分だが，その逆は成り立たない．例えば，$\omega_3 \succ_1 \omega_1 \succ_1 \omega_2$，$\omega_1 \succ_2 \omega_3 \succ_2 \omega_2$，$\omega_2 \succ_3 \omega_1 \succ_3 \omega_3$，のとき，$(\omega_1, \omega_3, \omega_2)$ はコア配分だが，強コア配分ではない．これは条件 (6.3) が逸脱するグループの定義で効いてくるからである．コア配分は本環境でもしばしば考察の対象となるが，本書では強コア配分のみに着目する．無差別を許す選好を含む場合でもコア配分は常に存在するが，強コア配分については必ずしもそうでない (Shapley and Scarf, 1974)．無差別を許す選好を含む際に，強コア配分が存在するか否かを確認するアルゴリズムは Quint and Wako (2004) により開発されており，また存在する際の強コア配分集合の性質については Wako (1984, 1991) が詳しい．

[3] TTC アルゴリズムは Shapley and Scarf (1974) の第 6 節にて，デヴィッド・ゲールによるものとして最初に紹介され，無差別を許す選好を含む環境で競争均衡配分を探すために用いられた．本書では無差別を許す選好を考えておらず，その場合，競争均衡配分と強コア配分は一致し，またその存在は一意である事が Roth and Postlewaite (1977) により明らかにされている．

6 人の個人が以下の選好を持ち，彼らが自分の初期保有財を持ち一同に会している状況を考える．

$\succsim_1: \omega_3\ \omega_1\ \omega_2\ \omega_4\ \omega_5\ \omega_6$

$\succsim_2: \omega_1\ \omega_2\ \omega_3\ \omega_4\ \omega_5\ \omega_6$

$\succsim_3: \omega_2\ \omega_1\ \omega_3\ \omega_4\ \omega_5\ \omega_6$

$\succsim_4: \omega_3\ \omega_1\ \omega_2\ \omega_5\ \omega_4\ \omega_6$

$\succsim_5: \omega_4\ \omega_1\ \omega_2\ \omega_3\ \omega_5\ \omega_6$

$\succsim_6: \omega_6\ \omega_1\ \omega_2\ \omega_3\ \omega_4\ \omega_5$

TTC アルゴリズムの例

ステップ 1 各人に「この場にいる人の中で，あなたが一番欲しい財を持っている人（自分でも良い）を指差しなさい」と言う．すると個人 1 は 3 を，2 は 1 を，3 は 2 を，4 は 3 を，5 は 4 を，6 は自分自身を指差す．この関係を矢印 → を用いて書くと

$$1 \to 3 \to 2 \to 1 \quad (6.4)$$
$$5 \to 4 \to 3$$
$$6 \to 6 \quad (6.5)$$

となる．いま (6.4) で個人 1 が 3 を，3 が 2 を，2 が 1 を指差すというサイクルができている．また，(6.5) においても，個人 6 が 6 自身を指差すというサイクルができている．なお，個人 4 と 5 については彼らを含むサイクルは発生していない．ここで，発生したサイクルに従い財を与える．つまり，個人 1 に 3 の持つ財を，3 に 2 の持つ財を，2 に 1 の持つ財をそれぞれ与え，6 には彼自身が持つ財を与える．つまり

$$x_1 = \omega_3$$

$$x_2 = \omega_1$$
$$x_3 = \omega_2$$
$$x_6 = \omega_6$$

である．そしてこの 4 人をこの場から退場させる．

ステップ 2　残るは個人 4 と 5 である．残り物である ω_4 と ω_5 についての彼らの選好は

$$\omega_5 \succ_4 \omega_4$$
$$\omega_4 \succ_5 \omega_5$$

である事に注意せよ．いま彼らに再度「この場にいる人の中で，あなたが一番欲しい財を持っている人（自分でも良い）を指差しなさい」と言う．「この場にいる人の中で」という注意が与えられているため，既に退場している個人 1, 2, 3, 6 を指差す事はできない．すると

$$4 \to 5 \to 4$$

なのでサイクルが発生している．よって個人 4 に 5 の持つ財を，5 に 4 の持つ財を与え

$$x_4 = \omega_5$$
$$x_5 = \omega_4$$

とする．これにより配分

$$x = (\omega_3, \omega_1, \omega_2, \omega_5, \omega_4, \omega_6)$$

が得られた．

TTC アルゴリズムの一般的な定義

ステップ1 取引場に集まっている人に「あなたが一番欲しい財を持っている人（自分でも良い）を指差しなさい」と言い指差してもらう．取引場にいる人の数は有限であるため，少なくとも一つのサイクルが発生する．このとき，サイクルに所属する人は，指差した相手が所有する財を受け取り退出する．その後，取引場に1人でも残っている場合は，次のステップに進む．誰も残っていなければプロセスは終了する．

ステップ $t \geq 2$ ステップ $(t-1)$ でサイクルができず取引場に残った人に「取引場に残っている人の中で，あなたが一番欲しい財を持っている人（自分でも良い）を指差しなさい」と言い指差してもらう．このとき，サイクルに所属する人は，指差した相手が所有する財を受け取り退出する．その後，取引場に一人でも残っている場合は，次のステップに進む．誰も残っていなければプロセスは終了する．

各ステップでは少なくとも一つのサイクルが発生するので，このプロセスは高々 n 回で必ず終了する．以後，TTC アルゴリズムにより得られる配分を **TTC 配分**と呼ぶ．また，TTC アルゴリズムに関する議論において，ステップ t で退出する個人の集合を $I(t) \subseteq I$ により，個人 $i \in I$ が退出するステップを $T(i)$ により表す．つまり

$$T(i) = t \iff i \in I(t)$$

である．これから TTC 配分が強コア配分である事，および強コア配分は TTC 配分以外に存在しない，つまり一意である事を示す．これらの結果は，強コアが社会的選択関数になっている事を意味する[4]．

命題 6.1. 任意の $\succsim \in \mathscr{P}^I$ について，TTC 配分は強コア配分である．

---

[4]これらの命題は Shapley and Scarf (1974) と Roth and Postlewaite (1977) に基づく．なお，シャプレー＝スカーフは強選好以外の選好も含む設定で分析を行っており，ロス＝ポストルウェイトは強選好のケースに焦点を当てている．本節では強選好のケースで，両研究を整理し叙述している．

証明. 任意の $\succsim \in \mathscr{P}^I$ について考え，そのもとでの TTC 配分を x とする．いま $x \notin C(\succsim)$ として，矛盾を導く．$x \notin C(\succsim)$ ならば，ある $S \subseteq I$ と $y \in X$ が存在して

$$y_i \succsim_i x_i \;\; \forall i \in S$$
$$y_j \succ_j x_j \;\; \exists j \in S$$
$$\{y_i : i \in S\} = \{\omega_i : i \in S\}$$

である．ここで

$$S^{\succ} \equiv \{i \in S : y_i \succ_i x_i\}$$
$$S^{\sim} \equiv \{i \in S : y_i \sim_i x_i\}$$
$$t^* \equiv \min_{i \in S^{\succ}} T(i)$$

と定める．ある $j \in S^{\succ} \cap I(t^*)$ について考える．個人 j は $S^{\succ}$ 内では最も早いステップで退出する個人の一人である．ステップ t^* で残っている財の中では x_j が j にとってベストである事に注意せよ．ここで，$k_1 \in I$ を $\omega_{k_1} = y_j \succ_j x_j$ を満たす個人とすると，明らかに $k_1 \in S$ である．また，ステップ t^* においては，j にとって x_j がベストであるので，k_1 はステップ t^* より前に退出していなければならない．よって $k_1 \in S^{\sim}$ である．k_1 が退出するステップを $t^{**}(< t^*)$ とする．

k_1 はステップ t^{**} でサイクルを形成し退出しており，そのサイクルを

$$k_1 \to k_2 \to k_3 \to \cdots \to k_\ell \to k_1$$

により表す．$x_{k_1} = \omega_{k_2}$ かつ $k_1 \in S^{\sim}$ であるので，$y_{k_1} = x_{k_1} = \omega_{k_2}$ となる．ゆえに $k_2 \in S$ が成立するが，k_2 は t^{**} で退出するので，$k_2 \in S^{\sim}$ が得られる．

$x_{k_2} = \omega_{k_3}$ かつ $k_2 \in S^{\sim}$ であるので，$y_{k_2} = x_{k_2} = \omega_{k_3}$ となる．ゆえに，$k_3 \in S$ が成立する．k_3 はステップ t^{**} で退出するので，$k_3 \in S^{\sim}$ が得られる．

以下，同様の議論を繰り返す事により，$k_\ell \in S^{\sim}$ が成り立つ．よって，$x_{k_\ell} = \omega_{k_1}$ であるので，$y_{k_\ell} = x_{k_\ell} = \omega_{k_1}$ が言える．しかしこれは $y_j = \omega_{k_1}$ である事に矛盾． □

次の命題は強コア配分の一意性を強い形で示したものである．

命題 6.2. 任意の $\succsim \in \mathscr{P}^I$ について，そのもとでの TTC 配分を x とする．任意の $y \neq x$ に対し，ある $S \subseteq I$ が存在して

$$x_i \succsim_i y_i \quad \forall i \in S$$
$$x_j \succ_j y_j \quad \exists j \in S$$
$$\{x_i : i \in S\} = \{\omega_i : i \in S\}$$

を満たす．よって，$\succsim$ のもとで強コア配分は TTC 配分 x のみである．

証明． いま $y \neq x$ に対し

$$I^+ \equiv \{i \in I : x_i \succ_i y_i\}$$
$$I^- \equiv \{i \in I : y_i \succ_i x_i\}$$
$$t^* \equiv \min_{i \in I^+ \cup I^-} T(i)$$

と定める．まず $I^- \cap I(t^*) = \emptyset$ である事を示す．そこで，ある $j \in I^- \cap I(t^*)$ が存在したとして矛盾を導く．すると $y_j \succ_j x_j$ より，$\omega_k = y_j$ なる $k \in I$ はステップ t^* より前に退出している必要がある．k はステップ t^* より前に退出しており，そこでのサイクルを

$$\cdots \to k' \to k \to \cdots$$

とすると $x_{k'} = \omega_k$ であり，また $k' \notin I^+ \cup I^-$ であるゆえ $y_{k'} = x_{k'} = \omega_k$ が得られる．しかし k の定義から $y_j = \omega_k$ であり，これは j と k' が別の個人である事に矛盾．よって $I^- \cap I(t^*) = \emptyset$ である．

以上の議論より

$$x_i \succsim_i y_i \quad \forall i \in I(t^*)$$
$$x_j \succ_j y_j \quad \exists j \in I^+ \cap I(t^*) \neq \emptyset$$
$$\{x_i : i \in I(t^*)\} = \{\omega_i : i \in I(t^*)\}$$

が成り立つ．よって，$S = I(t^*)$ と置くと所望の結論を得る． $\square$

6.4 強コアの遂行可能性

前節の結果から，強コア $C\colon \mathscr{P}^I \to X$ は社会的選択関数となっている事が判った．ここでは強コアの遂行可能性について考察していく．

命題 6.3. 強コア $C\colon \mathscr{P}^I \to X$ はマスキン単調性を満たす[5]．

証明． 強コアがマスキン単調性を満たさないならば，ある $\succsim, \succsim' \in \mathscr{P}^I$ が存在して，$x = C(\succsim)$, $\succsim' \in MT(\succsim, x)$, $x \neq C(\succsim')$ である．$y = C(\succsim')$ と置く．命題 6.2 より，ある $S \subseteq I$ が存在して

$$y_i \succsim'_i x_i \ \forall i \in S$$
$$y_j \succ'_j x_j \ \exists j \in S$$
$$\{y_i\colon i \in S\} = \{\omega_i\colon i \in S\}$$

を満たす．マスキン単調変換の定義から

$$y_i \succsim_i x_i \ \forall i \in S$$
$$y_j \succ_j x_j \ \exists j \in S$$
$$\{y_i\colon i \in S\} = \{\omega_i\colon i \in S\}$$

が成り立つ．しかし，これは x が $\succsim$ のもとで強コア配分である事に矛盾． □

命題 6.4. $\mathscr{P}^I$ は豊富性を満たす．

証明． 任意の $S \subseteq I$, $\succsim_S, \succsim'_S \in \mathscr{P}^S$, $x,y \in X$ について考える．いま

$$y_i \succsim_i x_i \ \forall i \in S$$

---

[5]この結果は Sönmez (1996a) により，マッチング問題を含むより一般的なモデルで示された．なお，強コアはマスキン単調性を満たすが，非拒否権性は満たさないので，強コアがナッシュ遂行可能かどうかをマスキンの十分性定理から判断する事はできない．しかし Sönmez (1996a) は，$n \geq 3$ のとき，強コアが，マスキン単調性より強い Yamato (1992) による十分条件を満たす事を確認している．

$$y_j \succ_j x_j \quad \exists j \in S$$

とする．また

$$S^{\succ} \equiv \{i \in S : y_i \succ_i x_i\}$$
$$S^{\sim} \equiv \{i \in S : y_i \sim_i x_i\}$$

と定める．いま選好は強選好なので，任意の $i \in S^{\sim}$ について $y_i = x_i$ である．選好組 $\succsim''_S \in \mathscr{P}^S$ を

$$\succsim''_i : \begin{cases} y_i \ x_i \ \cdots & \text{if } i \in S^{\succ} \\ x_i \ \cdots & \text{if } i \in S^{\sim} \end{cases}$$

を満たすものとする．このとき，任意の $i \in S^{\succ}$ については

$$L(\succsim_i, x_i) \subseteq \Omega \setminus \{y_i\} = L(\succsim''_i, x_i) \text{ かつ } L(\succsim'_i, y_i) \subseteq \Omega = L(\succsim''_i, y_i)$$

が，任意の $i \in S^{\sim}$ については $L(\succsim''_i, y_i) = L(\succsim''_i, x_i) = \Omega$ が成立する．よって $\succsim''_S$ は所望の条件を満たす． □

命題 6.5. 強コア $C : \mathscr{P}^I \to X$ は連立耐戦略性を満たす[6]．

証明． 強コアがマスキン単調性を満たす事は命題6.3により，そしてマスキン単調性が連立耐戦略性より強い事は命題6.4と第1章の定理1.5より言える．よって強コアは連立耐戦略性を満たす． □

これまで強コアが遂行可能性の観点から望ましい事を見てきた．次の Ma (1994) による定理は，効率性と個人合理性のもとで，強コアがそれらの性質を満たす唯一の社会的選択関数である事を示している．

定理 6.1. 強コア $C : \mathscr{P}^I \to X$ は効率性，個人合理性，耐戦略性を満たす唯一の社会的選択関数である．

---

[6]Bird (1984) はこの命題の直接的な証明を与えている．Roth (1982a) は強コアが耐戦略性を満たす事を最初に示した．

証明. 強コアが効率性と個人合理性を満たす事は明らかである．耐戦略性の充足は命題 6.5 から直ちに従う．

これから一意性を示していく．$f: \mathscr{P}^I \to X$ を効率性，個人合理性，耐戦略性を満たす社会的選択関数とする．任意の $\succsim \in \mathscr{P}^I$ と $x, y \in X$ について

$$I(x, y, \succsim) \equiv \{i \in I : x_i \succ_i y_i\}$$

と定める．ここで任意の $\succsim \in \mathscr{P}^I$ について考え，以後固定する．以下，4 つのステップにより $f(\succsim) = C(\succsim)$ である事を示す．

ステップ 1 $\forall x, y \in P(\succsim), x \neq y \implies I(x, y, \succsim) \neq \emptyset$．$I(x, y, \succsim) = \emptyset$ として矛盾を導く．このとき任意の $i \in I$ について，$y_i \succsim_i x_i$ である．$x \neq y$ より，$y_j \succ_j x_j$ なる $j \in I$ が必ず存在する．これは $x \in P(\succsim)$ である事に矛盾．

ステップ 2 $\forall y \in (IR(\succsim) \cap P(\succsim)) \setminus C(\succsim), \exists j \in I(C(\succsim), y, \succsim), y_j \succ_j \omega_j$．いま逆に

$$\omega_j \succsim_j y_j \quad \forall j \in I(C(\succsim), y, \succsim)$$

だとすると，y の個人合理性より

$$y_j = \omega_j \quad \forall j \in I(C(\succsim), y, \succsim) \tag{6.6}$$

が成り立つ．グループ $I \setminus I(C(\succsim), y, \succsim) = \{i \in I : y_i \succsim_i C_i(\succsim)\}$ について，(6.6) より

$$\{\omega_i : i \in I \setminus I(C(\succsim), y, \succsim)\} = \{y_i : i \in I \setminus I(C(\succsim), y, \succsim)\} \tag{6.7}$$

が従う．ステップ 1 より，ある $j \in I \setminus I(C(\succsim), y, \succsim)$ が存在して $y_j \succ_j C_j(\succsim)$ が成り立つ．これと (6.7) から，グループ $I \setminus I(C(\succsim), y, \succsim)$ が $C(\succsim)$ から逸脱するインセンティブを持つ事になり，矛盾である．

ステップ 3 $\succsim'$ の構成．各 $i \in I$ について $\succsim'_i \in \mathscr{P}$ を以下により定める．

- $\exists a \in \Omega, C_i(\succsim) \succ_i a \succ_i \omega_i$ のとき このとき $\succsim_i$ は

$$\succsim_i: a_1 \cdots a_k\ C_i(\succsim)\ a_{k+1} \cdots a_{k+\ell}\ \omega_i\ a_{k+\ell+1} \cdots$$

のように書けるが，$\succsim_i'$ では ω_i の位置を「$C_i(\succsim)$ のすぐ下」まで上げ，そして他の変更は一切行わない．つまり

$$\succsim_i': a_1 \cdots a_k\ C_i(\succsim)\ \omega_i\ a_{k+1} \cdots a_{k+\ell}\ a_{k+\ell+1} \cdots \tag{6.8}$$

と定める．

- それ以外のとき $\succsim_i' \equiv \succsim_i$ と定める．

全ての $i \in I$ について，$\succsim_i' \in MT_i(\succsim_i, C_i(\succsim))$ ゆえ，強コアがマスキン単調である事 (命題 6.3) より，

$$C(\succsim_T, \succsim_{-T}') = C(\succsim) \quad \forall T \subseteq I \tag{6.9}$$

を得る．

ステップ 4 $\forall T \subseteq I, f(\succsim_T, \succsim_{-T}') = C(\succsim_T, \succsim_{-T}')$. T のサイズに関する帰納法により示す．

$|T| = 0$ **のケース** $f(\succsim') = C(\succsim')$ である事を示す．$f(\succsim') \neq C(\succsim')$ として矛盾を導く．ステップ 2 より，ある $j \in I(C(\succsim'), f(\succsim'), \succsim')$ が存在して

$$C_j(\succsim') \succ_j' f_j(\succsim') \succ_j' \omega_j$$

を満たすが，(6.9) より

$$C_j(\succsim) = C_j(\succsim') \succ_j' f_j(\succsim') \succ_j' \omega_j$$

となる．しかしこれは $\succsim_j'$ の構成に矛盾．

帰納法の仮定 $|T| = k \ (0 \leq k \leq n-1)$ である全ての $T \subseteq I$ について，

$$f(\succsim_T, \succsim'_{-T}) = C(\succsim_T, \succsim'_{-T})$$

と仮定する．

$|T| = k+1$ のケース いま逆に，$|T| = k+1$ を満たす $T \subseteq I$ が存在して

$$f(\succsim_T, \succsim'_{-T}) \neq C(\succsim_T, \succsim'_{-T})$$

だとする．ここで $\succsim'' \equiv (\succsim_T, \succsim'_{-T})$ と置く．ステップ 2 より，ある $j \in I(C(\succsim''), f(\succsim''), \succsim'')$ が存在して $C_j(\succsim'') \succ''_j f_j(\succsim'') \succ''_j \omega_j$ を満たす．さらに (6.9) より

$$C_j(\succsim) = C_j(\succsim'') \succ''_j f_j(\succsim'') \succ''_j \omega_j \tag{6.10}$$

が成り立つ．

- $j \in I \setminus T$ であるとき　いま $\succsim''_j = \succsim'_j$ であるが，$\succsim'_i$ の構成 (6.8) は (6.10) に矛盾．
- $j \in T$ であるとき　いま $\succsim''_j = \succsim_j$ である．ここで (6.9) より，

$$C_j(\succsim) = C_j(\succsim_{T\setminus\{j\}}, \succsim'_j, \succsim'_{-T}) \tag{6.11}$$

を得る．$|T \setminus \{j\}| = k$ より，帰納法の仮定から

$$f_j(\succsim_{T\setminus\{j\}}, \succsim'_j, \succsim'_{-T}) = C_j(\succsim_{T\setminus\{j\}}, \succsim'_j, \succsim'_{-T}) \tag{6.12}$$

である．いま $\succsim'' = (\succsim_{T\setminus\{j\}}, \succsim_j, \succsim'_{-T})$ である事に注意すると，(6.10, 6.11, 6.12) から

$$f_j(\succsim_{T\setminus\{j\}}, \succsim'_j, \succsim'_{-T}) \succ_j f_j(\succsim_{T\setminus\{j\}}, \succsim_j, \succsim'_{-T})$$

を得る．これは耐戦略性に矛盾．

以上の議論により，所望の $f(\succsim) = C(\succsim)$ が得られた． □

補題 6.1. 全射性と連立耐戦略性を満たす $f : \mathscr{P}^I \to X$ は効率性を満たす．

証明. 効率的でないなら，ある $\succsim \in \mathscr{P}^I$ と $y \in X$ が存在して

$$y_i \succsim_i f_i(\succsim) \quad \forall i \in I$$
$$y_j \succ_j f_j(\succsim) \quad \exists j \in I$$

であるが，全射性より $y = f(\succsim')$ となる選好組 $\succsim' \in \mathscr{P}^I$ が存在するので，これは連立耐戦略性に矛盾． □

補題 6.1 と定理 6.1 から，強コアが全射性，個人合理性，連立耐戦略性を満たす唯一の社会的選択関数である事が判る．この結果は Takamiya (2001) によるもので，彼はまた全射性，個人合理性，耐戦略性を満たす社会的選択関数には強コア以外のものがある事を指摘している．ただし，これら三条件に，いくつかの弱い条件を追加すると，やはり強コアがそれらを満たす唯一の社会的選択関数となる事が，Miyagawa (2002a) の結果から得られる．

なお，強コアという望ましい社会的選択関数の存在は，個人が一つの非分割財のみを消費するという本環境の設定に依存している．Konishi, Quint, and Wako (2001) は，個人が複数の非分割財を消費する設定では，$n \geq 3$ のとき，強コア配分の存在は常には保証されず，また効率性，個人合理性，耐戦略性を満たす社会的選択関数が存在しない事を示している．

学生寮の部屋を割当てる際には，いま住んでいる寮生のみでなく，退寮者から得られた部屋や，これから部屋が必要な新入生をも考慮して部屋全体の配分を考える方が自然である．Abdulkadiroğlu and Sönmez (1999) は，そうした状況に適用できる TTC アルゴリズムの拡張を行っている．彼らのアルゴリズムは強コア配分を導き，またそれにより定義される社会的選択関数は効率性，個人合理性，耐戦略性を満たす．また，Abdulkadiroğlu and Sönmez (1998) は，寮の部屋配分にくじを用いる方法を考察し，くじにより無作為に初期保有を割

当てて TTC アルゴリズムを用いる方法と，くじにより無作為に優先権を割当てて部屋を選ぶ方法との同値性を示している．

6.5 腎移植マッチングへの応用

腎臓は分割するとその機能を失う非分割財であり，また多くの国では金銭取引を認めていない[7]．Roth, Sönmez, and Ünver (2004, 以下 RSU) はこの点に着目し，腎移植マッチング問題を非分割財配分問題として考察するための分析的枠組みを考案した．本節では彼らの議論の一端を紹介する[8]．

まず，腎移植に関する基本事項を説明する[9]．腎移植方法には以下の 2 通りがある．

生体腎移植　血縁者もしくは配偶者から腎臓の提供を受ける．

死体腎移植 (献腎移植)　心臓死や脳死で亡くなった人から腎臓の提供を受ける．

腎臓の提供者の事を「ドナー」と呼ぶ．腎臓は通常，一人が二つ持っており，腎臓が一つになっても機能上支障がない．そのため，死んだ者からだけでなく，生きている者からも腎臓を移植する事ができる．ただし腎移植に際しては生体上の制約があり，その代表が以下の ABO 式血液型適合条件である[10]．

ドナーが O 型　どの血液型の移植希望者にも移植可能

ドナーが A 型　A 型と AB 型の移植希望者に移植可能

ドナーが B 型　B 型と AB 型の移植希望者に移植可能

ドナーが AB 型　AB 型の移植希望者に移植可能

---

[7] フィリピンのように臓器売買を公認している国もある．
[8] 腎移植マッチングに触れている経済学の文献として，Young (1994) と船木 (2001) を挙げておく．
[9] 本書では議論に最低限必要となる部分にのみ説明を与える．詳細は東間＝高橋 (2000) や日本臓器移植ネットワークのホームページ (http://www.jotnw.or.jp/index.html) を参照されたい．
[10] これ以外にも HLA 抗原型に関する適合条件があるが，ここでは詳細を省略している．

以下は基礎的な腎臓マッチング方法である．

ペア交換　腎移植希望者の夫を持つ二組の夫婦を考える．それぞれを夫婦1，夫婦2とする．夫1の血液型はA型，妻1の血液型はB型，夫2の血液型はB型，妻2の血液型はA型とする．妻1も妻2も臓器提供の意思はあるものの，血液型の不適合により，どちらの夫婦も夫に妻の腎臓を移植する事はできない．ここで，妻2は夫1に腎臓を提供し，妻1は夫2に腎臓を提供するというのがペア交換である[11]．

リスト交換　腎移植希望者の夫を持つ夫婦一組を考える．夫の血液型はA型で，臓器提供意思のある妻の血液型はB型であるとする．いま血液型の不適合ゆえに，妻は夫に腎臓を提供できない．このとき，妻が死体腎移植の待機者リストにいる人に腎臓を提供する代わりに，夫に死体腎移植の待機者リストにおける優先権を与える．

RSUはペア交換やリスト交換のアイデアをTTCアルゴリズムに組み込み，望ましい腎臓マッチングを見つけるためのアルゴリズムを開発した．彼らのアルゴリズムはTTCアルゴリズムの拡張であり，**トップトレーディングサイクルアンドチェーンアルゴリズム**（以下，TTCCアルゴリズム）と呼ばれている．

TTCCアルゴリズムをこれから例を用い説明する．いま12人の移植希望者が，それぞれ臓器提供の意志を持つドナーを伴い，一室に集合している状況を考える．移植希望者iの連れてきたドナーが持つ腎臓をω_iで表し，移植希望者とドナーの血液型は以下の通りとする．

血液型O　移植希望者2, 6, 9, 11，ドナー3, 5, 6, 8, 11

血液型A　移植希望者3, 5, 8，ドナー2, 4, 7, 12

血液型B　移植希望者4, 7, 12，ドナー1, 9, 10

---

[11]ペア交換は，2組間の交換に限定しているわけではなく，3組間以上が同時に腎臓の交換を行っても良い．Roth, Sönmez, and Ünver (2004) によれば，2001年にジョンス・ホプキンス病院が3組間の交換を同時に行っている．

血液型 AB　移植希望者 1, 10

移植希望者 i に対して，ABO 式血液型適合条件を満たす腎臓の集合を $\Omega_i \subseteq \Omega$ で表すと

$$\Omega_2 = \Omega_6 = \Omega_9 = \Omega_{11} = \{\omega_3, \omega_5, \omega_6, \omega_8, \omega_{11}\}$$
$$\Omega_3 = \Omega_5 = \Omega_8 = \{\omega_2, \omega_3, \omega_4, \omega_5, \omega_6, \omega_7, \omega_8, \omega_{11}, \omega_{12}\}$$
$$\Omega_4 = \Omega_7 = \Omega_{12} = \{\omega_1, \omega_3, \omega_5, \omega_6, \omega_8, \omega_9, \omega_{10}, \omega_{11}\}$$
$$\Omega_1 = \Omega_{10} = \Omega$$

となる．

各移植希望者 i は移植に参加せず同伴者のドナーと共に退場する自由があり，それを ω_i で表す．また，同伴者が誰かに腎臓を提供する代わりに死体腎移植の待機者リストにおける優先権を得るという選択肢 (つまり，リスト交換) も可能とし，これを $\boldsymbol{\omega}$ で記す．以上により，移植希望者 i は $\Omega_i \cup \{\omega_i, \boldsymbol{\omega}\}$ 上に選好を持つ事になる．いま移植希望者の選好組を以下の通りとする[12]．

$\succsim_1:\ \omega_9\ \omega_{10}\ \omega_1\ \boldsymbol{\omega}\ \omega_2\ \omega_3\ \omega_4\ \omega_5\ \omega_6\ \omega_7\ \omega_8\ \omega_{11}\ \omega_{12}$

$\succsim_2:\ \omega_{11}\ \omega_3\ \omega_5\ \omega_6\ \omega_2\ \omega_8\ \boldsymbol{\omega}$

$\succsim_3:\ \omega_2\ \omega_4\ \omega_5\ \omega_6\ \omega_7\ \omega_8\ \boldsymbol{\omega}\ \omega_{11}\ \omega_{12}\ \omega_3$

$\succsim_4:\ \omega_5\ \omega_9\ \omega_1\ \omega_8\ \omega_{10}\ \omega_3\ \boldsymbol{\omega}\ \omega_6\ \omega_4\ \omega_{11}$

$\succsim_5:\ \omega_3\ \omega_7\ \omega_{11}\ \omega_4\ \omega_5\ \omega_2\ \omega_6\ \omega_8\ \omega_{12}\ \boldsymbol{\omega}$

$\succsim_6:\ \omega_3\ \omega_5\ \omega_8\ \omega_6\ \omega_{11}\ \boldsymbol{\omega}$

$\succsim_7:\ \omega_6\ \omega_{11}\ \omega_1\ \omega_3\ \omega_9\ \omega_{10}\ \boldsymbol{\omega}\ \omega_5\ \omega_8\ \omega_7$

$\succsim_8:\ \omega_6\ \omega_4\ \omega_{11}\ \omega_2\ \omega_3\ \omega_8\ \omega_5\ \omega_7\ \omega_{12}\ \boldsymbol{\omega}$

$\succsim_9:\ \omega_3\ \omega_{11}\ \boldsymbol{\omega}\ \omega_5\ \omega_6\ \omega_8\ \omega_9$

---

[12]血液型以外の適合条件等もあるため，同じ血液型を持つ移植希望者が必ずしも同一の選好を持つとは限らず，また同じ血液型のドナーが等しく評価されるとは限らない．

$\succsim_{10}:\ \omega_{11}\ \omega_1\ \omega_4\ \omega_5\ \omega_6\ \omega_7\ \omega\ \omega_2\ \omega_3\ \omega_8\ \omega_9\ \omega_{10}\ \omega_{12}$

$\succsim_{11}:\ \omega_3\ \omega_6\ \omega_5\ \omega_{11}\ \omega_8\ \omega$

$\succsim_{12}:\ \omega_{11}\ \omega_3\ \omega_9\ \omega_8\ \omega_{10}\ \omega_{12}\ \omega_5\ \omega_1\ \omega_6\ \omega$

　この状況では TTC アルゴリズムを直接には適用できない．というのは，ある人が ω を指差しても，ω が誰かを指差す事はなく，サイクルが途切れてしまうからである．TTCC アルゴリズムはこの点を改善すべく開発されたものである．今後，自分の腎臓の移植先がまだ決まっていないドナーを「移植可能ドナー」と呼ぶ事にする．ステップ 1 においては，全てのドナーが移植可能ドナーである．また，腎臓の割当がまだ決まっていない移植希望者を「未確定移植希望者」と呼ぶ事にする．ステップ 1 においては，全ての移植希望者が未確定移植希望者である．

ステップ 1　未確定移植希望者に「移植可能ドナーの中で，あなたが移植を希望するドナーか待機者リストにおける優先権を指差しなさい」という．このとき

$$2 \to 11 \to 3 \to 2$$

というサイクルが発生する．このサイクルにいる移植希望者 3 人は，サイクルに従い腎臓の割当が確定し，移植手術を行う．つまり

$$x_2 = \omega_{11}$$
$$x_3 = \omega_2$$
$$x_{11} = \omega_3$$

となる．

ステップ 2　ステップ 1 を経て，この場に残るのは未確定移植希望者 9 人と移植可能ドナー 9 人である．ここで再度，未確定移植希望者に「移植可能な

ドナーの中で，あなたが移植を希望するドナーか待機者リストにおける優先権を指差しなさい」という．すると

$$5 \to 7 \to 6 \to 5$$

というサイクルが発生する．このサイクルにいる移植希望者3人は，サイクルに従い腎臓の割当が確定し，移植手術を行う．よって

$$x_5 = \omega_7$$
$$x_6 = \omega_5$$
$$x_7 = \omega_6$$

となる．

ステップ3 この場に残るのは未確定移植希望者6人と移植可能ドナー6人である．これまでと同じく，未確定移植希望者に「移植可能なドナーの中で，あなたが移植を希望するドナーか待機者リストにおける優先権を指差しなさい」という．しかし，このときにはサイクルが発生しない．その代わり，以下3つの「チェーン」ができている．

$$10 \to 1 \to 9 \to \boldsymbol{\omega} \tag{6.13}$$
$$12 \to 9 \to \boldsymbol{\omega}$$
$$8 \to 4 \to 9 \to \boldsymbol{\omega} \tag{6.14}$$

この3つの中から以下の基準で一つのチェーンを選ぶ事にする．

(1) 一番長いチェーンを選ぶ．

(2) 一番長いチェーンが複数個存在する場合，番号の低い移植希望者のいるチェーンを選ぶ．

基準 (1) に適合するチェーンは (6.13) と (6.14) である．基準 (2) によりチェーンを絞り込むと，(6.13) が選ばれる．ここで，そのチェーンに属す

る移植希望者については，自分が指差した対象（ドナーの腎臓か，優先順位）が割当てられる事が確定する．つまり

$$x_1 = \omega_9$$
$$x_9 = \boldsymbol{\omega}$$
$$x_{10} = \omega_1$$

である．ただし，選ばれたチェーンに属する人たちは，この場に留まるものとする．ドナー 10 についてはまだ移植先が確定していないので，次のステップにおいてもドナー 10 は移植可能ドナーである．また，割当が確定した移植希望者は，以降のステップにおいては，ここで確定した相手を指差すよう以後固定される．

ステップ 4 残る未確定移植希望者は 3 人で，移植可能ドナーは 4 人である．ここで，未確定移植希望者に「移植可能ドナーの中で，あなたが移植を希望するドナーか待機者リストにおける優先権を指差しなさい」と言う．このとき

$$4 \to 8 \to 4$$

というサイクルが一つ発生する．このサイクルの中にいる移植希望者 2 人は，サイクルに従い腎臓割当が確定し，移植手術を行う．よって

$$x_4 = \omega_8$$
$$x_8 = \omega_4$$

となる．

ステップ 5 この場に残る未確定移植希望者は 12 のみで，移植可能なドナーは 10 と 12 である．未確定移植希望者 12 に「移植可能なドナーの中で，あなたが移植を希望するドナーか待機者リストにおける優先権を指差しな

さい」と言う．すると

$$12 \to 10 \to 1 \to 9 \to \boldsymbol{\omega}$$

というチェーンが一つできている．ここでチェーンは一つしかないので，このチェーンが選ばれる．そして，まだ割当が確定していない移植希望者 12 については

$$x_{12} = \omega_{10}$$

となる．また，チェーンの最後尾であるドナー 12 の腎臓は死体腎移植の待機者リストの中にいる人に提供される事になる．

全ての移植希望者の割当が確定したのでアルゴリズムは終了し，最終的な配分として

$$x = (\omega_9, \omega_{11}, \omega_2, \omega_8, \omega_7, \omega_5, \omega_6, \omega_4, \boldsymbol{\omega}, \omega_1, \omega_3, \omega_{10})$$

が得られた．

　RSU は，TTCC アルゴリズムにより得られる配分が効率的である事，および TTCC アルゴリズムから定義される社会的選択関数が，チェーンの選び方によっては耐戦略性をも満たす事を示している[13]．なお，これまでの議論においてはどのような規模のペア交換も可能としていたが，ペア交換の規模が大きくなれば，手術を行う医師数や部屋数などの物理的な制約が出てくる．この制約を考慮し，Roth, Sönmez, and Ünver (2005) は二組間のペア交換のみに限定した場合について分析しているが，Roth, Sönmez, and Ünver (2007) は二組間だけのペア交換から三組間のペア交換を許容する事により，腎臓交換の成立数が

---

[13] 上の例で用いたチェーン選択の方法では耐戦略性を満たさない．例えば移植希望者 4 が選好を

$$\succsim_4: \omega_5 \ \omega_1 \ \omega_9 \ \omega_8 \ \omega_{10} \ \omega_3 \ \omega_6 \ \boldsymbol{\omega} \ \omega_4 \ \omega_{12}$$

として虚偽表明すると，本来得られるはずのドナー 8 より望ましい，ドナー 1 の腎臓を得る事ができる．ただし，腎移植マッチング問題においては，様々な適合条件により選好は事実上固定されるので，耐戦略性を満たす意義は必ずしも大きくない．

大幅に増加する事を指摘している．リスト交換については，O 型の移植希望者を著しく不利に扱うという点で公平性の観点から問題があるが，これについての議論は Sönmez and Ünver (2006) に詳しい．

第7章

マッチング

7.1 はじめに

　一方のグループに属するメンバーを，もう一方のグループに属するメンバーと組み合わせる問題をマッチング問題という[1]．広く議論されるマッチング問題には，一対一マッチング問題と多対一マッチング問題があり，前者は男性一人と女性一人を組み合わせる状況に見立てて**結婚問題**，後者は学生複数人と一つの学校を組み合わせる状況に見立てて**入学問題**と呼ばれている[2]．マッチング問題で目標となる望ましさの基準は，互いに「いま組んでいる相手より，あっちの方がよい」という，いわば両想いによる逸脱が起こらない事であり，その性質は安定性と呼ばれる．マッチング問題の定式化は Gale and Shapley (1962) によりなされ，彼らは安定マッチングを求めるための非常に簡明なアルゴリズムを開発した．そのアルゴリズムはゲール＝シャプレーアルゴリズム（以下，GS

---

[1] より正確には二部マッチングという．Roth and Sotomayor (1990) は二部マッチング理論を包括的に扱った代表的な書籍であり，1990 年頃までに得られた重要成果が網羅されている．三部以上のマッチングを扱った研究も少数だが存在する (Alkan, 1988; Danilov 2003; Boros, Gurvich, Jaslar, and Krasner, 2004)．マッチングのグラフ理論的な取扱については藤重 (2002) が詳しい．

[2] Roth (1984c) や Blair (1988) を始めとする多対多マッチング問題の研究も存在するが，この分野の研究蓄積は多くない．様々なタイプの二部マッチングを包括的に扱うアプローチとして，契約集合と呼ばれるものを用いる方法が Roth (1984c) や Hatfield and Milgrom (2005) らにより考案されている．

アルゴリズム）と呼ばれ，双方のうち一方が申し込み側の役割を果たし，安定マッチングの中で申し込み側にとって最適なものを与える[3]．

GSアルゴリズムは実用性が高く，日本では研修医の病院への割当において研修医を申し込み側とするGSアルゴリズムが[4]，早稲田大学高等学院では進学先である早稲田大学の学部割当において学生を申し込み側とするGSアルゴリズムが用いられている[5]．これらはいずれも多対一の「多」側を申し込み側としているわけだが，このとき申し込み側にとって正直に自身の選好を表明する事が支配戦略になっている．また，Roth (1984a) は当時アメリカの研修医マッチングで用いられていたアルゴリズムが，病院を申し込み側とするGSアルゴリズムと同じく，病院側にとって最適な安定マッチングを導く事を示している[6]．

多対一マッチングは特に応用先が多いのだが，本書では理解がより容易な一対一マッチング問題を中心的に解説する．ただし，一対一マッチング問題で成り立つ重要結果の多くは，多対一マッチングでも同じ方法で示す事ができるので，これにより失われる一般性はあまり多くない[7]．また，最終節では多対一マッチングを定式化し，学生側GSアルゴリズムの厳密な定義を与えるとともに，その環境における重要成果について述べる．

---

[3]このアルゴリズムに関するサーヴェイにはRoth (2008) がある．
[4]医師臨床研修マッチング協議会のホームページ (http://www.jrmp.jp/) に詳しい．
[5]佐々木 (2004) がその事例研究を行っている．大道＝岡田 (1996) は大阪府職員の配置を事例として，GSアルゴリズムの利用について検討している．ニューヨーク市とボストン市における学生を申し込み側とするGSアルゴリズムの利用については，それぞれAbdulkadiroğlu, Pathak, and Roth (2005) とAbdulkadiroğlu, Pathak, Roth, and Sönmez (2005, 2006) が詳しい．
[6]この方法は1990年代後半にロスの協力を伴い，研修医を申し込み側とするGSアルゴリズムをベースとする方法に変更された．その経緯についてはRoth and Peranson (1999) とRoth (2003) が詳しい．なお，多対一で「一」側を申し込みとした場合，正直申告は双方にとって支配戦略になっていない．
[7]Roth (1985a) は一対一では成り立つが，多対一では成り立たない事項について論じており，これについては本章の後半で扱う．

7.2 基本設定

ここでは一対一マッチングの設定を行う．多対一マッチングは本章の後半で，一対一マッチングの拡張として取り扱う．個人を二つのタイプに分類し，一方を「男性」，もう一方を「女性」と呼ぶ事にする[8]．$A = \{a_1, a_2, \ldots, a_{n'}\}$ により男性の集合，$B = \{b_1, b_2, \ldots, b_{n''}\}$ により女性の集合を表す．個人の集合は $I = A \cup B$，個人の総数は $n = n' + n''$ である．本章では $n' \geq 2$, $n'' \geq 2$ を仮定する．

マッチングとは，男性と女性がどのようなペアを形成しているかを表したものであり，それは関数 $x : I \to I$ のうち

$$x(a) \in B \cup \{a\} \quad \forall a \in A$$
$$x(b) \in A \cup \{b\} \quad \forall b \in B$$
$$x(x(i)) = i \quad \forall i \in I$$

を満たすものとして定義される．$x(a) \in B$ ならば男性 a が女性 $x(a)$ とマッチしている事を意味し，$x(a) = a$ ならば誰ともマッチしない事を意味する．女性側についても同様である．X をマッチング全てからなる集合とする．

男性は女性に，女性は男性に対し選好を持ち，また独身でいる事も選択の対象であるものとする．男性 $a \in A$ に対し，$B \cup \{a\}$ 上の強選好全てからなる集合を $\mathscr{P}_a$ で表す．同じく，女性 $b \in B$ に対し，$A \cup \{b\}$ 上の強選好全てからなる集合を $\mathscr{P}_b$ で表す．選好組の集合は

$$\mathscr{P}_I \equiv \mathscr{P}_A \times \mathscr{P}_B \equiv \left(\times_{a \in A} \mathscr{P}_a \right) \times \left(\times_{b \in B} \mathscr{P}_b \right)$$

で与えられ，以後ドメインを $\mathscr{P}_I$ で固定する．社会的選択対応とは非空対応 $F : \mathscr{P}_I \twoheadrightarrow X$ の事である．また社会的選択関数 $f : \mathscr{P}_I \to X$ に対し，$f(\succsim)(i) \in A \cup B$ により，$f(\succsim)$ における i のマッチする相手を表す．

---

[8] 本章では，個人は男女のいずれかに分類され，また男性は女性に，女性は男性に選好を持つものとして扱われている．これらは単純化のためであり，性分類および非異性愛に対する何らかの立場を示すものでは一切ない．

任意の選好組 $\succsim \in \mathscr{P}_I$ のもとでのマッチング $x \in X$ に関する性質を以下により について定める．マッチング x が**効率的**であるとは

$$y(i) \succsim_i x(i) \quad \forall i \in I$$
$$y(j) \succ_j x(j) \quad \exists j \in I$$

を満たす $y \in X$ が存在しない事であり，その集合を $P(\succsim)$ で表す．マッチング x が**個人合理的**であるとは

$$x(i) \succsim_i i \quad \forall i \in I$$

を満たす事であり，その集合を $IR(\succsim)$ で表す．ある男女のペア $(a,b) \in A \times B$ が x から**逸脱**するとは

$$b \succ_a x(a) \quad \text{かつ} \quad a \succ_b x(b)$$

を満たす事である．x が**安定的**であるとは，個人合理的かつ x から逸脱する男女のペアが存在しない事であり，その集合を $S(\succsim)$ で表す．安定性は本章に特有の概念であり，これはどのペアも今の相手と別れて他の相手と新たなカップルを構成するインセンティブを持たない事を意味する．社会的選択対応 F が $F \subseteq P$ ならば効率的，$F \subseteq IR$ ならば個人合理的，$F \subseteq S$ ならば安定的であるという．

次の命題は安定対応 $S : \mathscr{P}_I \twoheadrightarrow X$ が効率的である事を示している．

命題 7.1. $S \subseteq P$.

証明． 任意の $\succsim \in \mathscr{P}_I$ と $x \in S(\succsim)$ について考える．いま逆に，あるマッチング $y \in X$ が存在して

$$y(i) \succsim_i x(i) \quad \forall i \in I \tag{7.1}$$
$$y(j) \succ_j x(j) \quad \exists j \in I$$

を満たすとする．一般性を失う事なく $j \in A$ とすると，$x \in IR(\succsim)$ より $y(j) \succ_j x(j) \succsim_j j$ が得られ，$y(j) \in B$ が従う．$y(j) \neq x(j)$ ゆえに，マッチングの定義より

$j = x(x(j)) \neq x(y(j))$ であり,また $j = y(y(j))$ であるので,$y(y(j)) \neq x(y(j))$ が成り立つ.よって (7.1) から $y(y(j)) \succ_{y(j)} x(y(j))$ が従うが,これは $(j, y(j))$ が x から逸脱する事を意味し矛盾である. □

遂行可能性に関する性質は他章と同じく以下により定められる.

耐戦略性 全ての $\succsim \in \mathscr{P}_I, i \in I, \succsim'_i \in \mathscr{P}_i$ について,$f(\succsim)(i) \succsim_i f(\succsim'_i, \succsim_{-i})(i)$.

マスキン単調性 全ての $\succsim \in \mathscr{P}_I, x \in F(\succsim), \succsim' \in MT(\succsim, x)$ について,$x \in F(\succsim')$.

7.3　ゲール＝シャプレーアルゴリズム

Gale and Shapley (1962) は安定マッチングを求めるアルゴリズムを開発した.そのアルゴリズムはプロポーズの受諾・拒否といったストーリーにより理解する事ができる,平明で扱いやすいものである.ただし,そのアルゴリズムにおいては,プロポーズする側を男性にするか,女性にするかで結果が変わってくる.男性からプロポーズをするアルゴリズムを**男性最適 GS アルゴリズム**,女性からプロポーズをするアルゴリズムを**女性最適 GS アルゴリズム**と呼ぶ事にする.それらを「男性最適」「女性最適」と呼ぶ理由については後で触れるとして,まず例を用い解説を行う.

$A = \{a_1, a_2, a_3\}, B = \{b_1, b_2, b_3\}$ とし,選好組 $\succsim$ を次のように定める.

$\succsim_{a_1}: b_1\ b_2\ b_3\ a_1$

$\succsim_{a_2}: b_2\ b_3\ b_1\ a_2$

$\succsim_{a_3}: b_2\ b_1\ a_3\ b_3$

$\succsim_{b_1}: a_3\ a_1\ b_1\ a_2$

$\succsim_{b_2}: a_1\ a_3\ a_2\ b_2$

$\succsim_{b_3}: a_1\ b_3\ a_3\ a_2$

男性最適 GS アルゴリズムの例

1. a_1 が最愛の b_1 にプロポーズする．b_1 は「独身でいるより a_1 の方がよい」ので，このプロポーズを仮受諾する．

2. a_2 が最愛の b_2 にプロポーズする．b_2 は「独身でいるより a_2 の方がよい」ので，このプロポーズを仮受諾する．

3. a_3 が最愛の b_2 にプロポーズする．b_2 には既にプロポーズを仮受諾した a_2 がいるが，b_2 は「a_2 より a_3 の方がよい」ので，a_2 のプロポーズを拒否して a_3 のプロポーズを仮受諾する．

4. a_2 は b_2 に振られたので，次善の b_3 にプロポーズする．b_3 は「a_2 よりも独身でいた方がよい」ので，このプロポーズを拒否する．

5. a_2 は b_3 の次に望ましい b_1 にプロポーズする．b_1 には既にプロポーズを仮受諾した a_1 がおり，b_1 は「a_2 より a_1 の方がよい」ので，このプロポーズを拒否する．

6. どの女性にも振られた a_2 は独身になる事が確定する．また，この時点でプロポーズの仮受諾者を持たない b_3 も独身になる事が確定する．他のカップルは仮受諾を受諾に変え正式に結婚を決める．最終的に「a_2 と b_3 は独身のまま，a_1 と b_1 は婚約成立，a_3 と b_2 は婚約成立」というマッチングが成立する．

女性最適 GS アルゴリズムの例

1. b_1 が最愛の a_3 にプロポーズする．a_3 は「独身でいるより b_1 の方がよい」のでプロポーズを仮受諾する．

2. b_2 が最愛の a_1 にプロポーズする．a_1 は「独身でいるより b_2 の方がよい」のでプロポーズを仮受諾する．

3. b_3 が最愛の a_1 にプロポーズする．a_1 には既にプロポーズを仮受諾した b_2 がおり，a_1 は「b_3 より b_2 の方がよい」ので，b_3 からのプロポーズを拒否する．

4. b_3 は a_1 に振られたが，「他の男性と一緒になるくらいなら独身でいた方がよい」ので独身になる事を選択する．

5. 結局「a_2 と b_3 は独身のまま，a_1 と b_2 は婚約成立，a_3 と b_1 は婚約成立」というマッチングが成立する．

男性最適 GS アルゴリズムにより得られたマッチングを x，女性最適 GS アルゴリズムにより得られたマッチングを y とすると

$$x(a_1) = b_1, x(a_2) = a_2, x(a_3) = b_2, x(b_1) = a_1, x(b_2) = a_3, x(b_3) = b_3$$
$$y(a_1) = b_2, y(a_2) = a_2, y(a_3) = b_1, y(b_1) = a_3, y(b_2) = a_1, y(b_3) = b_3$$

である．いま興味深い事に

$$x(a_1) \succ_{a_1} y(a_1),\ x(a_2) \succsim_{a_2} y(a_2),\ x(a_3) \succ_{a_3} y(a_3)$$
$$y(b_1) \succ_{b_1} x(b_1),\ y(b_2) \succ_{b_2} x(b_2),\ y(b_3) \succsim_{b_3} x(b_3)$$

が成り立っている．つまり男性は満場一致で x を y より好む一方，女性はその逆となっている．この事実は一般的に成り立ち，男性最適（女性最適）と呼ぶ理由の一端を示している．なお，この例ではプロポーズをそれぞれ a_1, a_2, a_3 と b_1, b_2, b_3 の順番で行ったが，得られるマッチングはこの順番に左右されない．

次に，男性最適 GS アルゴリズムの一般的な定義を与える．女性最適 GS アルゴリズムの定義は，男性最適 GS アルゴリズムの定義における「男性」と「女性」を逆にすればよい．

男性最適 GS アルゴリズムの一般的な定義

待機所　全ての男性は最初に待機所にいる．男性が女性にプロポーズしてそれが仮受諾された場合，待機所から出て行くが，振られた場合は待機所に

165

戻ってくる．また，独身が決定したら待機所から出て行く．待機所に誰もいなくなったときにアルゴリズムは終了する．

男性側のリスト　各男性 a は最初に「独身でいるよりは，この女性と結婚した方がよいという女性の名前が全て書かれたリスト」を持っている．このリストを「a の可能性リスト」と呼ぶ．ただし，この可能性リスト内の女性に振られると，その女性の名前は消される．a の可能性リストに書いてある名前が何もなくなった場合には，a は独身と決定される．

女性側のリスト　各女性 b は「b の仮受諾リスト」を持っており，それには「一人の男性の名前」か「独身」しか書き込む事ができない．b の仮受諾リストに書かれているものを「リスト内容」と呼ぶ．最初の段階ではリスト内容は必ず「独身」である．女性が男性からプロポーズを受けた場合，その男性がリスト内容より望ましいならリスト内容はその男性名に更新される．その男性がリスト内容より劣る場合には，リスト内容は更新されず，その男性は振られる．

男性側のプロポーズ　待機所にいる男性の内，最もインデックスの若い者 a が，可能性リストに書かれている最上位の女性にプロポーズを行う．その女性は上記リストに従い行動する．そこで起こる可能性は四通りあり，(i) a は仮受諾され待機所から抜け，これまで仮受諾されていた男性が待機所に戻ってくる，(ii) a が仮受諾されるのみ，(iii) a は振られて待機所に戻ってくる，(iv) a は振られて独身となる，のいずれかが起こる．しかしいずれにせよ，次に行う事は，待機所にいる男性の内，最もインデックスが若い者が，自身の可能性リストに書かれている最上位の女性にプロポーズを行う事である．その男性は，(i) の場合はいま待機所に戻ってきたばかりの男性であり，(ii) か (iv) なら a の次にインデックスの若い者であり，(iii) なら a である．このプロセスを，待機所から人がいなくなるまで続ける．明らかにこのプロセスは $n' \times n''$ 回以内のステップで終了する．終了した時点で各女性の仮受諾リストに載っている男性がマッチング相手と決

定される.

選好組 $\succsim \in \mathscr{P}_I$ のもとで男性最適 GS アルゴリズムにより得られるマッチングを $S^A(\succsim) \in X$ により表し, $S^A(\succsim)$ を**男性最適安定マッチング**, $S^A : \mathscr{P}_I \to X$ を**男性最適安定関数**と呼ぶ. 以下二つの定理は男性最適安定マッチングが安定的であり, かつ男性側にとって安定的なマッチングの中で最適である事を示している. なお, 一対一マッチングにおいては, 男女の役割は完全に対称的であり, 今後の男性最適安定関数に関する議論は, 全て女性最適安定関数についても同様に成り立つ.

命題 7.2. 任意の $\succsim \in \mathscr{P}_I$ について, $S^A(\succsim) \in S(\succsim)$.

証明. $x \equiv S^A(\succsim)$ と置く. このとき x が個人合理的である事は, x が男性最適 GS アルゴリズムから得られるマッチングである事より明らかであるため, 任意の $(a,b) \in A \times B$ について

$$b \succ_a x(a) \implies x(b) \succ_b a$$

が成り立つ事を示せば十分である. $b \succ_a x(a)$ という事は, 男性最適 GS アルゴリズムにおいて, 男性 a は x においてマッチする女性より前に (あるいは独身を選ぶより前に) b にプロポーズしていた事を意味する. しかし, x において, a が b とマッチしていないという事は, b が a を振っていたという事になる. 男性最適 GS アルゴリズムにおいて, 女性のリスト内容は, その女性にとって前より望ましくなるように更新されるため

$$x(b) \succ_b a$$

が成り立つ[9]. □

男性側の選好組 $\succsim_A \in \mathscr{P}_A$ のもとで, $x, y \in X$ について

$$x(a) \succsim_a y(a) \quad \forall a \in A$$

---

[9] $x(b) = b$ である場合は, 男性最適 GS アルゴリズムにおいて, 女性 b のリスト内容は全く更新されないままプロセスは終了する事になるが, $x(b) \succ_b a$ が成り立つ事には変わりない.

$$x(a') \succ_{a'} y(a') \quad \exists a' \in A$$

が成り立つとき，$x \succ_A y$ と記す．女性についても同様に $x \succ_B y$ を定める．

定理 7.1. 任意の $\succsim \in \mathscr{P}_I$ と $y \in S(\succsim) \setminus S^A(\succsim)$ について

$$S^A(\succsim) \succ_A y$$

が成り立つ．

証明． 任意の $\succsim \in \mathscr{P}_I$ について考える．各 $a \in A$ について，少なくとも一つの安定マッチングによりマッチ可能な女性の集合を

$$S_a(\succsim) \equiv \{b \in B : \exists x \in S(\succsim),\ x(a) = b\}$$

で表す．これから，男性最適 GS アルゴリズムにおいて，a は $S_a(\succsim)$ に入っているどの女性にもプロポーズを拒否されない事を示していく．証明には男性最適 GS アルゴリズムのステップに対し帰納法を用いる．

帰納法の仮定 いま，男性最適 GS アルゴリズムの K 回目 $(1 \leq K)$ のステップが終了したとする．そのとき任意の $k \in \{1, 2, \dots, K\}$ について，k 回目のステップにおいて女性にプロポーズをした男性 a は，これまで $S_a(\succsim)$ に入っているどの女性にもプロポーズを拒否された事がないと仮定する．

帰納法の第一ステップ 1 回目のステップにおいては，a_1 が女性にプロポーズをする (あるいは独身を選択する)．このとき a_1 は $S_{a_1}(\succsim)$ 内のどの女性にもプロポーズを拒否されていない事を示す．実際，もし誰か $b \in S_{a_1}(\succsim)$ に拒否されたとすれば，それは b にとって a_1 が「独身以下」の相手である事を意味し，これは $b \in S_{a_1}(\succsim)$ に矛盾である．

その後のステップ $K+1$ 回目のステップが終了したときに，任意の $k \in \{1, 2, \dots, K+1\}$ について，k 回目のステップでプロポーズをする男性 a が $S_a(\succsim)$ に入っているどの女性にもプロポーズを拒否されてない事をこれから示す．

帰納法の仮定より，$K+1$ 回目のステップで女性にプロポーズをする男性だけを考えれば十分であり，その男性を a^{K+1} とする．背理法により，a^{K+1} のプロポーズをある $b \in S_{a^{K+1}}(\succsim)$ が拒否したと仮定する．もし，a^{K+1} がプロポーズをする直前，つまり K 回目のステップ終了直後に，b のリスト内容が独身を意味する b であるならば，a^{K+1} がプロポーズを拒否されるという背理法の仮定から $b \succ_b a^{K+1}$ が従うが，これは $b \in S_{a^{K+1}}(\succsim)$ に矛盾である．よって，K 回目のステップ終了時点における b のリスト内容は男性であり，その男性を $a \in A$ で今後記す．

この a は，K 回目のステップ終了時点で b に仮受諾されているので，a が振られていない女性の中では b を最も好む．一方，帰納法の仮定より，a は K 回目終了時ではまだ $S_a(\succsim)$ の誰にも振られていない．よって

$$b \succ_a b' \quad \forall b' \in S_a(\succsim) \setminus \{b\} \tag{7.2}$$

が成立する．また，a は b にプロポーズをしている事から

$$b \succ_a a \tag{7.3}$$

である．一方，a^{K+1} のプロポーズは b により拒否されるので

$$a \succ_b a^{K+1} \tag{7.4}$$

である．$b \in S_{a^{K+1}}(\succsim)$ より，(a^{K+1}, b) がマッチしている安定マッチング $x \in S(\succsim)$ が存在するが，(7.2, 7.3, 7.4) より，(a,b) は x から逸脱する事になり矛盾である．

以上より，男性最適 GS アルゴリズムにおいて a は，$S_a(\succsim)$ に入っているどの女性にもプロポーズを拒否されない．これは，任意の $y \in S(\succsim) \setminus S^A(\succsim)$ について $S^A(\succsim) \succ_A y$ が成り立つ事を意味している[10]． □

---

[10] もし $S_a(\succsim)$ の中で a のプロポーズを拒否する女性がいれば，ある $y \in S(\succsim) \setminus S^A(\succsim)$ が存在し，$y(a) \succ_a S^A(\succsim)(a)$ となるからである．

定理 7.1 より，男性最適安定マッチングが，安定マッチングの中で男性側にとって最適である事が判った．一方，女性側にとっては，安定マッチングの中で，男性最適安定マッチングが最も好ましくない事が次の系により示される[11]．

系 7.1. 任意の $\succsim \in \mathscr{P}_I$ と $y \in S(\succsim) \setminus S^A(\succsim)$ について

$$y \succ_B S^A(\succsim)$$

が成り立つ．

証明． $x \equiv S^A(\succsim)$ と置く．いま逆に，ある $y \in S(\succsim) \setminus \{x\}$ と $b \in B$ が存在して

$$x(b) \succ_b y(b) \tag{7.5}$$

を満たすとする．(7.5) と y の個人合理性から，$x(b) \succ_b b$ となって $x(b) \in A$ が従う．定理 7.1 から $b = x(x(b)) \succsim_{x(b)} y(x(b))$ が成り立つ．しかし $x(b) \neq y(b)$ なので，$y(x(b)) \neq y(y(b)) = b$ が成り立ち，よって

$$b \succ_{x(b)} y(x(b)) \tag{7.6}$$

が得られる．(7.5, 7.6) より，$(x(b), b)$ は y から逸脱するので，これは $y \in S(\succsim)$ に矛盾． □

定理 7.1 と系 7.1 はマッチング問題に固有の結果であり，安定マッチングの選択において片側の利害は一致する一方，両側の利害は相反する事を意味している．

---

[11]定理 7.1 と系 7.1 は，安定マッチングの集合が完備束構造を持つという，Knuth (1976) に所収されているジョン・コンウェイ (John Conway) による結果から得る事ができる．こうした安定マッチング集合の構造については Roth and Sotomayor (1990, Ch. 3) が詳しい．なお，完備束構造の成立は，Adachi (2000) によりタルスキの不動点定理の観点から再検討されている．

7.4 片側支配戦略

男性最適安定関数のもとでは,個々の男性が虚偽表明を行うインセンティブを持たないばかりか (Dubins and Freedman, 1981; Roth, 1982b)[12],どの男性のグループも共同で虚偽表明を行うインセンティブを持たない事が知られている (Dubins and Freedman, 1981).

定理 7.2. 任意の $\emptyset \neq A' \subseteq A$, $\succsim \in \mathscr{P}_I$, $\succsim'_{A'} \in \mathscr{P}_{A'}$ について,$x \equiv S^A(\succsim)$, $y \equiv S^A(\succsim'_{A'}, \succsim_{I \setminus A'})$ と置く.このとき

$$y(a) \succ_a x(a) \quad \forall a \in A'$$

は成り立たない.

系 7.2. 男性最適安定関数のもとでは,常に全ての男性について正直申告が支配戦略になっている.

定理 7.2 の証明においては次の補題が重要な役割を果たす.

補題 7.1. 任意の $\succsim \in \mathscr{P}_I$ について,$x \equiv S^A(\succsim)$ と置く.任意の $y \in IR(\succsim)$ について,もし

$$\tilde{A} \equiv \{a \in A : y(a) \succ_a x(a)\} \neq \emptyset$$

であるならば,ある男性 $\tilde{a} \in A \setminus \tilde{A}$ と女性 $\tilde{b} \in y(\tilde{A}) \equiv \bigcup_{a \in \tilde{A}} y(a)$ が存在して,$(\tilde{a}, \tilde{b})$ は y から逸脱する.

証明. x の個人合理性から

$$y(a) \succ_a x(a) \succsim_a a \quad \forall a \in \tilde{A}$$

が言えるので

$$y(\tilde{A}) \subseteq B \tag{7.7}$$

---
[12] Alcalde and Barberà (1994) は,多対一の設定で,この性質を満たす安定対応のセレクションが男性最適安定関数のみである事を示している.

が成り立つ．$x(\tilde{A}) \equiv \bigcup_{a \in \tilde{A}} x(a)$ とし，これから二つのケースに分けて考える．

ケース 1 $x(\tilde{A}) \neq y(\tilde{A})$ このとき，ある男性 $a \in \tilde{A}$ が存在して

$$b \equiv y(a) \in y(\tilde{A}) \setminus x(\tilde{A}) \tag{7.8}$$

を満たす．これからペア $(x(b), b)$ が所望の条件を満たす事を示す．もし $a \succ_b x(b)$ ならば，$b = y(a) \succ_a x(a)$ より x の安定性に矛盾するので

$$x(b) \succsim_b a$$

が従う．さらに，$[y(b) = a, a \in \tilde{A}, b \notin x(\tilde{A})]$ から $a \neq x(b)$ と $x(b) \notin \tilde{A}$ が従う事，および y が個人合理的である事から

$$x(b) \succ_b a = y(b) \succsim_b b \tag{7.9}$$

が成り立ち，これより直ちに

$$x(b) \in A \setminus \tilde{A} \tag{7.10}$$

が得られる．

さらに，$x(b) \notin \tilde{A}$ から $b = x(x(b)) \succsim_{x(b)} y(x(b))$ が従う事，および $b = y(a) \neq y(x(b))$ である事から

$$b \succ_{x(b)} y(x(b)) \tag{7.11}$$

が成立する．(7.8–7.11) より，$(\tilde{a}, \tilde{b}) = (x(b), b)$ が所望の条件を満たす事が判る．

ケース 2 $x(\tilde{A}) = y(\tilde{A})$ いま $b \in B$ を，男性最適 GS アルゴリズムにおいて，$\tilde{A}$ 内の男性からプロポーズを受ける最後の女性とし，そのプロポーズをする男性を $a \in \tilde{A}$ とする．いま (7.7) より

$$x(\tilde{A}) = y(\tilde{A}) \subseteq B \tag{7.12}$$

が成り立っており，「a が $\tilde{A}$ 内で最後にプロポーズをする男性であり，(7.12) から x において a は女性とマッチしている」ので，その女性は b でなければならず，$x(a) = b$ が従う．いま (7.12) から

$$b = x(a) \in x(\tilde{A}) = y(\tilde{A}) \tag{7.13}$$

が成り立っており，この女性 b と，ある男性 a' が所望の条件を満たす事を示していく．

まず，a が b にプロポーズする直前では，b のリスト内容が男性であった事を示す．$b \in x(\tilde{A}) = y(\tilde{A})$ より $y(b) \in \tilde{A}$ が従うので，$\tilde{A}$ の定義より

$$b = y(y(b)) \succ_{y(b)} x(y(b))$$

が成り立つ．ゆえに，男性最適 GS アルゴリズムにおいて，男性 $y(b)$ は，最終的にマッチする女性 $x(y(b))$ より前に，別の女性である b に対してプロポーズしている．さらに，男性 a が $\tilde{A}$ の中で最後にプロポーズするという仮定より，男性 $y(b)$ は，男性 a が女性 b にプロポーズするより先にプロポーズし，どこかのステップで b に振られている事になる．しかし，y の個人合理性より，男性 $y(b)$ は b にとって独身よりは望ましい相手であり，これは a が b にプロポーズする直前のリスト内容が男性である事を意味する．その男性を $a' \in A$ とする．

a' は，男性 a の b へのプロポーズによって，b に拒否される．よって，a' が x でマッチする相手は b より劣る事になり，$b \succ_{a'} x(a')$ が従う．もし $a' \in \tilde{A}$ とすると，(7.12) より a' は a のプロポーズ後に女性にプロポーズをする事となり矛盾であり

$$a' \in A \setminus \tilde{A} \tag{7.14}$$

が従う．よって

$$b \succ_{a'} x(a') \succsim_{a'} y(a') \tag{7.15}$$

173

が得られた．一方，b は a からのプロポーズの前に $y(b)$ と a' の両方にプロポーズされているが，a がプロポーズする直前のリスト内容が a' である事から

$$a' \succ_b y(b) \tag{7.16}$$

が成り立つ[13]．よって (7.13–7.16) より，$(\tilde{a}, \tilde{b}) = (a', b)$ が所望の条件を満たす事が判る． □

定理 7.2 の証明． 背理法により，ある $\emptyset \neq A' \subseteq A$, $\succsim \in \mathscr{P}_I$, $\succsim'_{A'} \in \mathscr{P}_{A'}$ が存在して

$$y(a) \succ_a x(a) \ \forall a \in A'$$

と仮定する．

まず，$y \in IR(\succsim)$ である事を示す．$y \in S(\succsim'_{A'}, \succsim_{I \setminus A'})$ より

$$y(i) \succsim_i i \ \forall i \in I \setminus A'$$

が明らかに成り立つ．また，仮にある $a \in A'$ について $a \succ_a y(a)$ ならば，$a \succ_a y(a) \succ_a x(a)$ が得られ，$x \in S(\succsim)$ に矛盾．よって

$$y \in IR(\succsim) \tag{7.17}$$

が得られた．

補題 7.1 と同様に

$$\tilde{A} \equiv \{a \in A : y(a) \succ_a x(a)\}$$

と定める．いま $\emptyset \neq A' \subseteq \tilde{A}$ である事に注意されたい．(7.17) から，補題 7.1 を適用できるので，ある $\tilde{a} \in A \setminus \tilde{A}$ と $\tilde{b} \in y(\tilde{A})$ が存在して

$$\tilde{b} \succ_{\tilde{a}} y(\tilde{a})$$

---

[13] $a' \notin \tilde{A}$ かつ $y(b) \in \tilde{A}$ より，$a' = y(b)$ のケースはない事に注意されたい．

第 7 章 マッチング

$$\tilde{a} \succ_{\tilde{b}} y(\tilde{b})$$

を満たす．しかし，これは y が $(\succsim'_{A'}, \succsim_{I \setminus A'})$ のもとで安定的である事に矛盾である． □

定理 7.2 より，男性最適安定関数のもとでは，男性側が正直申告をする事は尤もらしい想定と言える．本節では以後，女性側の戦略的行動を考察したい．そこで，男性側の真の選好組 $\succsim_A \in \mathscr{P}_A$ を固定し，女性側の選好組だけが変数である状況を考える．まず

$$\mathbf{NE}(\succsim_B, f(\succsim_A, \cdot)) \equiv \left\{ \succsim'_B \in \mathscr{P}_B : \begin{array}{c} f(\succsim_A, \succsim'_B)(b) \succsim_b f(\succsim_A, \succsim''_b, \succsim'_{B \setminus \{b\}})(b) \\ \forall b \in B, \ \forall \succsim''_b \in \mathscr{P}_b \end{array} \right\}$$

により，女性側の真の選好組が $\succsim_B$ のときの，f に関する直接ゲームにおけるナッシュ均衡の集合を表す．

次の命題は，男性最適安定関数のもとで女性が戦略的に行動しナッシュ均衡をプレイした場合にも，安定マッチングが達成される事を意味する．

命題 7.3. 任意の $\succsim_B \in \mathscr{P}_B$ ついて

$$S^A(\succsim_A, \mathbf{NE}(\succsim_B, S^A(\succsim_A, \cdot))) \subseteq S(\succsim_A, \succsim_B)$$

が成り立つ．

証明． 任意の $\succsim'_B \in \mathbf{NE}(\succsim_B, S^A(\succsim_A, \cdot))$ について考え，$x \equiv S^A(\succsim_A, \succsim'_B)$ とする．このとき x が個人合理的である事は明らかである．そこで，ある $(a,b) \in A \times B$ が存在して

$$b \succ_a x(a) \quad \text{かつ} \quad a \succ_b x(b)$$

が成り立つと仮定して矛盾を導く．いま $\succsim''_b \in \mathscr{P}_b$ を，「a が一番」でかつ「それ以外の順序づけは $\succsim'_b$ と一致する」選好とする．このとき，S^A の定義より，$y \equiv S^A(\succsim_A, \succsim''_b, \succsim'_{B \setminus \{b\}})$ について，$a = y(b)$ が成り立つ．つまり $\succsim'_b$ から $\succsim''_b$ への変更で，マッチする相手を $x(b)$ から a に改善する事ができる．これは $\succsim'_B$ がナッシュ均衡である事に矛盾である． □

175

次の命題は，安定対応の任意のセレクションのもとで，安定マッチングは必ずナッシュ均衡として実現する事を意味する．

命題 7.4. 任意の $f \in S$ について考える．このとき任意の $\succsim_B \in \mathscr{P}_B$ ついて

$$S(\succsim_A, \succsim_B) \subseteq f(\succsim_A, \mathbf{NE}(\succsim_B, f(\succsim_A, \cdot)))$$

が成り立つ．

証明. 任意の $x \in S(\succsim_A, \succsim_B)$ について考える．このとき

$$x(a) \succsim_a a \quad \forall a \in A$$

が成り立つ．ここで $\succsim'_B \in \mathscr{P}_B$ を，任意の $b \in B$ について

$$\succsim'_b : \begin{cases} x(b) \; b \; \cdots & \text{if } x(b) \neq b \\ x(b) \; \cdots & \text{if } x(b) = b \end{cases}$$

を満たす選好組とする．

まず $f(\succsim_A, \succsim'_B) = x$ を示す．任意の $y \in IR(\succsim_A, \succsim'_B)$ について考える．$\succsim'_B$ の定義と y が個人合理的である事から，任意の $b \in B$ について $y(b)$ は $x(b)$ か b のいずれかであり，それゆえ任意の $a \in A$ について $y(a)$ は $x(a)$ か a のいずれかである．よって $f(\succsim_A, \succsim'_B)$ が効率的である事から，$f(\succsim_A, \succsim'_B) = x$ が得られる．

次に $\succsim'_B \in \mathbf{NE}(\succsim_B, f(\succsim_A, \cdot))$ となっている事を示す．いま $b \in B$ が $\succsim''_b$ に戦略を変更して

$$z \equiv f(\succsim_A, \succsim''_b, \succsim'_{B \setminus \{b\}}) \tag{7.18}$$

について

$$z(b) \succ_b x(b) \tag{7.19}$$

を実現したとする．$a \equiv z(b)$ と置くと，(7.19) と x の $\succsim$ における安定性から

$$x(a) \succ_a b \tag{7.20}$$

が従う．

一方，x から z への変更により，男性 a を女性 b に奪われた形になっている女性 $x(a)$ は，$\succsim'_{x(a)}$ において「a 以外と結婚するくらいなら独身の方がまし」となっている．個人合理性より，これは z において女性 $x(a)$ が独身である事を意味する．この事実と (7.20) より，ペア $(a, x(a))$ は z から逸脱する事が判る．しかし z は (7.18) において，$(\succsim_A, \succsim''_b, \succsim'_{B\setminus\{b\}})$ での安定マッチングとして定義されており矛盾である． □

定理 7.3. 任意の $\succsim_B \in \mathscr{P}_B$ について

$$S^A(\succsim_A, \mathbf{NE}(\succsim_B, S^A(\succsim_A, \cdot))) = S(\succsim_A, \succsim_B)$$

が成り立つ．

証明. 命題 7.3 と 7.4 より直ちに従う． □

命題 7.3 と 7.4 および定理 7.3 は，Roth (1984b)，Gale and Sotomayor (1985)，Alcalde (1996) らの結果を整理し記述したものである．

7.5 両側支配戦略

男性最適安定関数のもとで，女性が虚偽表明のインセンティブを持つ事は容易に確認できる．つまり男性最適安定関数は耐戦略性を満たさない．実際，男性最適安定関数のみならず，効率性と個人合理性を満たすどのような社会的選択関数も耐戦略性を満たさない事が Alcalde and Barberà (1994) により明らかにされている[14]．

定理 7.4. 効率性，個人合理性，耐戦略性を満たす社会的選択関数 $f: \mathscr{P}_I \to X$ は存在しない．

---

[14] この定理は，Roth (1982b) が示した，耐戦略性を満たす $f \in S$ は存在しないという結果の一般化になっている．Takagi and Serizawa (2007) は別の方向からロスの定理の一般化を行っており，彼らは，男女が互いにベストと判断している場合には，その二人はマッチされるべきだという要求を定式化し，その性質が耐戦略性と両立しない事を示している．

証明．$A = \{a_1, a_2\}, B = \{b_1, b_2\}$ のケースについて考える[15]．f を定理の三条件を満たす社会的選択関数とし，矛盾を導く．以下に続く証明では，マッチングをペアごとに表記する．例えば，(a_1b_1, a_2b_2) により，a_1 と b_1 がマッチし，a_2 と b_2 がマッチする事を表す．また，(a_1, a_2b_2, b_1) であれば，a_2 と b_2 がマッチする一方，a_1 と b_1 は誰ともマッチせず独身になる事を意味する．以下の選好組とそのもとでの効率的かつ個人合理的な配分を考える．

- $\succsim^1$

    $\succsim^1_{a_1}$: $b_1\ b_2\ a_1$
    $\succsim^1_{a_2}$: $b_2\ b_1\ a_2$
    $\succsim^1_{b_1}$: $a_2\ a_1\ b_1$
    $\succsim^1_{b_2}$: $a_1\ a_2\ b_2$

    $P(\succsim^1) \cap IR(\succsim^1) = \{(a_1b_1,\ a_2b_2),\ (a_1b_2,\ a_2b_1)\}$

- $\succsim^2$

    $\succsim^2_{a_1}$: $b_1\ b_2\ a_1$
    $\succsim^2_{a_2}$: $b_2\ b_1\ a_2$
    $\succsim^2_{b_1}$: $a_2\ b_1\ a_1$
    $\succsim^2_{b_2}$: $a_1\ a_2\ b_2$

    $P(\succsim^2) \cap IR(\succsim^2) = \{(a_1,\ a_2b_2,\ b_1),\ (a_1b_2,\ a_2b_1)\}$

- $\succsim^3$

    $\succsim^3_{a_1}$: $b_1\ b_2\ a_1$
    $\succsim^3_{a_2}$: $b_2\ b_1\ a_2$
    $\succsim^3_{b_1}$: $a_2\ b_1\ a_1$
    $\succsim^3_{b_2}$: $a_1\ b_2\ a_2$

---

[15]一般のケースへの拡張は，追加する個人の選好を「独身になるのがベスト」として証明に加えればよい．というのは，そうした人々は，個人合理性のもとでは常に自分自身とマッチさせられるので，他者のマッチング決定に影響を与えないからである．

$$P(\succsim^3) \cap IR(\succsim^3) = \{(a_1b_2, a_2b_1)\}$$

- $\succsim^4$

  $\succsim^4_{a_1}$: $b_1\ a_1\ b_2$

  $\succsim^4_{a_2}$: $b_2\ b_1\ a_2$

  $\succsim^4_{b_1}$: $a_2\ a_1\ b_1$

  $\succsim^4_{b_2}$: $a_1\ a_2\ b_2$

  $$P(\succsim^4) \cap IR(\succsim^4) = \{(a_1b_1, a_2b_2), (a_1, a_2b_1, b_2)\}$$

- $\succsim^5$

  $\succsim^5_{a_1}$: $b_1\ a_1\ b_2$

  $\succsim^5_{a_2}$: $b_2\ a_2\ b_1$

  $\succsim^5_{b_1}$: $a_2\ a_1\ b_1$

  $\succsim^5_{b_2}$: $a_1\ a_2\ b_2$

  $$P(\succsim^5) \cap IR(\succsim^5) = \{(a_1b_1, a_2b_2)\}$$

$f(\succsim^1) = (a_1b_1, a_2b_2)$ が成り立つケースについて考える．もし $f(\succsim^2) = (a_1b_2, a_2b_1)$ であれば，b_1 は $\succsim^1$ において $\succsim^2_{b_1}$ を申告する方が得になる．もし $f(\succsim^2) = (a_1, a_2b_2, b_1)$ であれば，b_2 は $\succsim^2$ において $\succsim^3_{b_2}$ を申告する方が得になる．いずれにせよ耐戦略性に矛盾である．

$f(\succsim^1) = (a_1b_2, a_2b_1)$ が成り立つケースについて考える．もし $f(\succsim^4) = (a_1b_1, a_2b_2)$ であれば，a_1 は $\succsim^1$ において $\succsim^4_{a_1}$ を申告する方が得になる．もし $f(\succsim^4) = (a_1, a_2b_1, b_2)$ であれば，a_2 は $\succsim^4$ において $\succsim^5_{a_2}$ を申告する方が得になる．いずれにせよ耐戦略性に矛盾である． □

定理 7.4 は男性最適安定関数が耐戦略性を満たさない事を含意する．一方，これに対し Teo, Sethuraman, and Tan (2001) はシミュレーションを行い，問題

となる女性側に，戦略的操作を行うインセンティブを有する者は少数である事を観察している．また，Immorlica and Mahdian (2005) はその観察が，人口が多いときには一般に成り立つ事を証明している[16]．つまり，人数の多い状況においては，男性最適安定関数は上手く機能するので，定理 7.4 で示された不可能性は必ずしも深刻ではない．

7.6 マスキン単調対応

定理 7.4 は耐戦略性についての不可能性定理であるが，同様の結果はマスキン単調性についても成り立つ．というのは，マッチング環境において $\mathscr{P}_I$ は豊富性を満たすので[17]，マスキン単調性が耐戦略性よりも強い要求となるからである (Takamiya, 2007)．一方，社会的選択対応については，安定対応，効率性対応，個人合理性対応などがマスキン単調である事が容易に確かめられる．ここで問題は，そうしたマスキン単調な社会的選択対応の中で，どれが最も望ましいかという事である．次の定理は Kara and Sönmez (1996) によるもので，効率性と個人合理性のもとでは，安定対応が最小のマスキン単調な社会的選択対応である事を意味している[18]．なお，社会的選択対応の最小性は，選び取るマッチングを最もよく絞っているという意味で指示的な望ましさを持つ．

定理 7.5. 効率性，個人合理性，マスキン単調性を満たすあらゆる社会的選択対応 $F : \mathscr{P}_I \twoheadrightarrow X$ について，$S \subseteq F$ が成り立つ．

証明． 上記三条件を満たす任意の F について考える．$\succsim \in \mathscr{P}_I$，$x \in S(\succsim)$ とする．いま全ての $i \in I$ について $x(i) \succsim_i i$ が成り立っている事に注意し，$\succsim' \in \mathscr{P}_I$ を以下により定義する．

---

[16]こうした結果は多対一においても同じく成り立つ事が，Roth and Peranson (1999) と Kojima and Pathak (2008) により明らかにされている．
[17]第 6 章における同内容の結果とほぼ同じ方法で示せるので証明は省略する．
[18]安定対応は非拒否権性を満たさないので，マスキン単調性だけでは安定対応のナッシュ遂行可能性は保証されない．Kara and Sönmez (1996) は，安定対応が Yamato (1992) による，非拒否権性に拠らないナッシュ遂行可能性の十分条件を満たす事を示している．

- $x(i) = i$ であるならば, $\succsim'_i = \succsim_i$ とする.

- $x(a) \neq a$ であるような $a \in A$ については

$$b \succ'_a b' \iff b \succ_a b' \quad \forall b, b' \in B$$
$$x(a) \succsim'_a a$$
$$x(a) \succ'_a b \succ'_a a \quad \nexists b \in B$$

  とする.

- $x(b) \neq b$ であるような $b \in B$ について

$$a \succ'_b a' \iff a \succ_b a' \quad \forall a, a' \in A$$
$$x(b) \succsim'_b b$$
$$x(b) \succ'_b a \succ'_b b \quad \nexists a \in A$$

  とする.

このとき $\succsim' \in MT(\succsim, x)$ かつ $\succsim \in MT(\succsim', x)$ である. S はマスキン単調なので $x \in S(\succsim')$, よって $x \in P(\succsim') \cap IR(\succsim')$.

これから $\{x\} = P(\succsim') \cap IR(\succsim')$ を示していく. 全ての $y \in IR(\succsim')$ に対し

$$x(i) \succsim'_i y(i) \quad \forall i \in I$$

が成り立つ事を示せば十分である. 実際, 仮にある $y \in IR(\succsim')$ と $i \in I$ が存在して

$$y(i) \succ'_i x(i) \succsim'_i i$$

であれば, $y(i) \neq x(i)$ かつ $x \in S(\succsim')$ より

$$x(y(i)) \succ'_{y(i)} i = y(y(i))$$

が従う．$\succsim'_i$ の構成から

$$x(y(i)) \succsim'_{y(i)} y(i) \succ'_{y(i)} i = y(y(i))$$

となり，これは個人合理性に矛盾である．

以上の議論より

$$\emptyset \neq F(\succsim') \subseteq P(\succsim') \cap IR(\succsim') = \{x\}$$

が従い，これより $F(\succsim') = \{x\}$ を得る．これと $\succsim \in MT(\succsim', x)$ およびマスキン単調性から，所望の $x \in F(\succsim)$ を得る．よって $S \subseteq F$. □

　安定対応の遂行を分析した研究についていくつか述べておく．任意の $f \in S$ を帰結関数とする直接メカニズムは，安定対応を，どの男女のペアも逸脱しないナッシュ均衡 (Ma, 1995) と強ナッシュ均衡 (Shin and Suh, 1996; Suh, 2003; Takamiya, 2005) により遂行する事が知られており[19]，その一般的な性質は Sönmez (1997b) により明らかにされている．一方，任意の $f \in S$ を帰結関数とする直接メカニズムは，安定対応をナッシュ遂行しない事を Tatamitani (2002) が示している．安定対応と関係ないアルゴリズムに基づく無支配戦略ナッシュ遂行メカニズムは Alcalde (1996) により設計されている．

　定理7.5の証明においては，選好組 $\succsim'$ の構成が決定的に重要な役割を果たしている．選好組 $\succsim'$ は，異性とマッチしない選択の順位を $\succsim$ におけるそれより上げたものである．こうした選好組の構成が可能である事は決定的に重要であり，誰もが誰かと必ずマッチする事を望むドメインでは，定理7.5と同様の結果は成り立たず，安定対応より小さな対応がナッシュ遂行可能である事を Tadenuma and Toda (1998) は示している．また，Toda (2006) は人口が可変の環境で，S を弱い効率性条件，マスキン単調性，および人口増加についての単調性条件により特徴付けている．マスキン単調性を用いない S の特徴付けについては，Sasaki and Toda (1992) が，人口が可変の環境で，ある種の整合性条件に基づくものを与えている．

---

[19] Ma (2002) はこれらの結果が多対一マッチングで，若干の修正のもとに成り立つ事を示している．

7.7 多対一マッチングの基本設定

本節では A を学生の集合，B を学校の集合と解釈する．学生 $a \in A$ は $B \cup \{a\}$ 上に強選好 $\succsim_a$ を持っており，a はどの学校にも進学しない「浪人」を意味する．例えば，$b \succ_a a \succ_a b'$ ならば，学生 a にとって学校 b への進学は浪人より望ましいが，浪人の方が学校 b' への進学よりは望ましい．学校 $b \in B$ は整数の**定員** $c_b \geq 1$ を持っており，最大 c_b 人の学生を受け入れる事ができる[20]．学校 $b \in B$ は $A \cup \{b\}$ 上に強選好 $\succsim_b$ を持っており，b により「受け入れ可能な学生の下限」を表す．例えば，$a \succ_b b \succ_b a'$ ならば，学校 b にとって学生 a を受け入れる事は欠員が出るより望ましいが，欠員が出る方が学生 a' を受け入れるよりは望ましい．全ての $b \in B$ について $c_b = 1$ が成り立つとき，この環境は前節までで論じた一対一マッチング環境と一致する．また，一対一マッチング環境における様々な概念や記法は，多対一マッチング環境でも同様に定められるので，一部の主要なものを除き省略する．

マッチングとは非空対応

$$x : A \cup B \twoheadrightarrow A \cup B$$

のうち，任意の $a \in A$ と $b \in B$ に対し

$$\begin{aligned} &|x(a)| = 1 \text{ かつ } x(a) \subseteq B \cup \{a\} \\ &0 \leq |x(b)| \leq c_b \text{ かつ } x(b) \subseteq A \\ &x(a) = \{b\} \iff a \in x(b) \end{aligned} \qquad (7.21)$$

を満たすものの事である[21]．なお，(7.21) により，学校が定員を埋めずに $c_b - |x(b)|$ 人分の欠員を設ける事を可能にしている．

選好組 $\succsim$ のもとで，マッチング $x \in X$ が**個人合理的**であるとは

$$x(a) \succsim_a a \quad \forall a \in A$$

---

[20]定員は固定されたものとしてここでは扱う．定員を戦略変数として分析した研究には Sönmez (1997a, 1999), Konishi and Ünver (2006), Kojima (2006, 2007) などがある．

[21]学生のマッチング相手については $x(a) = \{b\}$ である場合，$x(a) = b$ と見なして以下表記する．

$$a \succ_b b \quad \forall b \in B, \ \forall a \in x(b)$$

を満たす事であり，また x が**安定的**であるとは，個人合理的かつ，$b \succ_a x(a)$ と $a \succ_b b$ が成り立つ任意の $a \in A$ と $b \in B$ について

$$|x(b)| = c_b \text{ かつ } a' \succ_b a \quad \forall a' \in x(b)$$

を満たす事である．

学生最適 GS アルゴリズムは，男性最適 GS アルゴリズムと同じ方法で以下により定義され，安定マッチングの存在を常に保証する (Gale and Shapley, 1962)[22]．

待機所 全ての学生は最初に待機所にいる．学生が学校に出願して仮合格を受けた場合，待機所から出て行くが，不合格になった場合は待機所に戻ってくる．浪人が決定した学生は待機所にはいられない．待機所に誰もいなくなったときにアルゴリズムは終了する．

学生側のリスト 各学生 a は最初に「浪人するよりは，この学校に進学した方がよいという学校名が全て書かれたリスト」を持っている．このリストを「a の受験リスト」と呼ぶ．ただし受験リスト内の学校を不合格になると，その学校名は受験リストから消される．a の受験リストに書いてある校名が何もなくなった場合には，a は浪人と決定される．

学校側のリスト 各学校 b は「b の仮合格リスト」を持っており，それには「c_b 人以内の受け入れ可能な学生の名前」しか書き込む事ができない．仮合格リストに名前が書かれている学生を「仮合格者」と呼ぶ．最初の段階で仮合格者は誰もいない．学校が学生から出願を受けたとき，その時点で定員に達していない場合，出願学生が受け入れ可能であれば，その学生の名前が仮合格リストに書かれる．一方，すでに定員に達している場合，出願学

---

[22]学校最適 GS アルゴリズムは，学校 b を同一の選好を持つ c_b 人の個人として扱う事で，男性最適 GS アルゴリズム (=女性最適 GS アルゴリズム) をそのまま用いる事ができる．

生が受け入れ可能でかつその時点での仮合格者のうち最低順位の学生より望ましいなら，その最低順位の学生は不合格となり，代わりに出願学生の名前が仮合格リストに書かれる．以上のケース以外では出願学生は不合格となる．

学生側の出願 待機所にいる学生のうち，最もインデックスが若い者 a が，受験リストに書かれている最上位の学校に出願する．その学生は上記リストに従い行動する．ここで起こる可能性は四通りあり，(i) a は仮合格を受け待機所から抜け，これまで仮合格されていた学生が不合格となり待機所に戻ってくる，(ii) a が仮合格を受け待機所から抜ける，(iii) a は不合格となり待機所に戻ってくる，(iv) a は不合格となり浪人が決定し待機所から抜ける，のいずれかが起こる．しかしいずれにせよ，次に行う事は，待機所にいる学生のうち，最もインデックスが若い者が，受験リストに書かれている最上位の学校に出願を行う事である．その学生は，(i) の場合はいま待機所に戻ってきたばかりの学生であり，(ii) か (iv) なら a の次にインデックスの若い学生であり，(iii) なら a である．このプロセスを，待機所から学生がいなくなるまで続ける．明らかにこのプロセスは $n' \times n''$ 回以内のステップで終了する．終了した時点で各学校の仮合格リストに載っている学生が正式に合格となりマッチングが決定する．

一対一マッチングにおける命題 7.2 と同様に，以下の結果が多対一マッチングでも成り立つ (Gale and Shapley, 1962)．

命題 7.5. 学生最適安定マッチングは存在し，それは学生最適 GS アルゴリズムにより求める事ができる．学校最適安定マッチングは存在し，それは学校最適 GS アルゴリズムにより求める事ができる．

7.8 多対一マッチングにおける $\succsim_b$ の扱いと基本結果

定員が c_b である学校 $b \in B$ を，定員が 1 で同一の選好を持つ c_b 個の学校と見立てる事で，結婚問題における安定性の議論や結果の多くは入学問題へほとんど自明に適用できる．しかし，これまで単純に学校の選好と呼んできた $\succsim_b$ の扱い方には二通りあり，本節ではそれぞれの扱いとそのもとで成り立つ基本結果について簡単に論じる．

7.8.1 拡張選好から導かれる順序としての $\succsim_b$

このアプローチでは，各学校 $b \in B$ は定員内の学生の集合

$$\mathscr{A}(b) \equiv \left\{ \hat{A} \subseteq A : 0 \leq |\hat{A}| \leq c_b \right\}$$

上に**拡張選好** $\succsim_b$ を持つものと考える．ここで $\succsim_b$ は $\mathscr{A}(b)$ 上の強選好であるとする．そしてその拡張選好は，各学生に対するランク付けに関する独立性条件である，**感応性条件**を満たすと仮定する (Roth, 1985a)．

感応性 任意の $\hat{A} \subsetneq A$ (ただし $0 \leq |\hat{A}| \leq c_b - 1$) について

$$\hat{A} \cup \{a\} \succsim_b \hat{A} \cup \{a'\} \iff a \succ_b a', \quad \forall a, a' \in A \setminus \hat{A}$$

$$\hat{A} \cup \{a\} \succsim_b \hat{A} \iff a \succ_b b, \quad \forall a \in A \setminus \hat{A}$$

が成り立つとき，$\succsim_b$ を $\mathscr{A}(b)$ 上の**感応選好**という．

集合 $\mathscr{A}(b)$ 上の任意の感応選好 $\succsim_b$ に対し，$A \cup \{b\}$ 上の選好 $\succsim_b$ は明らかに一意に導く事ができる．なお，感応選好を考えねば，そもそもマッチングに対する学校側からの最適性や戦略的操作については論じられない事に注意されたい．

命題 7.6. 学生最適安定関数のもとでは，常に全ての学生について正直申告が支配戦略となっている．学校側が感応選好を持っているとき，学校最適安定関数ばかりか，安定対応のいかなるセレクションのもとでも，学校にとっては正直申告が常には支配戦略になっていない．

証明. 前半は系 7.2 と同じ方法で示せる[23]. 後半については Roth (1985a) を参照されたい. □

命題 7.6 の後半は，入学問題が結婚問題と類似しているものの同一の問題ではない事を示している．次の結果は Kara and Sönmez (1997) によるもので，彼らにより示された定理 7.5 の多対一マッチングへの一般化となっている．

命題 7.7. 学校側が感応選好を持っているとき，安定対応は，効率性，個人合理性，マスキン単調性を満たす最小の社会的選択対応である．

証明. 安定対応が個人合理性を満たす事は定義より明らかで，マスキン単調性を満たす事は容易に確かめられる．安定マッチングが効率的である事は Roth (1985b) から得られる．最小性の証明は，多少煩雑になるものの定理 7.5 と全く同じ方針により得られる．□

7.8.2 優先順位としての $\succsim_b$

このアプローチでは，$A \cup \{b\}$ 上の選好 $\succsim_b$ は，学校 b にとっての学生の**優先順位**を意味する．優先順位は選好のように自由に変えられるものではなく，固定されているものと考えられる．こうしたアプローチを採る研究には Balinski and Sönmez (1999)，Ergin (2002)，Abdulkadiroğlu and Sönmez (2003) などがあり，特に**学校選択問題**と呼ばれている．このとき学校は技術的にはただの非分割財として扱われ，効率性や耐戦略性などの性質は学生側だけを考慮して定義される[24]．そうした設定において以下の結果が成り立つ．

---

[23]この事実は Roth (1985a) により指摘された．なお，定理 7.2 と同様に，この結果は学生のグループによる逸脱についても成り立つ (Martínez, Massó, Neme, and Oviedo, 2004). Hatfield and Kojima (2007) は片側の戦略的操作に関する議論を統一的なモデルで行っており，同内容の定理に簡潔な証明を与えている．

[24]例えば，マッチング x の $(\succsim_A, \succsim_B)$ における効率性は

$$y(a) \succsim_a x(a) \ \forall a \in A \text{ かつ } y(a) \succ_a x(a) \ \exists a \in A$$

を満たすマッチング y が存在しない事として定められる．つまり効率性を考える際に，学校側の感応選好や優先順位が組み入れられない．こうしたアプローチは，学校選択問題のように，学生の厚

命題 7.8. 学生最適安定関数は耐戦略性を満たす一方，効率性を満たさない．しかし他のあらゆる安定対応のセレクションより効率性の面で優れている．

証明． 耐戦略性の充足は命題 7.6 の前半から直ちに従う．これまでの議論と異なり学生最適安定関数が効率性を満たさないのは，ここでの効率性は，考慮する厚生の範囲を学生だけに限定しているためである．効率的マッチングの特徴付けは Ergin (2002) により得られているが，学生最適安定マッチングがそれを満たさない事は容易に確認でき，反例を Kesten (2005) が提供している．他のあらゆる安定対応のセレクションより効率性の面から優れている事は，命題 7.5 より従う[25]． □

7.9　ボストン方式

ここでは学校側の選好組 $\succsim_B$ は固定されたものとし（第 7.8.2 節のケース），ボストン方式という，マサチューセッツ州ボストン市をはじめとする多くの米国自治体で，公立学校と学生とのマッチングに用いられてきた方法について述べる[26]．ボストン方式は，大雑把に言うと，各ステップ t において，学生の t 番目順位のみを合否選考の対象とし，優先順位に従い上位から定員を埋めていく方法である．いま定員，優先順位，学生の選好が以下の例により与えられているものとし，そこでのボストン方式の働きと特徴について説明する[27]．

生を改善する事が主眼に置かれる際には望ましいものである．また，このとき安定性は，任意の学生について，「自分の進学先より望ましい学校には，その学校にとって自分より優先順位の低い学生は存在しない」という，一種の非羨望性としての解釈を採られる事が多い．

[25] Balinski and Sönmez (1999) はこうした一連の結果について分析しており，特に彼らは効率性を満たす安定対応のセレクションが存在しない事を示している．

[26] こうした事実や制度改革については Abdulkadiroğlu, Pathak, and Roth (2005), Abdulkadiroğlu, Pathak, Roth, and Sönmez (2005, 2006), Ergin and Sönmez (2006) が詳しい．なお，ここでは分野の慣例に従いボストン方式と呼んでいるが，ボストン市に固有の方法というわけではない．

[27] 一般的なボストン方式の定義はこの例から容易に推測できるので省略するが，参考文献として Ergin and Sönmez (2006) を挙げておく．

第 7 章 マッチング

定員　　優先順位

$c_{b_1} = 1$　　$\succsim_{b_1}: a_2\ a_1\ a_3\ a_5\ a_4\ b_1$

$c_{b_2} = 1$　　$\succsim_{b_2}: a_1\ a_2\ a_5\ a_4\ b_2\ a_3$

$c_{b_3} = 2$　　$\succsim_{b_3}: a_1\ a_4\ a_3\ b_3\ a_2\ a_5$

$c_{b_4} = 2$　　$\succsim_{b_4}: a_1\ a_4\ a_2\ a_5\ b_4\ a_3$

選好

$\succsim_{a_1}: b_1\ b_2\ b_3\ b_4\ a_1$

$\succsim_{a_2}: b_1\ b_2\ b_3\ a_2\ b_4$

$\succsim_{a_3}: b_1\ b_3\ b_2\ a_3\ b_4$

$\succsim_{a_4}: b_2\ b_4\ b_1\ b_3\ a_4$

$\succsim_{a_5}: b_3\ b_4\ b_2\ b_1\ a_5$

ステップ 1　各学校 $b \in \{b_1, b_2, b_3, b_4\}$ は自らを第一志望とする学生のみを合否判定の対象とし，そのうち「欠員より望ましい学生を定員分まで」合格とする．学校 b_1 が判定対象とする学生は a_1, a_2, a_3，合格者は a_2 である．学校 b_2 が判定対象とする学生は a_4，合格者は a_4 である．学校 b_3 が判定対象とする学生は a_5，合格者は誰もいない．学校 b_4 が判定対象とする学生は誰もいない．学校 b_1, b_2 はそれぞれ定員分の学生を確保し，学生 a_2, a_4 は進学先が決定したので，これ以降のステップに彼らは参加しない．

いま a_1 はどの学校からも一位か二位にランクされている優秀な学生であるが，第一志望の b_1 からは不合格となってしまった．一方，どの学校の優先順位からも a_1 より劣る a_4 は，a_1 にとって第二志望の学校である b_2 に合格し，これに伴い a_1 は b_2 に進学する事ができなくなっている．学生 a_1 は，b_2 を一位とする選好を表明していれば良かったのである．この事

実は，ボストン方式の問題点である，不安定性および戦略的操作への著しい脆弱性を端的に示すものである．こうした制度を用いていては，本来優先順位が高い者が希望する学校に進学できないばかりか，学生の資質とは無関係の戦略的状況により結果が左右されてしまうという事になる．

ステップ2 定員に余りのある各学校 $b \in \{b_3, b_4\}$ は，自らを第二志望とする学生のみを合否判定の対象とし，そのうち「欠員より望ましい学生を定員分まで」合格とする．ただし，いま残る学生は a_1, a_3, a_5 であり，彼らのみが考慮の対象となる．学校 b_3 が判定対象とする学生は a_3 であり，合格者は a_3 となる．学校 b_4 が判定対象とする学生は a_5 であり，合格者は a_5 となる．学生 a_1 は b_3, b_4 のいずれをも第二志望にしていないので，ここでは判定対象にならない．

学校 b_3, b_4 はまだ定員を満たしていないので次のステップに進む．進学先が決まっていない学生 a_1 も次のステップに進む．

ステップ3 定員に余りのある各学校 $b \in \{b_3, b_4\}$ は自らを第三志望とする学生のみを合否判定の対象とし，そのうち「欠員より望ましい学生を定員分まで」合格とする．ただし，いま残る学生は a_1 であり，彼のみが考慮の対象となる．学校 b_3 が判定対象とする学生は a_1 であり，合格者は a_1 となる．学校 b_4 が判定対象とする学生は誰もいない．

プロセスの終了 進学先が未決定の学生がいなくなった事で，このプロセスは終了する．以上のステップにより学生と学校のマッチング

$$x(a_1) = x(a_3) = b_3, \ x(a_2) = b_1, \ x(a_4) = b_2, \ x(a_5) = b_4$$

が定まった．一般にはこのプロセスは最大 $|B|$ 回のステップを経て終了し，その時点で進学先が未決定の学生は浪人となる事が決定する．

ステップ1で述べたように，ボストン方式は不安定なマッチングを導き，また戦略的操作に対し著しく脆弱である[28]．Ergin and Sönmez (2006) はこの問

---

[28] 学校側の優先順位を戦略変数とした場合，学校側にとっては正直申告が支配戦略になっている．

題に対し，学生たちがボストン方式のもとで戦略的行動を行いナッシュ均衡をプレイした場合，どのようなマッチングが達成されるかを分析した[29]．優先順位の組 $\succsim_B$ は固定されたものとし，$f^{\mathrm{bn}}(\,\cdot\,, \succsim_B): \mathscr{P}_A \to X$ によりボストン方式により定義される社会的選択関数を表す．

定理 7.6. 任意の $\succsim_A \in \mathscr{P}_A$ について

$$S(\succsim_A, \succsim_B) = f^{\mathrm{bn}}(\mathbf{NE}(\succsim_A, f^{\mathrm{bn}}(\,\cdot\,, \succsim_B)), \succsim_B)$$

が成り立つ．

証明. 定理 7.3 と同じ方法で示す事ができる[30]． □

系 7.3. 任意の $\succsim_A \in \mathscr{P}_A$ と $a \in A$ について

$$S^A(\succsim_A, \succsim_B)(a) \succsim_a x(a) \quad \forall x \in f^{\mathrm{bn}}(\mathbf{NE}(\succsim_A, f^{\mathrm{bn}}(\,\cdot\,, \succsim_B)), \succsim_B)$$

が成り立つ．

証明. 定理 7.6 と命題 7.8 から直ちに従う． □

この系は，ボストン方式から学生最適 GS アルゴリズムへの制度移行が，ナッシュ均衡をボストン方式のもとで実現する参照点とした場合，誰にとっても望ましい変化をもたらすという非常に強い政策的含意を持つ．こうした一連の研究を背景として，2005 年にボストン市学校委員会は，ボストン方式から学生最適 GS アルゴリズムへの移行を決定した．その詳細については，制度移行に関わった，Abdulkadiroğlu, Pathak, Roth, and Sönmez (2006) による報告が詳しい．

---

[29]この結果は，Alcalde (1996) が結婚問題で示した同内容の定理の一般化となっている．
[30]定理 7.3 では B 側をゲームのプレイヤー側としたが，ここでは役割が逆となっている．

引用文献

石井安憲,西條辰義,塩澤修平 (1995)『入門・ミクロ経済学』有斐閣.

稲沢克祐 (2006)『自治体の市場化テスト』学陽書房.

大道典子,岡田章 (1996)「職場における人員配置問題：マッチング・ゲーム理論の適用例」『オペレーションズ・リサーチ：経営の科学』,Vol. 41, 683–690 頁.

岸本哲也 (1998)『公共経済学』有斐閣.

古賀勝次郎 (1981)『ハイエクの政治経済学』新評論.

西條辰義,大和毅彦 (2000)「公共財供給」中山幹夫,武藤滋夫,船木由喜彦（編）『ゲーム理論で解く』第 2 章,有斐閣.

西條辰義,大和毅彦 (2005)「自然なメカニズム・デザインをめざして」鈴村興太郎,長岡貞男,花崎正晴（編）『経済制度の生成と設計』第 2 章,東京大学出版会.

坂原樹麗 (2004)「電力市場における効率的なオークションの設計」八田達夫,田中誠（編）『電力自由化の経済学』第 6 章,東洋経済新報社.

佐々木宏夫 (2004)「マッチング問題とその応用：大学入学者選抜の事例研究」日本 OR 学会第 51 回シンポジウム『ゲーム理論と離散数学の出会い』予稿集,25–43 頁.

鈴村興太郎 (1982)『経済計画理論』筑摩書房.

東間紘，高橋公太 (2000)『腎移植ハンドブック』中外医学社.

西部忠 (1996)『市場像の系譜学 ―「経済計算論争」をめぐるヴィジョン』東洋経済新報社.

西村直子 (2005)「オークション理論：生きた理論を目指して」今井晴雄，岡田章（編）『ゲーム理論の応用』第 1 章，勁草書房.

藤重悟 (2002)『グラフ・ネットワーク・組合わせ論』共立出版.

船木由喜彦 (2001)『エコノミックゲームセオリー：協力ゲームの応用』サイエンス社.

松島斉 (1996)「A-M メカニズム・デザインの合理性」『経済研究』第 49 号，1–15 頁.

横尾真 (2006)『オークション理論の基礎』東京電機大学出版局.

吉田耕作 (1976)『測度と積分（岩波講座 基礎数学 解析学 (I) iii)』岩波書店.

Abdulkadiroğlu, A., P.A. Pathak, and A.E. Roth (2005) "The New York city high school match," *American Economic Review, Papers and Proceedings*, Vol. 95, pp. 364–367.

Abdulkadiroğlu, A., P.A. Pathak, A.E. Roth, and T. Sönmez (2005) "The Boston public school match," *American Economic Review, Papers and Proceedings*, Vol. 95, pp. 368–371.

Abdulkadiroğlu, A., P.A. Pathak, A.E. Roth, and T. Sönmez (2006) "Changing the Boston school choice mechanism," mimeo, Columbia University, Harvard University, and Boston College.

Abdulkadiroğlu, A. and T. Sönmez (1998) "Random serial dictatorship and the core from random endowments in house allocation problems," *Econometrica*, Vol. 66, pp. 689–701.

引用文献

Abdulkadiroğlu, A. and T. Sönmez (1999) "House allocation with existing tenants," *Journal of Economic Theory*, Vol. 88, pp. 233–260.

Abdulkadiroğlu, A. and T. Sönmez (2003) "School choice: A mechanism design approach," *American Economic Review*, Vol. 93, pp. 729–747.

Abreu, D. and A. Sen (1990) "Subgame perfect implementation: A necessary and almost sufficient condition," *Journal of Economic Theory*, Vol. 50, pp. 285–299.

Abreu, D. and A. Sen (1991) "Virtual implementation in Nash equilibrium," *Econometrica*, Vol. 59, pp. 997–1021.

Abreu, D. and H. Matsushima (1992) "Virtual implementation in iteratively undominated strategies: Complete information," *Econometrica*, Vol. 60, pp. 993–1008.

Adachi, H. (2000) "On a characterization of stable matchings," *Economics Letters*, Vol. 68, pp. 43–49.

Alcalde, J. (1996) "Implementation of stable solutions to marriage problems," *Journal of Economic Theory*, Vol. 69, pp. 240–254.

Alcalde, J. and Barberá, S. (1994) "Top dominance and the possibility of strategy-proof stable solutions to matching problems," *Economic Theory*, Vol. 4, pp. 417–435.

Alkan, A. (1988) "Non-existence of stable threesome matchings," *Mathematical Social Sciences*, Vol. 16, pp. 207–209.

Alkan, A., G. Demange, and D. Gale (1991) "Fair allocation of indivisible goods and criteria of justice," *Econometrica*, Vol. 59, pp. 1023–1039.

Ando, K., M. Kato, and S. Ohseto (2008) "Strategy-proof and symmetric allocation of an indivisible good," *Mathematical Social Sciences*, Vol. 55, pp. 14–23.

Arrow, K.J. (1951) *Social Choice and Individual Values*, 2nd edition (1963), New York: Wiley. (長名寛明（訳）(1977)『社会的選択と個人的評価』日本経済新聞社．)

Arrow, K.J. and G. Debreu (1954) "Existence of an equilibrium for a competitive economy," *Econometrica*, Vol. 22, pp. 265–290.

Arrow, K.J. and F.H. Hahn (1971) *General Competitive Analysis*, Amsterdam: North-Holland. (福岡正夫，川又邦雄（訳）(1976)『一般均衡分析』岩波書店．)

Arrow, K.J. (1979) "The property rights doctrine and demand revelation under incomplete information," in *Economics and Human Welfare* (ed. by M. Boskin), New York: Academic Press.

Aumann, R. (1959) "Acceptable points in general cooperative n-person games," in *Contributions to the Theory of Games IV* (eds. by R.D. Luce and A.W. Tucker), New Jersey: Princeton University Press.

Austin-Smith, D. and J.S. Banks (1999) *Positive Political Theory I: Collective Preference*, Ann Arbor: University of Michigan Press.

Austin-Smith, D. and J.S. Banks (2005) *Positive Political Theory II: Strategy and Structure*, Ann Arbor: University of Michigan Press.

Āzacis, H. (2008) "Double implementation in a market for indivisible goods with a price constraint," *Games and Economic Behavior*, Vol. 62, pp. 140–154.

Balinski, M. and T. Sönmez (1999) "A tale of two mechanisms: Student placement," *Journal of Economic Theory*, Vol. 84, pp. 73–94.

Barberà, S. (1979) "Majority and positionalist voting in a probabilistic framework," *Review of Economic Studies*, Vol. 46, pp. 379–389.

Barberà, S. and M.O. Jackson (1995) "Strategy-proof exchange," *Econometrica*, Vol. 63, pp. 51–87.

Berga, D. and S. Serizawa (2000) "Maximal domain for strategy-proof rules with one public good," *Journal of Economic Theory*, Vol. 90, pp. 39–61.

Bergemann, D. and S. Morris (2005) "Robust mechanism design," *Econometrica*, Vol. 73, pp. 1521–1534.

Bergemann, D. and S. Morris (2007) "Ex-post implementation," forthcoming in *Games and Economic Behavior*.

Beviá, C. (2001) "Manipulation games in economies with indivisible goods," mimeo, Universitat Autònoma de Barcelona.

Bird, C.G. (1984) "Group incentive compatibility in a market with indivisible goods," *Economics Letters*, Vol. 14, pp. 309–313.

Black, D. (1948a) "The decisions of a committee using a special majority," *Econometrica*, Vol. 16, pp. 245–261.

Black, D. (1948b) "On the rationale of group decision-making," *Journal of Political Economy*, Vol. 56, pp. 23–34.

Blair, C. (1988) "The lattice structure of the set of stable matchings with multiple partners," *Mathematics of Operations Research*, Vol. 13, pp. 619–628.

Bochet, O. and B. Klaus (2007) "A note on Dasgupta, Hammond, and Maskin's (1979) domain richness condition," mimeo, Maastricht University.

Bochet, O. and T. Sakai (2007a) "Strategic manipulations of multi-valued solutions in economies with indivisibilities," *Mathematical Social Sciences*, Vol. 53, pp. 53–68.

Bochet, O. and T. Sakai (2007b) "Nash implementation in stochastic social choice," mimeo, Maastricht University and Yokohama National University.

Boros, E., V. Gurvich, S. Jaslar, and D. Krasner (2004) "Stable matchings in three-sided systems with cyclic preferences," *Discrete Mathematics*, Vol. 289, pp. 1–10.

Bulow, J. and P. Klemperer (1996) "Auctions versus negotiations," *American Economic Review*, Vol. 86, pp. 180–194.

Bulow, J. and J. Roberts (1989) "The simple economics of optimal auctions," *Journal of Political Economy*, Vol. 97, pp. 1060–1090.

Cason, T., T. Saijo, T. Sjöström, and T. Yamato (2006) "Secure implementation experiments: Do strategy-proof mechanisms really work?," *Games and Economic Behavior*, Vol. 57, pp. 206–235.

Che, Y.-K. and I. Gale (1998) "Standard auctions with financially constrained bidders," *Review of Economic Studies*, Vol. 65, pp. 1–21.

Ching, S. (1997) "Strategy-proofness and 'median voters'," *International Journal of Game Theory*, Vol. 26, pp. 473–490.

Clarke, E.H. (1971) "Multi-part pricing of public goods," *Public Choice*, Vol. 11, pp. 17–33.

Corchón, L. (1996) *The Theory of Implementation of Socially Optimal Decisions in Economics*, New York: St. Martin's Press.

Crawford, V.P. and E.M. Knoer (1981) "Job matching with heterogeneous firms and workers," *Econometrica*, Vol. 49, pp. 437–450.

Danilov, V. (1992) "Implementation via Nash equilibria," *Econometrica*, Vol. 60, pp. 43–56.

Danilov, V. (2003) "Existence of stable matchings in some three-sided systems," *Mathematical Social Sciences*, Vol. 46, pp. 145–148.

Dasgupta, P., P. Hammond, and E. Maskin (1979) "The implementation of social choice rules: Some general results on incentive compatibility," *Review of Economic Studies*, Vol. 46, pp. 185–216.

d'Aspremont, C. and L.A. Gérard-Varet (1979) "Incentives and incomplete information," *Journal of Public Economics*, Vol. 11, pp. 25–45.

Debreu, G. (1970) "Economies with a finite set of equilibria," *Econometrica*, Vol. 38, pp. 387–392.

Debreu, G. (1972) "Smooth preferences," *Econometrica*, Vol. 40, pp. 603–615.

Debreu, G. and H. Scarf (1963) "A limit theorem on the core of an economy," *International Economic Review*, Vol. 4, pp. 235–246.

Dubins, L.E. and D.A. Freedman (1981) "Machiavelli and the Gale-Shapley algorithm," *American Mathematical Monthly*, Vol. 88, pp. 485–494.

Duggan, J. (1996) "A geometric proof of Gibbard's random dictatorship theorem," *Economic Theory*, Vol. 7, pp. 365–369.

Dummett, M. and R. Farquharson (1961) "Stability in voting," *Econometrica*, Vol. 29, pp. 33–43.

Dutta, B. and A. Sen (1991) "Necessary and sufficient conditions for two-person Nash implementation," *Review of Economic Studies*, Vol. 58, pp. 121–128.

Dutta, B., A. Sen, and R. Vohra (1995) "Nash implementation through elementary mechanisms in economic environments," *Economic Design*, Vol. 1, pp. 173–203.

Ergin, H. (2002) "Efficient resource allocation on the basis of priorities," *Econometrica*, Vol. 70, pp. 2489–2497.

Ergin, H. and T. Sönmez (2006) "Games of school choice under the Boston mechanism," *Journal of Public Economics*, Vol. 90, pp. 215–237.

Farquharson, R. (1969) *Theory of Voting*, New Haven: Yale University Press.

Foley, D. (1967) "Resource allocation and the public sector," *Yale Economic Essays*, Vol. 7, pp. 45–98.

Fujinaka, Y. (2007) "A Bayesian incentive compatible mechanism for fair division," mimeo, Osaka University.

Fujinaka, Y. and T. Sakai (2007a) "Maskin monotonicity in economies with indivisible goods and money," *Economics Letters*, Vol. 94, pp. 253–258.

Fujinaka, Y. and T. Sakai (2007b) "The manipulability of fair solutions in assignment of an indivisible object with monetary transfers," *Journal of Public Economic Theory*, Vol. 9, pp. 993–1011.

Fujinaka, Y. and T. Sakai (2008) "The positive consequence of strategic manipulation in indivisible good allocation," mimeo, Osaka University and Yokohama National University.

引用文献

Fujinaka, Y. and T. Wakayama (2008) "Secure implementation in economies with indivisible objects and money," *Economics Letters*, Vol. 100, pp. 91–95.

Gale, D. and L. Shapley (1962) "College admissions and the stability of marriage," *American Mathematical Monthly*, Vol. 69, pp. 9–15.

Gale, D. and M. Sotomayor (1985) "Ms. Machiavelli and the Gale-Shapley algorithm," *American Mathematical Monthly*, Vol. 92, pp. 261–268.

Gevers, L. (1986) "Walrasian social choice: Some simple axiomatic approaches," in *Social Choice and Public Decision Making, Essays in Honor of K.J. Arrow* (eds. by W.P. Heller, R.M. Starr, and D.A. Starrett), New York: Cambridge University Press.

Gibbard, A. (1973) "Manipulation of voting schemes: A general result," *Econometrica*, Vol. 41, pp. 587–601.

Gibbard, A. (1977) "Manipulation of schemes that mix voting with chance," *Econometrica*, Vol. 45, pp. 655–681.

Glazer, J. and C.-T. Ma (1989) "Efficient allocation of a "prize"—King Solomon's dilemma," *Games Economic and Behavior*, Vol. 1, pp. 222–233.

Green, J. and J.-J. Laffont (1977) "Characterization of satisfactory mechanisms for the revelation of preferences for public goods," *Econometrica*, Vol. 45, pp. 427–438.

Green, J. and J.-J. Laffont (1979) *Incentives in Public Decision Making*, Amsterdam: North-Holland.

Groves, T. (1973) "Incentives in teams," *Econometrica*, Vol. 41, pp. 617–663.

Groves, T. (1979) "Efficient collective choice with compensation," in *Aggregation and Revelation of Preferences* (ed. by J.-J. Laffont), Amsterdam: North-Holland.

Groves, T. and J. Ledyard (1977) "Optimal allocation of public goods: A solution to the 'free rider' dilemma," *Econometrica*, Vol. 45, pp. 783–811.

Groves, T. and M. Loeb (1975) "Incentives and public inputs," *Journal of Public Economics*, Vol. 4, pp. 211–226.

Hashimoto, K. (2008) "Strategy-proofness versus efficiency on Cobb-Douglas domain of exchange economies," forthcoming in *Social Choice and Welfare*.

Hatfield, J. and P. Milgrom (2005) "Matching with contracts," *American Economic Review*, Vol. 95, pp. 913–935.

Hatfield, J. and F. Kojima (2007) "Group incentive compatibility for matching with contracts," mimeo, Stanford University and Harvard University.

Hayashi, T. and T. Sakai (2007) "Nash implementation of competitive equilibria in the job-matching market," mimeo, University of Texas at Austin and Yokohama National University.

Holmström, B. (1979) "Groves scheme on restricted domain," *Econometrica*, Vol. 47, pp. 1137–1147.

Holt, C.A.Jr. (1980) "Competitive bidding for contracts under alternative auction," *Journal of Political Economy*, Vol. 88, pp. 433–445.

Hogg, R.V. and A.T. Craig (1995) *Introduction to Mathematical Statistics* Fifth edition, New Jersey: Prentice-Hall.

Hurwicz, L. (1960) "Optimality and informational efficiency in resource allocation processes," in *Mathematical Methods in the Social Sciences* (eds. by K.J. Arrow, S. Karlin, and P. Suppes), Stanford: Stanford University Press.

Hurwicz, L. (1972a) "On informationally decentralized systems," in *Decision and Organization: A Volume in Honor of J. Marschak* (eds. by R. Radner and C.B. McGuire), Amsterdam: North-Holland.

Hurwicz, L. (1972b) "On the dimensional requirements of informationally decentralized Pareto satisfactory process," mimeo, (1977) reprinted in *Studies in Resource Allocation Processes* (eds. by K.J. Arrow and L. Hurwicz), Cambridge: Cambridge University Press.

Hurwicz, L. (1973) "The design of mechanisms for resource allocation," *American Economic Review*, Vol. 63, pp. 1–30.

Hurwicz, L. (1978) "On the interaction between information and incentives in organizations," in *Communication and Control in Society* (ed. by K. Krippendorff), New York: Scientific Publishers Inc.

Hurwicz, L. (1979a) "Outcome functions yielding Walrasian and Lindahl allocations at Nash equilibrium points," *Review of Economic Studies*, Vol. 46, pp. 217–225.

Hurwicz, L. (1979b) "On allocations attainable through Nash equilibria," *Journal of Economic Theory*, Vol. 21, pp. 140–165.

Hurwicz, L. and D. Schmeidler (1978) "Construction of outcome functions guaranteeing existence and Pareto-optimality of Nash equilibria," *Econometrica*, Vol. 46, pp. 1447–1474.

Hurwicz, L., E. Maskin, and A. Postlewaite (1995) "Feasible implementation of social choice rules when the designer does not know endowments or production sets," in *The Economics of Informational Decentralization: Complexity, Efficiency, and Stability* (ed. by J.O. Ledyard), Boston/Dordrecht/London: Kluwer Academic Publishers.

Hurwicz, L. and S. Reiter (2006) *Designing Economic Mechanisms*, Cambridge: Cambridge University Press.

Immorlica, N. and M. Mahdian (2005) "Marriage, honesty, and stability," *Proceedings of the 16th Annual ACM-SIAM Symposium on Discrete Algorithms*, pp. 53–62.

Iritani, J. (1981) "On uniqueness of general equilibrium," *Review of Economic Studies*, Vol. 48, pp. 167–171.

Jackson, M.O. (1991a) "Implementation in undominated strategies: A look at bounded mechanisms," *Review of Economic Studies*, Vol. 59, pp. 757–775.

Jackson, M.O. (1991b) "Bayesian implementation," *Econometrica*, Vol. 59, pp. 461–477.

Jackson, M.O. (2001) "A crush course in implementation theory," *Social Choice and Welfare*, Vol. 18, pp. 655–708.

Jackson, M.O. (2003) "Mechanism theory," in *Encyclopedia of Life Support Systems* (ed. by U. Derigs), Oxford UK: EOLSS Publishers.

Jackson, M.O., T. Palfrey, and S. Srivastava (1994) "Undominated Nash implementation in bounded mechanisms," *Games and Economic Behavior*, Vol. 6, pp. 474–501.

Ju, B.-G. (2003) "Strategy-proofness versus efficiency in exchange economies: General domain properties and applications," *Social Choice and Welfare*, Vol. 21, pp. 73–93.

Kaneko, M. (1983) "Housing markets with indivisibilities," *Journal of Urban Economics*, Vol. 13, pp. 22–50.

Kara, T. and T. Sönmez (1996) "Nash implementation of matching rules," *Journal of Economic Theory*, Vol. 68, pp. 425–439.

Kara, T. and T. Sönmez (1997) "Implementation of college admissions rules," *Economic Theory*, Vol. 9, pp. 197–218.

Kato, M. and S. Ohseto (2002) "Toward general impossibility theorems in pure exchange economies," *Social Choice and Welfare*, Vol. 19, pp. 659–664.

Kelso, A.S. and V.P. Crawford (1982) "Job matching, coalition formation, and gross substitutes," *Econometrica*, Vol. 50, pp. 1483–1504.

Kesten, O. (2005) "Student placement to public schools in the US: Two new solutions," mimeo, Carnegie Mellon University.

Kleindorfer, P.R. and M.R. Sertel (1994) "Auctioning the provision of an indivisible public good," *Journal of Economic Theory*, Vol. 64, pp. 20–34.

Klement, A. and Z. Neeman (2008) "Civil justice reform: A mechanism design framework," *Journal of Institutional and Theoretical Economics*, Vol. 164.

Knuth, D.E. (1976) *Mariages Stables*, Montreal: Les Presses de l'Universite de Montreal.

Kojima, F. (2006) "Mixed strategies in games of capacity manipulation in hospital-intern markets," *Social Choice and Welfare*, Vol. 27, pp. 25–28.

Kojima, F. (2007) "When can manipulations be avoided in two-sided matching markets? Maximal domain results," *The B.E. Journal of Theoretical Economics (contribution)*, Vol. 7, Article 32.

Kojima, F. and P.A. Pathak (2008) "Incentives and stability in large two-sided matching markets," forthcoming in *American Economic Review*.

Konishi, H., T. Quint, and J. Wako (2001) "On the Shapley-Scarf market: The case of multiple indivisible goods," *Journal of Mathematical Economics*, Vol. 35, pp. 1–15.

Konishi, H. and M.U. Ünver (2006) "Games of capacity manipulation in hospital-intern markets," *Social Choice and Welfare*, Vol. 27, pp. 3–24.

Krishna, V. (2002) *Auction Theory*, New York: Academic Press.

Ma, J. (1994) "Strategy-proofness and the strict core in a market with indivisibilities," *International Journal of Game Theory*, Vol. 23, pp. 75–83.

Ma, J. (1995) "Stable matchings and rematching-proof equilibria in a two-sided matching market," *Journal of Economic Theory*, Vol. 66, pp. 352–369.

Ma, J. (2002) "Stable matchings and the small core in Nash equilibrium in the college admissions problem," *Review of Economic Design*, Vol. 7, pp. 117–134.

Martínez, R., J. Massó, A. Neme, and J. Oviedo (2004) "On group strategy-proof mechanisms for a many-to-one matching model," *International Journal of Game Theory*, Vol. 33, pp. 115–128.

McKenzie, L.W. (1954) "On equilibrium in Graham's model of world trade and other competitive systems," *Econometrica*, Vol. 22, pp. 147–161.

Maskin, E. (1977, 1999) "Nash equilibrium and welfare optimality," MIT working paper/*Review of Economic Studies*, Vol. 66, pp. 23–38.

Maskin, E. (1979) "Implementation and strong Nash equilibrium," in *Aggregation and Revelation of Preferences* (ed. by J.-J. Laffont), Amsterdam: North-Holland.

Maskin, E. (1985) "The theory of implementation in Nash equilibrium: A survey," in *Social Goals And Social Organization: Volume in Memory of Elisha Pazner* (eds. by L. Hurwicz, D. Schmeidler, and H. Sonnenschein), Cambridge: Cambridge University Press.

Maskin, E. and T. Sjöström (2002) "Implementation theory," in *Handbook of Social Choice Theory Vol. I* (eds. by K.J. Arrow, A. Sen, and K. Suzumura), Amsterdam: North-Holland.

Matsushima, H. (1988) "A new approach to the implementation problem," *Journal of Economic Theory*, Vol. 45, pp. 128–144.

Matthews, S.A. (1987) "Comparing auctions for risk averse buyers: A buyer's point of view," *Econometrica*, Vol. 55, pp. 633–646.

McMillan, J. (2002) *Reinventing the Bazaar: A Natural History of Markets*, New York: W. W. Norton & Co. (瀧澤弘和, 木村友二（訳）(2007)『市場を創る—バザールからネット取引まで』NTT 出版.)

Milgrom, P (2004) *Putting Auction Theory to Work*, Cambridge: Cambridge University Press. (川又邦雄, 奥野正寛（監訳）/ 計盛英一郎, 馬場弓子（訳）(2007)『オークション理論とデザイン』東洋経済新報社.)

Milgrom, P. and R. Weber (1982) "A theory of auctions and competitive bidding," *Econometrica*, Vol. 50, pp. 1089–1122.

Mihara, H.R. (2006) "The second-price auction solves King Solomon's dilemma," mimeo, Kagawa University.

Miyagawa, E. (2002a) "Strategy-proofness and the core in house allocation problems," *Games and Economic Behavior*, Vol. 38, pp. 347–361.

Miyagawa, E. (2002b) "Subgame-perfect implementation of bargaining solutions," *Games and Economic Behavior*, Vol. 41, pp. 292–308.

Mizukami, H. and T. Wakayama (2007) "Dominant strategy implementation in economic environments," *Games and Economic Behavior*, Vol. 60, pp. 307–325.

Mizukami, H. and T. Wakayama (2008a) "The relation between non-bossiness and monotonicity," mimeo, University of Toyama and Tokyo Metropolitan University.

Mizukami, H. and T. Wakayama (2008b) "Secure implementation: An alternative characterization," mimeo, University of Toyama and Tokyo Metropolitan University.

Moore, J. and R. Repullo (1988) "Subgame perfect implementation," *Econometrica*, Vol. 56, pp. 1191–1220.

Moore, J. and R. Repullo (1990) "Nash implementation: A full characterization," *Econometrica*, Vol. 58, pp. 1083–1099.

Moulin, H. (1979) "Dominance solvable voting schemes," *Econometerica*, Vol. 47, pp. 1337–1351.

Moulin, H. (1980) "On strategy-proofness and single peakedness," *Public Choice*, Vol. 35, pp. 437–455.

Moulin, H. (1984) "Generalized Condorcet winners for single-peaked and single-plateau preferences," *Social Choice and Welfare*, Vol. 1, pp. 127–147.

Moulin, H. (1986) "Characterizations of the pivotal mechanism," *Journal of Public Economics*, Vol. 31, pp. 53–78.

Mount, K. and S. Reiter (1974) "The informational size of message spaces," *Journal of Economic Theory*, Vol. 8, pp. 161–192.

Mount, K. and S. Reiter (1977) "Economic environments for which there are Pareto satisfactory mechanisms," *Econometrica*, Vol. 45, pp. 821–842.

Muller, E. and M.A. Satterthwaite (1977) "The equivalence of strong positive association and strategy-proofness," *Journal of Economic Theory*, Vol. 14, pp. 412–418.

Murakami, Y. (1968) *The Logic of Social Choice*, London: Routledge and Kegan-Paul. (鈴村興太郎（訳）(1997)「論理と社会的選択」『村上泰亮著作集1』中央公論社．)

Myerson, R. (1979) "Incentive compatibility and the bargaining problem," *Econometrica*, Vol. 47, pp. 61–73.

Myerson, R. (1981) "Optimal auction design," *Mathematics of Operations Research*, Vol. 6, pp. 58–73.

Nagahisa, R.-I. and S.-C. Suh (1995) "A characterization of the Walras rule," *Social Choice and Welfare*, Vol. 12, pp. 335–352.

Nagahisa, R.-I. (1995) "A topological characterization of domains admitting nondictatorial, efficient, and strategy-proof rules to operate in pure exchange economies," mimeo, Kansai University.

Nakamura, S. (1990) "A feasible Nash implementation of Walrasian equilibria in the two-agent economy," *Economics Letters*, Vol. 34, pp. 5–9.

Nakamura, S. (1998) "Impossibility of Nash implementation in two-person economies," *Review of Economic Design*, Vol. 3, pp. 159–165.

Nicoló, A. (2004) "Efficiency and truthfulness with Leontief preferences. A note on two-agent, two-good economies," *Review of Economic Design*, Vol. 8, pp. 373–382.

Ohseto, S. (2000) "Strategy-proof and efficient allocation of an indivisible good on finitely restricted domains," *International Journal of Game Theory*, Vol. 29, pp. 365–374.

Ohseto, S. (2004) "Implementing egalitarian-equivalent allocation of indivisible goods on restricted domains," *Economic Theory*, Vol. 23, pp. 659–670.

Ohseto, S. (2006) "Characterizations of strategy-proof and fair mechanisms for allocating indivisible goods," *Economic Theory*, Vol. 29, pp. 111–121.

Otani, Y. and J. Sicilian (1982) "Equilibrium allocations of Walrasian preference games," *Journal of Economic Theory*, Vol. 27, pp. 47–68.

Otani, Y. and J. Sicilian (1990) "Limit properties of equilibrium allocations of Walrasian strategic games," *Journal of Economic Theory*, Vol. 51, pp. 295–312.

Palfrey, T. (2002) "Implementation theory," in *Handbook of Game Theory Vol. 3* (eds. by R. Aumann and S. Hart), Amsterdam: North-Holland.

Palfrey, T. and S. Srivastava (1987) "On Bayesian implementable allocations," *Review of Economic Studies*, Vol. 54, pp. 193–208.

Palfrey, T. and S. Srivastava (1989) "Implementation with incomplete information in exchange economies," *Econometrica*, Vol. 57, pp. 115–134.

Palfrey, T. and S. Srivastava (1993) *Bayesian Implementation*, Switzerland: Harwood Academic Publishers.

Persson, T. and G.E. Tabellini (2002) *Political Economics: Explaining Economic Policy*, Cambridge MA: MIT Press.

Postlewaite, A. and D. Schmeidler (1986) "Implementation in differential information economies," *Journal of Economic Theory*, Vol. 39, pp. 14–33.

Postlewaite, A. (1979) "Manipulation via endowments," *Review of Economic Studies*, Vol. 46, pp. 255–262.

Postlewaite, A. and D. Wettstein (1989) "Feasible and continuous implementation," *Review of Economic Studies*, Vol. 56, pp. 603–611.

Qin, C.-Z. and C.-L. Yang (2007) "Make a guess: A robust mechanism for King Solomon's dilemma," forthcoming in *Economic Theory*.

Quint, T. and J. Wako (2004) "On houseswapping, the strict core, segmentation, and linear programming," *Mathematics of Operations Research*, Vol. 29, pp. 861–877.

Quinzii, M. (1984) "Core and competitive equilibria with indivisibilities," *International Journal of Game Theory*, Vol. 13, pp. 41–60.

Reiter, S. (1974) "Informational efficiency of iterative processes and the size of message spaces," *Journal of Economic Theory*, Vol. 8, pp. 193–205.

Reiter, S. (1977) "Information and performance in the $(New)^2$ welfare economics," *American Economic Review*, Vol. 67, pp. 226–34.

Reny, P.J. (2001) "Arrow's theorem and the Gibbard-Satterthwaite theorem: A unified approach," *Economics Letters*, Vol. 70, pp. 99–105.

Repullo, R. (1987) "A simple proof of Maskin's theorem on Nash-implementation," *Social Choice and Welfare*, Vol. 4, pp. 39–41.

Riley, J.G. and W.F. Samuelson (1981) "Optimal auctions," *American Economic Review*, Vol. 71, pp. 381–392.

Rob, R. (1982) "Asymptotic efficiency of the demand revealing mechanism," *Journal of Economic Theory*, Vol. 28, pp. 209–220.

Roberts, D.J. and A. Postlewaite (1976) "The incentives for price taking behavior in large exchange economies," *Econometrica*, Vol. 44, pp. 115–127.

Roth, A.E. (1982a) "Incentive compatibility in a market with indivisibilities," *Economics Letters*, Vol. 9, pp. 127–132.

Roth, A.E. (1982b) "The economics of matching: Stability and incentives," *Mathematics of Operations Research*, Vol. 7, pp. 617–628.

Roth, A.E. (1984a) "The evolution of the labor market for medical interns and residents: A case study in game theory," *Journal of Political Economy*, Vol. 92, pp. 991–1016.

Roth, A.E. (1984b) "Misrepresentation and stability in the marriage problem," *Journal of Economic Theory*, Vol. 34, pp. 383–387.

Roth, A.E. (1984c) "Stability and polarization of interests in job matching," *Econometrica*, Vol. 52, pp. 47–57.

Roth, A.E. (1985a) "The college admissions problem is not equivalent to the marriage problem," *Journal of Economic Theory*, Vol. 36, pp. 277–288.

Roth, A.E. (1985b) "Common and conflicting interests in two-sided matching markets," *European Economic Review*, Vol. 27, pp. 75–96.

Roth, A.E. (2003) "The origins, history, and design of the resident match," *Journal of the American Medical Association*, Vol. 289, pp. 909–912.

Roth, A.E. (2008) "Deferred acceptance algorithms: History, theory, practice, and open questions," *International Journal of Game Theory*, Vol. 36, pp. 537–569.

Roth, A.E. and E. Peranson (1999) "The redesign of the matching market for American physicians: Some engineering aspects of economic design," *American Economic Review*, Vol. 89, pp. 748–780.

Roth, A.E., and A. Postlewaite (1977) "Weak versus strong domination in a market with indivisible goods," *Journal of Mathematical Economies*, Vol. 4, pp. 131–137.

Roth, A.E., T. Sönmez, and M.U. Ünver (2004) "Kidney exchange," *Quarterly Journal of Economics*, Vol. 119, pp. 457–488.

Roth, A.E., T. Sönmez, and M.U. Ünver (2005) "Pairwise kidney exchange," *Journal of Economic Theory*, Vol. 125, pp. 151–188.

Roth, A.E., T. Sönmez, and M.U. Ünver (2007) "Efficient kidney exchange: Coincidence of wants in markets with compatibility-based preferences," *American Economic Review*, Vol. 97, pp. 828–851.

Roth, A.E., and M. Sotomayor (1990) *Two-Sided Matching: A Study in Game-Theoretic Modeling and Analysis*, Cambridge: Cambridge University Press.

Saijo, T. (1987) "On constant Maskin monotonic social choice functions," *Journal of Economic Theory*, Vol. 42, pp. 382–386.

Saijo, T. (1988) "Strategy space reduction in Maskin's theorem: Sufficient conditions for Nash implementation," *Econometrica*, Vol. 56, pp. 693–700.

Saijo, T., Y. Tatamitani, and T. Yamato (1996a) "Toward natural implementation," *International Economic Review*, Vol. 37, pp. 949–980.

Saijo, T., Y. Tatamitani, and T. Yamato (1996b) "Natural implementation with a simple punishment," *Japanese Economic Review*, Vol. 47, pp. 170–185.

Saijo, T., Y. Tatamitani, and T. Yamato (1999) "Characterizing natural implementability: The fair and Walrasian correspondences," *Games and Economic Behavior*, Vol. 28, pp. 271–293.

Saijo, T., T. Sjöström, and T. Yamato (2007) "Secure implementation," *Theoretical Economics*, Vol. 2, pp. 203–229.

Saitoh, H. and S. Serizawa (2008) "Vickrey allocation rule with income effect," *Economic Theory*, Vol. 35, pp. 391–405.

Sakai, T. (2007a) "Fairness and implementability in allocation of indivisible objects with monetary compensations," *Journal of Mathematical Economics*, Vol. 43, pp. 549–563.

Sakai, T. (2007b) "Fair waste pricing: An axiomatic analysis to the NIMBY problem," mimeo, Yokohama National University.

Sakai, T. (2007c) "Second price auctions on general preference domains: Two characterizations," forthcoming in *Economic Theory*.

Sakai, T. (2008a) "Walrasian social orderings in exchange economies," forthcoming in *Journal of Mathematical Economics*.

Sakai, T. (2008b) "You do, I pay, efficiently and fairly," mimeo, Yokohama National University.

Samejima, Y. (2004) "A note on implementation of bargaining solutions," *Theory and Decision*, Vol. 59, pp. 175–191.

Sasaki, H. and M. Toda (1992) "Consistency and characterization of the core of two-sided matching problems," *Journal of Economic Theory*, Vol. 56, pp. 218–227.

Satterthwaite, M.A. (1975) "Strategy-proofness and Arrow's conditions: Existence and correspondence theorems for voting procedures and social welfare functions," *Journal of Economic Theory*, Vol. 10, pp. 187–217.

Satterthwaite, M.A. and H. Sonnenschein (1981) "Strategy-proof allocation mechanisms at differentiable points," *Review of Economic Studies*, Vol. 48, pp. 587–597.

Schmeidler, D. (1980) "Walrasian analysis via strategic outcome functions," *Econometrica*, Vol. 48, pp. 1585–1593.

Schummer, J. (1997) "Strategy-proofness versus efficiency on restricted domains of exchange economies," *Social Choice and Welfare*, Vol. 14, pp. 47–56.

Schummer, J. (2000) "Eliciting preferences to assign positions and compensation," *Games and Economic Behavior*, Vol. 30, pp. 293–318.

Schummer, J. (2004) "Almost-dominant strategy implementation: Exchange economies," *Games and Economic Behavior*, Vol. 48, pp. 154–170.

Sen, A. (1995) "The implementation of social choice functions via social choice correspondences: A general formulation and a limit result," *Social Choice and Welfare*, Vol. 12, pp. 277–292.

Serizawa, S. (2002) "Inefficiency of strategy-proof rules for pure exchange economies," *Journal of Economic Theory*, Vol. 106, pp. 219–241.

Serizawa, S. (2006) "Pairwise strategy-proofness and self-enforcing manipulation," *Social Choice and Welfare*, Vol. 26, pp. 305–331.

Serizawa, S. and J.A. Weymark (2003) "Efficient strategy-proof exchange and minimum consumption guarantees," *Journal of Economic Theory*, Vol. 109, pp. 246–263.

Serrano, R. (2004) "The theory of implementation of social choice rules," *SIAM Review*, Vol. 46, pp. 377–414.

Shapley, L. and M. Shubik (1972) "The assignment game I: The core," *International Journal of Game Theory*, Vol. 1, pp. 111–130.

Shapley, L. and H. Scarf (1974) "On cores and indivisibility," *Journal of Mathematical Economics*, Vol. 1, pp. 23–37.

Shin, S. and S.-C. Suh (1996) "A mechanism implementing the stable rule in marriage problems," *Economics Letters*, Vol. 51, pp. 185–189.

Shubik, M. (1959) *Strategy and Market Structure: Competition, Oligopoly, and the Theory of Games*, New York: Wiley.

Shuhe, L. (1995) "A unified framework for implementation and the revelation principle," *Economics Letters*, Vol. 49, pp. 335–343.

Sjöström, T. (1991) "On the necessary and sufficient conditions for Nash implementation," *Social Choice and Welfare*, Vol. 8, pp. 333–340.

Sönmez, T. (1996a) "Implementation in generalized matching problems," *Journal of Mathematical Economics*, Vol. 26, pp. 429–439.

Sönmez, T. (1996b) "Strategy-proofness in many-to-one matching problems," *Economic Design*, Vol. 1, pp. 365–380.

Sönmez, T. (1997a) "Manipulation via capacities in two-sided matching markets," *Journal of Economic Theory*, Vol. 77, pp. 197–204.

Sönmez, T. (1997b) "Games of manipulation in marriage problems," *Games and Economic Behavior*, Vol. 20, pp. 169–176.

Sönmez, T. (1999) "Can pre-arranged matches be avoided in two-sided matching markets?," *Journal of Economic Theory*, Vol. 86, pp. 148–156.

Sönmez, T. and M.U. Ünver (2006) "Kidney exchange with good samaritan donors: A characterization," mimeo, Boston College and University of Pittsburgh.

Sonnenschein, H. (1974) "An axiomatic characterization of the price mechanism," *Econometrica*, Vol. 42, pp. 425–434.

Suh, S.-C. (1997) "Double implementation in Nash and strong Nash equilibria," *Social Choice and Welfare*, Vol. 14, pp. 439–447.

Suh, S.-C. (2003) "Games implementing the stable rule of marriage problems in strong Nash equilibria," *Social Choice and Welfare*, Vol. 20, pp. 33–39.

Suijs, J. (1996) "On incentive compatibility and budget balancedness in public decision making," *Economic Design*, Vol. 2, pp. 193–209.

Sundaram, R.K. (1996) *A First Course in Optimization Theory*, New York: Cambridge University Press.

Svensson, L.G. (1983) "Large indivisibles: An analysis with respect to price equilibrium and fairness," *Econometrica*, Vol. 51, pp. 939–954.

Tadenuma, K. and W. Thomson (1991) "No-envy and consistency in economies with indivisible goods," *Econometrica*, Vol. 59, pp. 1755–1767.

Tadenuma, K. and W. Thomson (1993) "The fair Allocation of an indivisible good when monetary compensations are possible," *Mathematical Social Sciences*, Vol. 25, pp. 117–132.

Tadenuma, K. and W. Thomson (1995) "Games of fair division," *Games and Economic Behavior*, Vol. 9, pp. 191–204.

Tadenuma, K. and M. Toda (1998) "Implementable stable solutions to pure matching problems," *Mathematical Social Sciences*, Vol. 35, pp. 121–132.

Takagi, S. and S. Serizawa (2007) "An impossibility theorem in matching problems," mimeo, Osaka University.

Takamiya, K. (2001) "Coalition strategy-proofness and monotonicity in Shapley-Scarf housing markets," *Mathematical Social Sciences*, Vol. 41, pp. 201–213.

Takamiya, K. (2005) "Preference revelation games and strong cores of allocation problems with indivisibilities," mimeo, Osaka University.

Takamiya, K. (2007) "Domains of social choice functions on which coalition strategy-proofness and Maskin monotonicity are equivalent," *Economics Letters*, Vol. 95, pp. 348–354.

Tanaka, Y. (2003) "An alternative direct proof of Gibbard's random dictatorship theorem," *Review of Economic Design*, Vol. 8, pp. 319–328.

Tatamitani, Y. (1994) "Coalition formation in games of fair division," *Economics Letters*, Vol. 44, pp. 371–376.

Tatamitani, Y. (2001) "Implementation by self-relevant mechanisms," *Journal of Mathematical Economics*, Vol. 35, pp. 427–444.

Tatamitani, Y. (2002) "Implementation by self-relevant mechanisms: Applications," *Mathematical Social Sciences*, Vol. 44, pp. 253–276.

Teo, C.-P., J. Sethuraman, and W.-P. Tan (2001) "Gale-Shapley stable marriage problem revisited: Strategic issues and applications," *Management Sciences*, Vol. 47, pp. 1252–1267.

Thomson, W. (1979) "Comment: On allocations attainable through Nash equilibria," in *Aggregation and Revealed Preferences* (eds. by J.-J. Laffont), Amsterdam: North-Holland.

Thomson, W. (1987) "The vulnerability to manipulative behavior of economic mechanisms designed to select equitable and efficient outcomes," in *Information, Incentives and Economic Mechanisms* (eds. by T. Groves, R. Radner, and S. Reiter), Minneapolis: University of Minnesota Press.

Thomson, W. (1996) "Concepts of implementation," *Japanese Economic Review*, Vol. 47, pp. 133–143.

Thomson, W. (1999) "Monotonic extensions on economic domains," *Review of Economic Design*, Vol. 4, pp. 13–33.

Tian, G. (1992) "Implementation of the Walrasian correspondence without continuous, convex, and ordered preferences," *Social Choice and Welfare*, Vol. 9, pp. 117–130.

Toda, M. (2006) "Monotonicity and consistency in matching markets," *International Journal of Game Theory*, Vol. 34, pp. 13–31.

Vickrey, W. (1960) "Utility, strategy, and social decision rules," *Quarterly Journal of Economics*, Vol. 74, pp. 507–535.

Vickrey, W. (1961) "Counterspeculation, auctions, and competitive sealed tenders," *Journal of Finance*, Vol. 16, pp. 8–37.

Wako, J. (1984) "A note on the strong core of a market with indivisible goods," *Journal of Mathematical Economics*, Vol. 13, pp. 189–194.

Wako, J. (1991) "Some properties of weak domination in an exchange market with indivisible goods," *Economic Studies Quarterly*, Vol. 42, pp. 303–314.

Walker, M. (1978) "On the characterization of mechanisms for the revelation of preferences," *Econometrica*, Vol. 46, pp. 147–152.

Williams, S.R. (1986) "Realization and Nash implementation: Two aspects of mechanism design," *Econometrica*, Vol. 54, pp. 139–151.

Williams, S.R. (2002) "Sufficient conditions for Nash implementation," *Review of Economic Design*, Vol. 6, pp. 325–342.

Wilson, R. (1967) "Competitive bidding with asymmetric information," *Management Science*, Vol. 13, pp. 816–820.

Wilson, R. (1969) "Competitive bidding with disparate information," *Management Science*, Vol. 15, pp. 446–448.

Yamato, T. (1992) "On Nash implementation of social choice correspondences," *Games and Economic Behavior*, Vol. 4, pp. 484–92.

Yamato, T. (1999) "Nash implementation and double implementation: Equivalence theorems," *Journal of Mathematical Economics*, Vol. 31, pp. 215–238.

Yi, G. (1991) "Manipulation via withholding: A generalization," *Review of Economic Studies*, Vol. 58, pp. 817–820.

Young, P. (1994) *Equity: In Theory and Practice*, New Jersey: Princeton University Press.

Zhou, L. (1991) "Inefficiency of strategy proof allocation mechanisms in pure exchange economies," *Social Choice and Welfare*, Vol. 8, pp. 247–254.

索　引

あ　行

安定的（stable）　162, 184
逸脱（block）　162
一般化中位選択関数（generalized median choice function）　51
ε-近似（ε-approximation）　53
オークションルール（auction rule）　101

か　行

拡張選好（extended preference）　186
拡張耐戦略性（extended strategy-proofness）　33
学校選択問題（school choice problem）　187
環境（environment）　8
観察可能（observable）　25
完全混合（totally mixed）　52
感応性（responsiveness）　186
感応選好（responsive preference）　186
完備性（completeness）　xv
帰結（outcome）　7
帰結関数（outcome function）　11
期待外部性関数（expected externality function）　69
期待グローヴス関数（expected Groves function）　67
境界条件（boundary condition）　94
強コア配分（strict core allocation）　138
強選好（strict preference）　xvi
強単調性（strict monotonicity）　77
金銭移転関数（monetary transfer function）　56
クラーク関数（Clarke function）　64

グラフ（graph）　8
グローヴス関数（Groves function）　59
計画者（planner）　14
ゲーム（game）　11
結婚問題（marriage problem）　159
決定関数（decision function）　56
決定効率的（decision efficient）　56
顕示原理（revelation principle）　28
コア配分（core allocation）　139
厚生同値（welfare equivalent）　105
厚生独立性（welfare independence）　89, 131
効率的（efficient）　39, 56, 77, 105, 123, 138, 162
個人（individual）　7
個人合理的（individually rational）　77, 138, 162, 183
個人実行可能（individually feasible）　95
古典的選好（classical preference）　77

さ　行

最小単調拡張（minimal monotonic extension）　89
最適オークション（optimal auction）　115
自己関連性（self relevancy）　24
自然遂行（natural implementation）　24
実行可能（feasible）　96
実質的ナッシュ遂行可能（virtually Nash implementable）　53
私的価値モデル（private value model）　99
支配戦略（dominant strategy）　28
支配戦略均衡（dominant strategy equilibrium）　28
社会的選択関数（social choice function）　8

索　引

社会的選択対応（social choice correspondence）
　　8
弱無差別性（weak indifference）　48
収入同値定理（revenue equivalence theorem）
　　114
準線形環境（quasi-linear environment）　55
条件 α（condition α）　90
情報分権的（informationally decentralized）
　　14
初期保有ベクトル（initial endowment vector）
　　76
女性最適 GS アルゴリズム（woman optimal Gale-Shapley algorithm）　163
推移性（transitivity）　xv
遂行（implementation）　12
遂行可能（implementable）　12
水平性（symmetry）　124
制約ワルラス対応（constrained Walras correspondence）　89
制約ワルラス配分（constrained Walras allocation）　88
セキュア遂行（secure implementation）　26
セレクション（selection）　xvii
線形（linear）　77
選好（preference）　xv
選好組（preference profile）　7
選好集合（preference set）　7
全射性（ontoness）　46, 139

た　行

第一価格オークション（first price auction）
　　107
対称（symmetric）　103
対称部分（symmetric part）　xvi
耐戦略性（strategy-proofness）　9, 78, 103, 124, 139, 163
第二価格オークション（second price auction）
　　106
男性最適 GS アルゴリズム（man optimal Gale-Shapley algorithm）　163
男性最適安定関数（man optimal stable rule）
　　167
男性最適安定マッチング（man optimal stable matching）　167
単峰的（single-peaked）　49
中位選択関数（median choice function）　50
直接ゲーム（direct game）　10
直接メカニズム（direct mechanism）　10
TTC 配分（TTC allocation）　142
定員（capacity）　183
独裁者（dictator）　39, 78
独裁制（dictatorship）　39, 78
凸性（convexity）　77
トップトレーディングサイクルアルゴリズム（top trading cycle algorithm）　139
トップトレーディングサイクルアンドチェーンアルゴリズム（top trading cycle and chain algorithm）　152
ドメイン（domain）　7

な　行

ナッシュ均衡（Nash equilibrium）　15
ナッシュ遂行（Nash implementation）　15
ナッシュ遂行可能（Nash implementable）　15
二重遂行（double implementation）　26
入学問題（college admission problem）　159

は　行

配分（allocation）　73
バランス（balance）　95
反射性（reflexivity）　xv
非課性（non-imposition）　101
非拒否権性（no-veto power）　19
非羨望的（envy-free）　123

223

非対称性（asymmetry） xvi
非対称部分（asymmetric part） xvi
非独裁制（non-dictatorship） 78
評価（valuation） 100, 122
評価ベクトル（valuation vector） 56
平等確率独裁制（equal probability dictatorship） 54
封印入札オークション（sealed-bid auction） 99
フォンノイマン＝モルゲンシュテルン選好（von Neumann-Morgenstern preference） 52
部分対応（subcorrespondence） xvii
分布関数（distribution function） 102
ベイジアンナッシュ均衡（Bayesian Nash equilibrium） 103
ベイジアン誘因両立性（Bayesian incentive compatibility） 66, 67, 103
豊富性（richness） 35
ボストン方式（Boston rule） 188

ま 行

マスキン単調性（Maskin monotonicity） 17, 18, 78, 124, 139, 163
マスキン単調変換（Maskin monotonic transformation） 17, 18
マッチング（matching） 161, 183
密度関数（density function） 102
無作為独裁制（random dictatorship） 54
無支配戦略（undominated strategy） 32
メカニズム（mechanism） 11
メッセージ（message） 11

メッセージ集合（message set） 11

や 行

有界メカニズム（bounded mechanism） 32
有界メカニズムにより無支配戦略遂行可能（undominated strategy implementable via bounded mechanisms） 33
優先順位（priority ordering） 187
予算均衡性（budget balancedness） 64
予算実行可能性（budget feasibility） 64
予算集合（budget set） 79

ら 行

利己性条件（selfishness） 73
立証可能（verifiable） 25
留保価格（reservation price） 116
留保価格付き第二価格オークション（second price auction with a reservation price） 116
劣位集合（lower contour set） 17
連続性（continuity） 77
連続メカニズム（continuous mechanism） 96
連立耐戦略性（coalition strategy-proofness） 34

わ 行

割当ベクトル（assignment vector） 100, 122
ワルラス対応（Walras correspondence） 79
ワルラス配分（Walras allocation） 79
ワルラス流社会的選択（Walrasian social choice） 14

《著者紹介》

坂井豊貴（さかい・とよたか）

1975年生まれ．2005年ロチェスター大学大学院経済学博士課程修了．Ph.D.（経済学）．現在，横浜国立大学経済学部・国際社会科学研究科准教授．主要論文："Non-manipulable division rules in claim problems and generalizations" (with B.-G. Ju and E. Miyagawa), *Journal of Economic Theory*, 2007；"Second price auctions on general preference domains: two characterizations," *Economic Theory*, 2008．

藤中裕二（ふじなか・ゆうじ）

1978年生まれ．2007年神戸大学大学院経済学研究科博士課程修了．博士（経済学）．現在，大阪大学社会経済研究所・日本学術振興会特別研究員．主要論文："The manipulability of fair solutions in assignment of an indivisible object with monetary transfers" (with T. Sakai), *Journal of Public Economic Theory*, 2007；"Maskin monotonicity in economies with indivisible goods and money" (with T. Sakai), *Economics Letters*, 2007．

若山琢磨（わかやま・たくま）

1977年生まれ．2007年大阪大学大学院経済学研究科博士課程修了．博士（経済学）．現在，首都大学東京都市教養学部・社会科学研究科助教．主要論文："Dominant srategy implementation in economic environments" (with H. Mizukami), *Games and Economic Behavior*, 2007；"Secure implementation in economies with indivisible objects and money" (with Y. Fujinaka), *Economics Letters*, 2008．

メカニズムデザイン
──資源配分制度の設計とインセンティブ──

2008年8月20日　初版第1刷発行　　　　　　検印廃止

定価はカバーに表示しています

	著　者	坂井豊貴
		藤中裕二
		若山琢磨
	発行者	杉田啓三
	印刷者	坂本喜杏

発行所　株式会社　ミネルヴァ書房

607-8494　京都市山科区日ノ岡堤谷町1
電話（075）581-5191（代表）
振替口座・01020-0-8076

©坂井，藤中，若山，2008　　冨山房インターナショナル・兼文堂

ISBN978-4-623-05234-9
Printed in Japan

ミクロ経済学
────────林　貴志 著　A5判美装カバー　320頁　本体2800円

個人の意思決定・市場理論から，初歩的なゲーム理論・社会的選択までを明解な数学モデルで詳しく解説する。

Stataで計量経済入門
──筒井淳也／平井裕久／秋吉美都／水落正明／坂本和靖／福田亘孝 著　A5判美装カバー　210頁　本体2800円

パネルデータ分析，サバイバル分析などの分析を容易に行うStataを通して計量経済学を学ぶ。

統計学へのアプローチ
──岩井浩／藤岡光夫／良永康平 編著　A5判上製カバー　372頁　本体3800円

●情報化時代の統計利用　身近な統計と簡単なコンピュータ操作で統計学の面白さへと誘うユニークな入門書。

入門経済学（オイコノミカ）
────────森田雅憲 著　4-6判美装カバー　280頁　本体2500円

豊かさを経済がどこに見出してきたかを縦糸に理論を解説。理論の必要性と改めて学ぶ点はどこかを学ぶ。

おもしろ経済数学
────────山崎好裕 著　A5判美装カバー　152頁　本体2000円

ミクロ経済学の基本的なトピックを追いながら，数学が分かった！　という感覚を届ける，よくわかるテキスト。

──────── ミネルヴァ書房 ────────
http:/www.minervashobo.co.jp/